CEO,
정조에게
경영을 묻다

CEO, 정조에게 경영을 묻다

김용관 지음

🌀 강한 적은 나를 강하게 한다

최근 심환지와 나눈 정조의 '비밀 편지' 때문에 사람들은 정조의 통치 행위가 모략과 음모를 기반으로 한 행위였다고 폄하하기 이르렀다. 우리는 모른다, 정조에 대해. 정조라는 인물이 어떤 인물인지를 모른다. 그동안 사극드라마 등에서 정조의 인간적인 면이 지나치게 부각됐다. 또한 정치적으로 정조를 이용했다. 진보세력은 개혁의 상징으로, 보수세력은 강력한 카리스마와 리더십을 이야기할 때 꼭 거론했다.

필요한 부분만 지나치게 과장하다 보면 그 인물의 원래 모습이 왜곡될 수 있다. 필자는 정조를 알기 위해 정조가 할아버지 영조 밑에서 착실하게 후계자 교육을 받던 14년의 세손 시절, 그리고 집권 24년을 세세히 기록한 『영조실록』과 『정조실록』을 꼼꼼하게 여러 번 읽었다. 그렇게 실록을 아주 꼼꼼하게 읽는데 약 반년이 걸렸다. 2010년은 정조가 죽은 지 꼭 210년이 되는 해이다. 하지만 오랜 시간이 흘렀어도 우리 시대 가장 큰 화두, 수도 이전 혹은 분할이나 빈부격차 해소 등 시대의 화두는 그때나 지금이나 똑같고 대립 또한 지나치게 격화되고 있다.

필자는 정조의 삶을 깊이 들여다보면서 그의 삶이 지도자로서 굉장히 예리하고 치밀하며 정교했다는 사실에 놀라지 않을 수 없었다. 심환지와 주고받은 '비밀 편지' 그 하나만 보면 안 된다. 실록과 비교할 필요가 있다. 정조는 집권 후반부 심환지를 강한 상대로 놓고 정치를 했다. 그리고 끊임없이 강한 상대에 대해 더 강해지길 요구했다. 상대를 제거의 대상이 아닌 함께 성장하는 동반자로 본 것이다. 권력은 언제나 상대가 있는 법이다. 권력(權力)이란 말의 '권(權)'이 저울추를 뜻하는 것은 이런 의미다. 권력은 아주 정밀하게 사용해야 한다는 뜻이다. 정치는 종합예술이다. 정치가 혐오의 대상이 된 상황은 누구보다 올바른 정치지도자가 없어 그렇다. 정치지도자뿐만 아니라 경영자 역시 회사를 경영하기 위해서는 정밀하고 치밀해야 한다. 그렇지 못한다면 시장에서 '신뢰'를 잃고 마는 것이다.

🌀 치밀한 통치와 인사스타일

정조는 생각이 많은 임금이었다. 그런 정조는 적어도 10년이나 20년 앞의 일을 생각했다. 치밀하게 준비하고 계획하면서 정교하게 그 일을 실천했다. 사람들은 정조에 대해 제대로 보지 않고 정조의 정치스타일이 지나치게 독단적이라고 공격한다. 정조는 1793년 1월과 2월 사이 심환지의 관직을 8차례나 바꾼다. 왜 두 달 사이 정조는 그토록 심환지를 이리저리 돌렸을까? 길들이기 위한 전략인가? 채제공과 김종수, 심환지 등 정조 시절을 대표하는 인물들에게서 정조의 인사 원칙 가운데 한 가지를 발견할 수 있다. 8년을 기용하고 8년 동안 쉬게 한 다음, 다시 8년을 중용하는 스타일. 집권 초반 채제공과 김종수 등을 중용하다가 내친다. 그리고 8년 만에 노론 전체가 결사적으로 반대하는 채제공을 다시 등용시킨다. 조선 전체가 들썩였지만 자신의 인사에 대해 반대하는 자들을 때로는 협박하고 회유하며 자신의 뜻을 관철시켰다. 그런 장면의 하나가 바로 심환지를 두 달 동안 8차례나 보직을 바꿔가며 길들이는 조치들이다. 실록을 전체적인 흐름으로 분석하면 정조의 이런 복잡한 리더십 행태를 잘 엿볼 수 있다.

🌀 분노와 콤플렉스를 통치의 무기로 삼다

"나는 사도세자의 아들이다"라는 취임 일성. 이 한마디가 바로 정조의 리더십을 나타내는 상징적인 말이다. 정조는 분노와 콤플렉스를 평생 안고 살았다. 분노는 모든 사람들이 갖고 있는 좋지 않은 기운이다. 그러나 그 분노를 유난히 많이 갖고 있는 사람들이 있다. 그것을 좋은 쪽으로 승화시킨다면 그 인물은 크게 성공한다. 그러나 그것을 나쁘게 승화시킨다면 자신은 물론 세상을 위험에 빠트린다. 정조의 분노는 바로 전자다. 정조의 힘은 바로 분노에서 나왔다. 분노는 차가운 열정이다. 그것이 좋은 방향으로 승화될 때 엄청난 힘이 발생한다. 할아버지 영조는 52년 집권 기간 내내 천민 무수리 출신의 어머니를 둔 콤플렉스 때문에 자식도 죽이고 자신도 무너졌다. 영조의 정치적 실패는 콤플렉스 때문이었다. 그것을 잘 알고 있던 정조는 그 이상한 마음, 분노와 콤플렉스를 평생의 화두이자 통치의 무기로 삼았다.

정조의 얼굴을 직접 본 당시 사람들은 임금의 얼굴에서 두려움을 느낀다고 했다. 얼굴은 사람의 마음이다. 정조의 얼굴은 늘 분노와 콤플렉스 이 두 개의 불안한 그림자가 어려 있었다. 그것을 알기에 정조는 늘 그 두 개의 좋지 않은 기운을 스스로 제어하는데 많은 공력을 들였다. 정조는 채제공과 『논어』에 대해 대화하면서 이런 말을 서로 주고받는다.

1791년 10월 9일 천둥과 번개가 치는 날이었다. "전하! 『시경(詩經)』의 〈기욱장(淇澳章)〉에 이런 대목이 있습니다. '슬혜한혜(瑟兮僩兮)', 즉 주자께서 해석하길, 슬(瑟)은 엄밀한 모양이고 한(僩)은 강인한 모양이라고 했습니다." 정조는 채제공의 말을 듣고 "경의 말은 정문일침(頂門一鍼)이라 할 만하다. 그러나 지금 사대부들은 한 겨울에 아랫목에서 이불을 덮어 쓰고 춥다고 떨고 있는 노인네와 같다. 이런 자들에게 어찌 한 겨울 서리처럼 매서운 위엄을 부릴 수 있나?"라고 대답했다.

채제공은 개혁에 너무 뜸을 들이는 정조를 향해 더욱 강한 칼날로 개혁을 서둘러야 한다고 재촉을 하지만 임금의 생각은 그게 아니었다. 개혁이 좋은 것이지만 시대 상황을 아주 면밀하고 예민하게 파악하려는 정조의 통치스타일을 엿볼 수 있다.

1800년 6월 28일 갑작스럽게 죽은 정조. 19세기가 막 시작되던 시점에 정조의 죽음은 너무나 아쉬운 일이다. 18세기 말 조선이란 나라는 시장경제가 급속하게 발달하면서 빈부격차가 극심했으며 유교의 이념이 쇠퇴하던 무렵이었다. 정조는 이런 시대에 앞서 이야기한 것처럼 정밀하고 강건하게 조선이란 나라를 통치고 있었다. 공자가 『논어』에서 강조한 정치의 요체, 즉 "정치란 백성들이 배부르고 나라는 힘이 강하며 지도자는 신의가 중요하다"는 것을 실천하고 그것을 바탕으로 웅대한 포부를 막 펼치려던 순간에 정조가 죽은 것이다. 정조가 죽은 뒤에도 그의 정치를 반대했던 세력들도 그의 죽음을 크게 안타까워했다.

그것은 '적이 강해야 내가 강하다'는 정조의 통치철학, 그래서 상대도 승(勝)하고 나도 승(勝)하는 상생의 리더십을 구사한 지도자를 잃은 것에 대한 아쉬움과 슬픔 때문에 온 나라가 오랫동안 그의 죽음을 슬퍼한 것이다. 오늘날 우리 시대는 너무도 첨예하게 전체의 이익에 앞서 자신의 이익 때문에 대립과 반목을 거듭하고 있다. 이런 시대에 우린 정조와 같은 정치지도자, 혹은 경영자를 원하고 있는 것이다. 경쟁이 치열한 시대, 점점 상대를 인정하지 않고 상대를 타도의 대상으로 삼다보니 발전 동력조차 잃어버리고 자꾸 쇠퇴하고 있는 것이 작금의 우리 현실이다. 국가 경쟁력은 빈부격차로 발목이 잡혀 있고 기업 경쟁력 역시 대기업과 중소기업이 상생하는 환경이 아닌 작은 것은 모조리 죽어가는 상황이다. 이런 환경은 결국 모두가 망하는 지름길이다. 이런 때 정조처럼 정밀하고 예리하면서 치밀하게 시대적 화두를 들고 정치나 경영을 펼칠 지도자가 필요한 것이다.

정조는 막힘없이 두루 편안한 세상, 그런 세상을 꿈꾸며 세상을 경영한 것이다.

제1장

분노와
콤플렉스

지진이 일어난 날
태어난 아이

조선의 22대 임금 정조(正祖, 1752~1800, 재위 1776~1800)의 이름은 이산이다. 어릴 때 이름은 형운이다. 1752년(영조 28) 9월 22일 창경궁 경춘전에서 태어났다. 실록은 그날을 이렇게 기록하고 있다. "지진이 일어났다. 초저녁 천둥과 번개가 치고 우박이 내렸다. 그때 왕손(王孫)이 탄생하였다." 정조가 태어난 날 날씨는 참 요란했다. 하늘에서 할 수 있는 모든 조화는 다 부린 것이다.

천둥과 번개가 치고 우박이 내리고 지진까지 일어났다. 하늘의 암시였을까? 영조(英祖, 1694~1776, 재위 1724~1776)는 손자가 태어난 날 다양한 경고음(재변)이 나타나자 소복 차림으로 대궐 바닥에 무릎을 꿇고 하늘에 잘못을 빌고 있었다. 딱히 무슨 잘못이 있어 그런 것은 아니다. 하늘이 이렇게 난리를 치면 불안한 백성들을 대표해서 임금이 앞으로 정치를 잘하겠다고 반성하는 의례적인 행위이다. 그렇게 무릎을 꿇고 하지도 않은 잘못을 빌고 있을 때 산실청에서 소식이 들려왔다.

"왕손이 태어났습니다." 영조는 속으로 '드디어 태어났구나!' 그렇게 중얼거렸다. 그리고 표정이 갑자기 환하게 밝아졌다. 근심이 사라지자 머리도 개운해졌다. 천둥과 번개가 치고 우박이 내린 날 태어난 놈이니 보통 놈은 아닐 것이다. 영조는 속으로 그렇게 생각하며 서쪽 하늘을 바라보았을 것이다.

정말 정조는 태어날 때부터 비범함이 역력했다. 어머니 혜경궁 홍씨(惠慶宮 洪氏, 1735~1815)는 "인원왕후(숙종 두 번째 왕비)와 정성왕후(영조의 첫 번째 왕비)가 아이의 얼굴을 보고 타고난 바탕이 특이하고 비범하다는 말을 하셨다"고 한다. '특이하고 비범함', 이 말이 무엇을 뜻할까? 나중에 정조의 얼굴을 자세히 언급하겠지만 그의 얼굴은 묘한 곳이 있다. 정조의 어머니 혜경궁 홍씨의 아들 태몽을 들어보자. "경모궁(사도세자)께서 어느 날 낮잠을 잤는데 용이 구슬을 안고 침실로 들어와 깜짝 놀라 깨서는 꿈의 징조가 이상하다며 새하얀 비단에다 용을 그려 벽에다 걸어두었는데 얼마 뒤 아이가 태어났는데 울음소리가 마치 큰 쇠북소리 같았다"고 회상했다. 그녀의 말은 사실이 아닐 가능성이 높다. 사도세자(思悼世子, 장조(莊祖)로 추존, 1735~1762)는 잠을 자지 못하는 불면증을 앓고 있었다. 불면

CEO, 정조에게 경영을 묻다

16

증 환자는 좀처럼 낮잠을 자지 않는다.

정조가 승하하자 혜경궁 홍씨가 아들의 행록(行錄)에 언급한 내용이란 점에서 보면 그녀는 이야기를 꾸미는 재주가 있다. 그녀는 치밀한 여인이다. 정조의 치밀함은 어머니를 닮은 것일까? 혜경궁 홍씨는 언제나 자신에게 유리한 상황으로 이야기를 미화하길 좋아했다. 그녀는 남편 사도세자가 정신병을 앓고 있다는 사실을 숨기지 않고 드러내 남편의 죽음을 방조했다는 비난을 들어야 했고 그것을 방어하기 위해 『한중록(閑中錄)』을 썼다.

🎴 정조의 탄생을 바라보는 두 개의 시선

한편 할아버지 영조와 아버지 사도세자가 정조의 탄생을 놓고 바라보는 시선은 사뭇 다르다. 영조는 대안이 생겨 기쁜 것이고 사도세자는 아들을 '아비를 잡아먹는 올빼미'라고 생각한 듯하다. 사도세자를 이해하려면 그의 마음이 어떤가를 알아야 한다. 정조가 태어날 때 사도세자는 세상 어디에도 의지할 곳이 없었다. 영조를 이을 막강한 권력의 2인자이지만 그 주변에는 온통 그를 해할 적들로 가득했다.

아버지 영조와 어머니 영빈 이씨(暎嬪 李氏, ?~1764), 아내 혜경궁 홍씨와 장인 홍봉한(洪鳳漢, 1713~1778)까지 모두가 정신병을 앓기 시작한 세자를 못마땅해 했다. 영조는 정조가 태어난 그 해 5월 12일,

정조의 형인 의소(懿昭)를 잃었다. 신하들이 겨우 세 살 아이의 죽음에 행록을 적어 관에 넣자 "그 어린 것이 무슨 한 일이 있다고 그런 글을 적느냐며 눈물을 글썽이며 맑은 음성 귀에 쟁쟁하고, 잘생긴 그 얼굴 눈에 삼삼하도다"고 슬퍼했다.

그런데 4개월 만에 대궐에서 다시 새로운 희망이 나타난 것이다. 다음 날 영조는 호조참판 홍봉한을 만나 "원손을 보았는가?" 하고 물었다. 그러자 그가 "보았나이다. 실로 우리 동방의 억만년토록 끝없는 기쁨입니다"라고 대답했다. 영조가 말하기를, "음성이 심히 크던가?"라고 물으니 "코가 높고 미간이 넓은데다, 눈빛이 사람을 두렵게 하였으니, 비단 음성이 우렁찬 것이 보통 인물이 아닐 것입니다. 나라의 큰 복입니다"라고 답했다. 여기서 우린 정조의 음성이나 생김새를 대략 유추해볼 수 있다. 목소리는 우렁차고 코는 높고 미간이 넓으며 눈빛이 사람을 두렵게 한다는 홍봉한의 말은 나중에 정조의 어진, 그러니까 아들 순조(純祖, 1790~1834, 재위 1800~1834)가 어린 시절 아버지 모습을 회상해서 그린 그림과 모습이 똑같다.

영조는 곧바로 홍봉한과 함께 산실청에 가서 며느리의 손을 잡고 고마움을 표시했다. 그리고 강보에 쌓인 아이를 보았다. 정말 보통 아이와는 달랐다. "이 애는 나를 너무 쏙 빼닮았다." 그러면서 거친 손으로 아이의 이마를 만져보았다. 제법 넓었다. "이 봐라! 내 이마하고 똑 닮았다." 그리고 영조는 웃으며 며느리에게

"네가 내 고민을 다 풀어주었다"고 위로의 말을 건넸다.

정조 이산의 출생은 할아버지 영조에게는 새로운 희망이었고 아버지 사도세자에게는 죽음의 그림자가 서서히 드리워지는 먹구름의 시작이었다. 사도세자의 측근들은 왕자 한 명 태어난 것이 뭐가 그리 대단한 일이냐고 시니컬하게 대응했다. 정조는 태어남과 동시에 아버지에게는 불효, 할아버지에게는 기대를 한 몸에 받은 이상한 처지가 되었다.

1776년 3월 5일 영조는 여든셋을 일기로 숨을 거두었다. 조선의 임금 가운데 가장 오래 살았고 가장 오래 권력의 자리에 있었다. 영조가 죽고 5일 뒤인 3월 10일 영조의 손자이자 사도세자의 아들 정조가 등극했다. 정조는 아버지 사도세자가 뒤주 속에서 8일 동안 갇혀 죽은 것도 몰랐다. 정조는 아버지 사도세자가 죽은 날을 1762년 윤5월 13일로 알고 있었다. 뒤주에 갇히던 아버지의 모습, 그것이 아들 정조가 본 아버지의 마지막 모습이었다. 영조는 손자에게 아비가 죽은 날을 5월 13일이라고 했다. 차마 손자에게 8일 동안 그 뒤주 속에서 고통스럽게 죽었다는 말을 하지 못했다. 그러나 1779년, 정조 집권 3년이 지난 5월 초 정조는 승정원에 명해 "매년 5월 13일부터 5월 22일까지는 공식적으로 정사를 보지 않겠다고 말하고 그것을 정례화하라!"고 지시한다. 그래서 추측컨대 집권하고 3년이 지난 뒤 아버지가 죽은 날은 5월 21일이라는 것을 알게 됐다. 하지만 제삿날은 끝까지 5월 13일로 했다.

 나는 죄인의 아들이다

정조가 즉위할 때 그의 나이 스물다섯이었다. 그는 나이보다 성숙한 사람이었고 듬직하고 위엄스런 모습으로 경희궁 숭정전에 앉아 있었다. 정조는 이렇게 취임 일성을 내뱉었다. "나는 사도세자의 아들이다." 신하들 모두 두려워했다. 영조가 아들 사도세자를 죽인 뒤 그의 이름은 언급이 금지된 단어였다. 그날 그러니까 실록에서 '모년 모일'이란 말은 사도세자 죽음이 있던 그날을 가리킨다. 그런데 정조는 자신이 바로 그 죄인의 아들이란 것을 취임 일성으로 내뱉은 것이다.

죄인의 아들, 이것은 콤플렉스다. 정조는 언제나 콤플렉스를 껴안고 살아야 했다. 집권하기 전에는 '죄인의 아들은 왕이 될 수 없다'는 지적을 종종 받았다. 그래서 대개는 이런 경우 열등감에 사로잡힐 수밖에 없었다. 하지만 정조는 과감하게 콤플렉스를 드러내, 스스로 열등감을 자신감으로 표현했다. 평생 콤플렉스에 갇혀 사는 사람이 있는가 하면 스스로 그 콤플렉스를 드러내 자신감으로 승화시키는 사람이 있다. 정조는 콤플렉스를 드러낸 반면 영조는 그것을 숨겼다. 영조가 콤플렉스를 숨기고 있는 동안 그의 열등감이 결국 사도세자란 비극이 잉태된 것이다.

영조의 어머니는 무수리 출신 숙빈 최씨(淑嬪 崔氏, 1670~1718)이다. 그러나 영조는 52년을 집권하면서 한 번도 숙빈 최씨를 어머니라고 부른 적이 없다. 어머니가 무수리 출신이라는 것은 그에게 콤플렉스였다. 조선의 임금 가운데 무수리의 아들로 임금이 된 예는 영조가 처음이다. 그런 영조는 자신의 출신 성분에 대한 콤플렉스 때문에 자신을 혹 무시하지 않나 신하들을 시험하기도 하고 때로는 의심하기도 했다. 이런 영조의 모습은 선조(宣祖, 1552~1608, 재위 1567~1608)와 비슷했다. 선조 역시 정통성에 상처를 입고 등극한 군주였다. 선조는 명종(明宗, 1534~1567, 재위 1545~1567)이 후사가 없자 방계혈통(임금의 친척)으로 임금이 됐다. 임금에게 후사가 없으니 왕실 사람 가운데 똑똑한 자손을 군주로 선택하는 일은 권위의 문제다.

🏵 콤플렉스 때문에 실패한 임금들

임금에게 권위는 정통성에서 시작된다. 그래서 선조나 영조는 초라한 자신들의 정통성을 부담감으로 안고 시작했다. 선조는 최초로 아버지가 임금이 아닌 방계혈통의 자손(중종의 7번째 서자 출신인 덕흥대원군의 세 번째 아들)이 임금 자리에 오른 것이다. 신하들에게 지명된 임금, 그래서 자신을 지목한 신하들에게 자유로울 수 없었다. 총명했지만 집권 기간 종종 서러움을 눈물로 내비쳤다.

그런 눈물바람은 영조도 마찬가지다. 영조는 어머니가 천민 출신이란 것 이외에도 이복형 경종(景宗, 1688~1724, 재위 1720~1724)을 죽였다는 의심까지 받고 집권했다. 그래서 두 사람은 같은 면이 참

많았다. 선조는 임진왜란 와중에도 수십 차례나 세자 광해군(光海君, 1575~1641, 재위 1608~1623)에게 왕위를 물려준다며 소란을 피웠다. 왜 그랬을까? 왕위를 아들에게 물려준다는 '양위 파동'을 일으키면 신하들은 골치 아프다. 마음에 들지 않는 왕이지만 충성을 맹세해야 하기 때문이다. 그들은 바닥에 엎드려 그냥 석고대죄를 하면서 임금에게 불충했다고 그러니 제발 용서해 달라며 울고 짜고 해야 한다. 왜적들이 수도 한양을 점령하고 선조는 한양을 도망쳐 개성을 지나 평양으로 가면서도 몇 차례나 번거롭게 그런 의식을 신하들에게 강요했다.

역대 조선의 임금 가운데 양위 파동으로 신하들이나 아들에게 고통을 준 임금은 태종(太宗, 1367~1422, 재위 1400~1418)과 선조, 그리고 영조 이렇게 세 명의 군주가 있다. 세 사람이 모두 비슷한 콤플렉스 때문이다. 태종은 형제들을 죽이며 등극한 임금이다. 그러니까 다른 사람보다 더 많은 죄를 하늘에 지은 것이다. 그리고 세종(世宗, 1397~1450, 재위 1418~1450)에게 왕위를 물려주기 위해 큰 아들 양녕대군(讓寧大君, 1394~1462)을 버릴 때 양위 파동을 일으킨 것이다. 영조 역시 결과적으로 그의 양위 파동은 사도세자를 미치게 만든 원인을 제공했다. 사도세자가 겨우 다섯 살의 어린 나이부터 왕위를 물려준다며 소란을 피운 영조가 아닌가? 태종과 영조, 그리고 선조 이 세 사람의 군주는 양위 파동을 통해 마음에 들지 않는 후계자를 교체하고 새로운 후계자를 지목하려 했다. 결국 두 사람은 성공하고 한 사람은 실패했다. 성공한 사람은 태종과 영조이고 선조는 실패한 뒤 의문의 급사를 하게 된다.

대개 부모들은 자신들의 콤플렉스를 감추기 위해 자녀들의 타고난 천성을 무시하고 자기 콤플렉스를 극복하기 위한 도구로 자녀를 이용한다. 영조와 사도세자 비극 역시 마찬가지였다.

🌀 분노는 감추고 콤플렉스는 드러내고

그럼 정조는 왜 취임 일성으로 자신의 콤플렉스를 붙들고 소리친 것일까? "나는 사도세자의 아들이다"라는 말은 "나는 죄인의 아들이다"라고 외친 것과 같다. 자신의 약점을 드러내 그 약점을 강점으로 전환시키려는 정조의 치밀한 전략이 발휘된 것은 아닐까? 우리가 정조 이산이란 인물을 탐구해볼 흥미로운 소재인 셈이다. 정조는 평생 할아버지가 저지른 악행, 바로 아버지 '사도세자의 죽음'을 붙들고 살았던 임금이다.

정조는 1752년 9월 22일 태어나 1758년 4월 왕세손으로 결정되고 4년 뒤 아버지 사도세자가 뒤주 속에 갇혀 죽자 동궁이 되었다. 1762년 5월 아버지 사도세자가 죽은 뒤 그는 숱한 감시의 눈길을 받으며 14년 동안 '가슴속에서 타오르는 분노'를 삭히며 때를 기다린 것이다. 그리고 신하들 가운데 태반이 아버지를 죽인 원수라는 점을 알고 숨을 죽인 뒤 취임식 날 비수와 같은 한마디를 날린 것이다. 정조가 세손 시절 쓴 『존현각일기(尊賢閣日記)』에는 다음과 같은 글이 적혀 있다. "내시와 궁녀들이 나를 부르는 것이 '거시기' 혹은 '그'라는 막된 호칭을 썼으며, 그들은 일부러 신발 끄는 소리를 요란하게 냈고, 웃음소리 또한 비웃는 것이 역력해 참고 있으려니 거의 미치광이가 되고 있는 듯했다." 정조의 아버지 사도세자 역시 그들의 그런 못된 짓을 이겨내지 못하고 정신병을 앓기 시작했을 것이다. 심성이 연약한 사도세자는 무너졌고 의지가 강했던 정조는 극복한 것이다.

정조는 분노를 삭이기 위해 책을 읽었고, 매일 일어난 일을 그리고 과거의 일을 꼼꼼하게 기록했다. 단정한 자세로 책을 읽는 것은 적들에게 허점을 보이지 않기 위함이었다. 정조는 집권 20년 무렵인 1796년 4월 26일 이런 말을 했다. "나는 어렸을 때부터 매일 아침부터 저녁까지 꿇어앉아 있어서 버선 끝과 바지의 무릎이 모두 헤어졌다. 밤이 되어 잠자리에 들기 전에는 두건을 벗은 적이 없었다. 왕의 규범이 꼭 이토록 엄격하게 구속해야 할 필요가 없겠기에 근래에 와서는 적당히 편하게 지낼 방법을 가끔 생각하였으나 습관을 갑자기 고치기가 어렵다." 그는 20년이나 집권했으면서도 여전히 긴장을 끈을 놓지 않고 살았다. 20년이나 집권했으면 여유 있을 만도 하지만 정조는 그렇지 못했다. 여전히 긴장했고 여전히 자신에게 채찍을 들며 스스로를 단련시켰다.

정조는 매일 분노를 글로 적으며 마음을 다스렸다. 분노란 놈

은 긴 꼬리를 갖고 있어 수시로 사람의 마음을 우울하게 하는 습성
이 있다고 한다. 그러나 분노와 아킬레스건 혹은 콤플렉스가 긍정
적인 모습으로 승화할 때 그 힘은 엄청난 위력을 발휘한다.

두 개의 어진과
천 개의 모습

"**한순간도** 방심할 수 없다." 정조가 살면서 항상 주문처럼 한 말이다. 사방이 적으로 둘러싸인 고립무원 대궐에서 정조는 살기 위해 자신을 숨기기도 해야 했고 감추어야 했다. 그래서 정조의 모습은 복잡하다. 사람의 얼굴은 그 사람의 생각과 일치한다고 하지만 정조를 보는 우리는 복잡하다.

우리는 한 인물의 초상화에서 그의 삶을 음미한다. 우리가 알고 있는 정조의 모습을 담은 그림은 두 가지다. 하나는 현재 수원성 박물관에 전시되어 있는 것으로 인자하고 너그러운 인상으로 의자에 앉아 있는 모습의 상상도이고, 다른 하나는 마치 중국 춘추시대 인물처럼 얼굴에서 풍기는 인상이 사뭇 상대를 압도하는 강인한 모습으로 조선 왕실의 족보라고 할 수 있는 『선원보략(璿源譜略)』에 스케치된 모습이다. 물론 전자는 상상도다. 후자가 실제 정조의 모습과 가까울 것이다.

두 개의 그림처럼 우리가 정조를 바라보는 시선도 역시 두 개인 듯하다. 1897년 대한제국을 선포하면서 중국의 간섭에서 벗어나 스스로 '황제'라고 자신을 명했던 고종(高宗, 1852~1919, 재위 1863~1907). 그는 대한제국을 부강한 국가로 만들기 위해 조선 군주 가운데 정조를 벤치마킹했다. 그래서 정조를 '황제'로 추존했다. 당시 조선이란 나라는 국운이 다해가고 있었다. 그 쇠잔한 국가의 기운을 다시 일으키기 위해 고군분투했던 고종은 정조에게서 부국강병의 묘책을 찾으려 했다. 그래서 화가에게 명해 정조의 어진을 몇 개 모사하라고 했다. 그런데 그렇게 고종이 좋아했던 정조의 어진이 오늘날 왜 한 점도 남아 있지 않을까?

조선의 임금들 가운데 오늘날까지 우리가 접할 수 있는 어진은 몇 점 남아 있지 않다. 임진왜란으로 선조 이전 어진은 태조(太祖, 1335~1408, 재위 1392~1398)가 유일하고, 선조 이후의 어진들은 병자호란 당시 일부 소실됐고 이어 1900년 10월 14일 경운궁(덕수궁) 선원전에 화재가 나는 바람에 많은 어진들이 소실됐다. 그리고 고종의 지시로 복원된 어진들은 1950년 한국전쟁이 발발하자 부산으로 이송, 어느 창고에 보관하던 것이 갑작스런 화재로 대부분이 소실됐다. 그래서 지금 우리가 볼 수 있는 어진은 태조와 영조 그리고 철종(哲宗, 1831~1863, 재위 1849~1863)의 타다남은 반쪽 어진이 전부다.

❁ 그림에는 사람의 성격이 드러나

군주의 어진을 보면 그 사람의 성격이 대개 다 드러난다. 조선을 건국한 태조의 어진을 보면 무인의 기질이 얼굴에 표현되어 있고 세종의 어진을 보면 참으로 인자한 군왕의 모습이, 영조의 얼굴에는 왠지 모를 불안함과 의심스러운 표정이 드러난다. 『선원보략』에 스케치된 정조의 작은 어진은 순조가 어린 시절 아버지의 모습을 더듬어 화가에게 그리게 한 것이다. 순조는 아버지 정조를 열 살 때까지 보았다. 그 그림을 보면 앞서 홍봉한이 정조의 태어난 모습을 이야기한 것과 흡사하다. 코는 한국 사람답지 않게 오뚝하고 미간은 넓으며 인자하다 할 수 없는 눈매, 그렇다고 교활한 것도 아니고, 복잡한 표정이 얼굴 가득하다. 누구는 그 얼굴에서 노자와 장자의 여유로움을 엿보기도 하고 누구는 맹자처럼 용맹한 전사의 표정을 보기도 한다.

정조의 어진에는 그의 통치 기술만큼이나 다양한 그의 생각들이 투영돼 있다. 또한 정조를 바라보는 사람들 생각도 다양하다. 개혁군주로 그의 죽음을 아쉬워하는 사람들은 영리하고 근엄하며 중후한 인상을 떠올린다. 그 반대편 사람들은 개혁군주로 자처했지만 소리만 요란하고 이룬 것 하나 없는 교활했던 군주라고 생각하며 어진에서 그 모습을 찾곤 한다. 그래서 어진은 보는 사람의 마음을 비추는 거울 같다.

정조는 영조처럼 10년마다 어진을 그리게 했다. 1781년(정조 5) 8월 26일 정조는 우리가 잘 아는 풍속화가 단원 김홍도(金弘道, 1745~?)를 비롯해 신윤복의 아버지인 신한평(申漢枰, 1726~?)과 한종유(韓宗裕, 1737~?) 등에게도 각 한 점씩 그리게 했다. 당시 정조는 어진에 대한 자신의 생각을 이렇게 말하고 있다. "나는 스물두 살에 할아버지 뜻에 따라 그림을 그리게 했는데 내 모습과 너무 어긋나 바로 찢어버렸다. 이제 할아버지(영조)처럼 나도 10년 마다 어진을 그려 보관하겠다."

정조는 서른여섯의 당시 조선 최고의 화가 김홍도에게 자신의 모습을 그리게 하면서 한 말이다. 일주일 뒤에는 익선관을 쓰고 곤룡포를 입고 있는 자신의 모습을 김홍도에게 또 그리게 한 것이다. 정조는 할아버지 영조의 어진을 전담했던 강세황(姜世晃, 1712~1791, 당시 69세)을 불러 김홍도의 작업을 지휘하게 했다. 강세황이 누군가? 조선 후기 대표적인 화가이며 초상화 그림에는 그를 따를 사람이 없다고 한다. 강세황이 자기 모습을 그린 자화상을 보면 그 수염 하나하나가 생명력이 있는 듯 세밀하게 표현되고 있다. 당시 나이가 들어 손이 떨려 그런지 강세황은 현역에서 물러났지만 제자 김홍도가 맡은 어진 봉안을 관리 감독하라는 지시를 정조에게 받은 것이다.

🌀 정조는 누가 그린 그림을 좋아했을까?

다시 10년이 흘렀다. 1791년 10월 7일 실록에는 이런 기사가 실려 있다. "어진이 완성돼 규장각 주합루에 한 점을 봉안하게 하라! 그리고 이번 어진을 그리는데 고생한 윤동섬(尹東暹, 1710~?)에게 상을 주라! 그는 72세 때에도 그림을 그렸고 82세가 되어서도 또 그렸는데, 그 필력이 더욱 힘차니 어찌 귀한 일이 아닌가? 의복과 음식물을 넉넉히 지급하라." 정조의 말에 의하면 윤동섬이 10년 전 어진 제작에도 참여했다는 것이다. 그것으로 미뤄보면 정조는 집권한 뒤 처음으로 1781년, 어진을 제작하게 하면서 궁중화가 여러 사람에게 그림을 그리게 한 듯하다. 매사에 정밀하고 예민한 성격의 정조는 자신의 어진을 여러 번 그리게 해서 가장 마음에 드는 그림을 보관하게 한 것이다.

윤동섬의 그림은 현재 전해지는 게 없다. 다만 그가 파평 윤씨라는 것이다. 그 집안에는 대대로 그림과 글씨에 소질이 있는 사람이 많았다. 공재 윤두서(尹斗緖, 1668~1715)가 그 대표적인 인물이다. 윤두서의 자화상은 생동감 넘치는 필력과 독특한 구도로 지금도 걸작이라 칭송받는다. 아마 윤동섬도 이런 윤두서의 화법을 익혔을 것이고 그런 그림을 정조가 좋아했을 법하다. 아무튼 이런 기록으로 보면 영조처럼 정조도 10년 마다 자신의 모습을 담은 그림을 그렸다. 정조는 자신의 모습을 보면서 자기가 어떤 모습으로 정치를 하는지 그것을 확인했을 것이다. 그리고 가장 정밀한 어진을 고

집했다.

정조가 죽고 조선은 왕권이 취약해지면서 문벌 정치가 기승을 부렸다. 순조는 아버지 정조 어진을 한 부는 주합루에 보관하게 하고 또 한 부는 화성 행궁에 보관하게 했다. 정조의 꿈과 이상이 모두 담긴 수원화성에 아버지 어진을 걸어놓고 백성들에게 정조의 뜻을 이어 정치를 하겠다는 의지를 표명한 것이다.

정조의 어진이 순조 연간에는 무사했다. 1803년 12월 13일, 창덕궁에 큰 불이 났고 선정전과 인정전을 다 태웠다. 이때 정조의 많은 유물들이 불에 탔으며, 그래서 정순왕후(貞純王后, 1745~1805)는 이 일을 계기로 수렴청정을 그만둔다고 하고 다시 자기 처소로 돌아갔다. 이때의 화재에서도 정조의 어진은 살아남은 듯하다. 순조 이후 헌종(憲宗, 1827~1849, 재위 1834~1849)과 철종은 정조의 어진은 물론 정조의 이름조차 거론되지 않는 그야말로 암흑의 시대였다.

왕권은 땅에 떨어졌고 문벌이 서로 다투는 상황이었다. 그것을 역사에서는 흔히 세도정치의 극성이라 표현했다. 원래 세도정치란 '도를 통해 세상을 교화시켜 널리 이롭게 한다는 정치'를 의미하지만 조선 후기 세도정치는 특정의 문벌가문이 임금을 대신해서 정치를 펴는 것으로 왜곡됐다. 그런 시대이니 하늘 아래 해와 달 같은 존재라고 스스로 존엄하게 여긴 정조의 이름은 실록의 어디에도 찾을 수 없다.

다행히 정조의 이름은 은언군 이인(恩彦君 李裀, 1754~1801)의 손자이며 강화도에서 농사를 짓다 잠결에 임금으로 선정된 철종에게서 잠시 언급된다. 철종은 집권 2년이 지난 1851년 9월 19일 이런 말을 했다. "정조 어진이 그려진 지 60년이 지난 해이다. 앞으로 3일 후면 정조대왕의 탄신일이니 큰 잔치를 준비하라." 소박한 농부 군주 철종의 모습이 읽혀진다. 하지만 정작 정조의 탄신일인 9월 22일 실록의 기록은 단 한 줄이 전부다. "진전(眞殿)에 나아가 다례를 행하였다."

『철종실록(哲宗實錄)』은 주로 정원용·김흥근·조두순 등이 맡아 편찬했다. 이들은 대개 정조가 죽고 한참 뒤에 벼슬을 얻거나 가문의 후광으로 조정에 나온 인물들이니 정조의 업적을 모른다. 강화도령 철종은 부인이 8명이다. 쟁쟁한 문벌 안동 김씨가 정비이고 다른 문벌들과 소통하기 위해 많은 여인을 첩으로 두지만 고작 서른셋에 수명을 다했다. 그리고 집권한 고종은 처음부터 조선 군주 가운데 정조를 자신이 본받을 임금이라 마음을 정한다. 1864년(고종 1) 12월 15일 고종은 정조의 통치 철학이 담긴 『홍재전서(弘齋全書)』(홍재는 정조의 호) 100권을 들이라 명했다. 그리고 그 책을 매일 밤낮으로 읽으면서 정조를 닮아가겠다고 다짐했다. 그러나 이미 기운 국운은 쉽게 회복되지 못했다.

어진은 왕권을 상징한다. 그래서 왕권이 취약했던 군주들은 어진을 자주 그리게 해서 지방 수령들에게 보내 걸어놓게 했다. 특이한 것은 고종 연간 어진에 대한 기사가 많이 보인다. 고종은 어진에 대해 특별히 애착을 가졌다. 오래된 어진은 다시 그리게 했다. 그래서 모사 화가들의 일이 많아졌다.

🏵 고종의 지나친 어진 사랑

1900년 10월 14일 경운궁 선원전에 큰 불이 나는 바람에 많은 어진들이 소실됐다. 이때 소실된 것은 어진을 보관하던 7개의 방으로 태조와 세조(世祖, 1417~1468, 재위 1455~1468) · 원종(元宗, 1580~1619, 인조의 아버지) · 숙종(肅宗, 1661~1720, 재위 1674~1720) · 영조 · 정조 · 순조 · 익종(翼宗, 1809~1830, 순조의 아들 효명세자) · 헌종 · 철종 등의 어진이 모두 불탔다. 그러나 그렇다고 이들 어진이 사라진 것은 아니다. 원본은 각기 준원전 · 영희전 · 평락정 등에 그대로 모셔져 있었다. 역대 어진들을 한곳에 모아 놓으려 한 고종은 무슨 의도로 그랬을까? 점점 추락하는 왕권을 강화하기 위함이었다. 고종은 며칠을 탄식했다. 자신의 부덕이고 불찰이라 자책했다. 그렇지만 1791년 그린 정조의 어진은 평락정에 잘 보관돼 있었다. 고종은 정조의 모사 어진이 완성되면 특별히 작헌례를 하겠다고 공언하며 제문도 직접 쓰겠다고 했다.

고종은 그리고 곧바로 모사도감을 설치해서 흩어진 여러 어진들을 보고 다시 그리게 했다. 그러나 비용도 그렇고 수준 높은 화가들이 없었다. 그래서 고종은 결국 원본 어진을 모두 한곳에 봉안하기로 했다. 이것이 불행의 씨앗이었다. 1901년 불탄 선원전이 다시 세워지자 영희전과 냉천전, 평락정에 있던 어진들을 모두 선원전에 봉안했다. 그리고 어진의 원본이 옮겨올 때마다 아주 경건한 의식들을 치렀다. 이런 고종의 어진에 대한 극진한 사랑이 결국 조선의 어진을 모두 잃게 하는 이유가 됐다. 정조의 어진 역시 평락정에서 선원전으로 옮기고 그뒤 한국전쟁에 어느 허름한 창고에 보관돼 있다가 불타버렸을 것이다. 그래서 우린 『선원보략』에 작은 스케치 그림으로 정조의 생김새를 추정하는데 만족해야 한다. 존재하지 않는 정조의 어진이 더욱 그리운 것은 고종이 실의에 빠지면 종종 어진이 모셔진 곳에서 정신을 가다듬었다는 것에서 그 진본이 궁금한 것이다.

명군(明君)은 눈썹하나 이마를 찡그림에도 함부로 나타내지 않는다. 『한비자(韓非子)』

빗물에 잠긴
아버지 묘에 통곡하다

인간의 감정 가운데 가장 좋지 않은 감정이 바로 분노라는 괴물이다. 분노는 상대뿐 아니라 자기 자신도 파괴시킨다. '사도세자의 죽음'이란 폐륜의 사건은 정조에겐 평생 떠안고 살아야할 짐이며 분노의 덩어리다. 이 사건을 보면 적과 동지가 한 묶음이다. 정조는 14년 동안 세손의 위치 즉, 후계자의 위치에 있으면서 조선의 정치 상황을 나름대로 파악했다. 그리고 결론을 내린 것이 있다. 그것은 조선이 개국하고 임진왜란을 치른 뒤 사림의 정치가 이념적으로 갈라지면서 왕실과 문벌가문 사이 호불호가 분명하지 않다는 점이다. 어느 집안이고 왕실에 좋은 인연뿐 아니라 좋지 않은 인연들이 뒤섞여 있었다.

영조는 정치적 사건에 대해 노론 중심의 생각을 고집했고 정조 역시 중심은 노론이 기준이었다. 집권 초반 정조는 『명의록(明義錄)』이란 책을 펴내면서 영조 연간 벌어진 정치사화에 대해 꼼꼼하게 자신의 해석을 달아 논쟁이 일어나면 그 책을 통해 해결하려 했다. 정조는 그 책을 통해 사도세자 죽음도 극렬한 노론 벽파들의 과욕으로 벌어진 참사라는 점을 분명히 하고 집권 초반 정후겸(鄭厚謙, 1749~1776) 등을 처단한 것이다. 그런데 노론 세력들 가운데 그 책의 진위를 의심하는 말들이 심심치 않게 등장하고 있었다. 1788년(정조 12)은 이인좌(李麟佐, ?~1728)의 난이 일어난 지 60주년으로 정조는 그것을 기념으로 서로 화합하려는 정치를 펴고 싶었다. 그러나 다수를 차지하고 있던 노론 정치인들은 임금의 뜻을 왜곡하고 정쟁에 몰두했다.

고민이 깊어가던 정조는 일대 새로운 기운이 필요하다는 점을 절감하고 있었다. 그래서 취임 일성의 그 한마디 "나는 사도세자의 아들이다"를 다시 꺼내든 것이다. 정조의 리더십은 분노의 리더십이라 표현할 수 있다. 1789년 집권 13년이 지난 시점, 나태하고 태만하며 새로운 바람이 전혀 돌지 않던 당시 정국에서 정조는 아버지 사도세자 카드를 다시 꺼낸 것이다.

1789년 여름과 가을 무렵이었다. 그해 4월부터 두 달 동안 한양에 비가 많이 내렸다. 거의 매일처럼 비가 와서 낮은 지대는 비 피해를 입었다. 1789년(정조 13) 7월 11일, 사도세자를 끔찍이도 좋아했던 화평옹주(和平翁主, 1727~1748)의 남편 박명원(朴明源, 1725~1790)이 대궐에 입실했다. 박명원은 연암 박지원(朴趾源, 1737~1805)의 팔촌 형으로 연암과 함께 1780년 청나라를 다녀온 그 인물이다. 그날 박명원은 사도세자의 묘인 영우원에 대한 이야기를 했다. 영우원이 이번 비로 인해 상당 부분이 훼손됐다고 했다. 정조는 얼굴이 붉어지고 금방 눈시울이 뜨거워지고 있었다. 박명원은 갖고 온 상소를 임금에게 올렸다.

이상한 일은 임금에게 올리는 글은 무조건 승정원 승지를 통해 올려야 하지만 이날 박명원의 글은 임금을 배알하는 자리에서 직접 올린다. 정조는 상소를 한 번 쭉 훑어본 뒤 승지를 불러 "이 시각 대궐에 있는 정2품 이상 벼슬들은 모두 대전으로 들라 하라!"라고 명한다. 승지 몇 명이 서둘러 나갔고 함께 자리한 신료들은 무슨 일인지 궁금해 하고 있었다. 얼마의 시간이 흘렀을까?

대궐에 있던 대신들이 들어왔고 집에 있던 원로대신들도 소식을 듣고 서둘러 입궐했다. 정조는 박명원이 올린 상소를 승지에게 읽게 했다. 그것은 다름 아닌 사도세자의 묘인 영우원 천장(遷葬, 이장)을 건의하는 글이었다. "신은 풍수지리에는 어두우나 지금 영우원은 너무 지대가 낮고 땅의 음습해 해마다 비가 조금만 와도 물에 잠기고 있습니다. 그러나 이런 좋지 않은 지대에 묘 자리를 하고 있는 것은 전하의 마음을 아프게 할 뿐 아니라 나라에도 결코 좋은 것이 아닙니다. 이번 비는 특히 묘의 여러 곳을 훼손해서 사도세자

유골이 손상된 듯합니다. 뼈가 떨리는 아픔으로 이 글을 올립니다. 속히 비에 잠긴 영우원을 다른 곳으로 이장함이 옳은 듯합니다."

🌀 준비는 치밀하게, 시작했으면 빠르게

모인 신하들은 가슴이 뜨끔했다. 그들도 알고 있었다. 영우원은 오늘날 서울시립대와 어린이대공원 그 부근으로 당시에는 비만 오면 땅이 질퍽거리는 곳이었다. 하지만 누구도 '죄인으로 기록된 사도세자'의 묘 자리 이장을 주장하지 못했다. 몇몇 신하들이 정조의 표정을 읽다가 서둘러 묘를 이장해야 한다고 말했다. 그러자 이곳저곳에서 같은 목소리들이 들렸다. "나는 본래 가슴이 막히는 증세가 있다. 지금 이 상소를 읽고 경들 말을 들으니 가슴이 막히고 숨이 가빠지기 시작한다. 그러니 잠시 휴식을 취한 뒤 이야기를 계속하자. 나의 기운이 조금 내리기를 기다리라."

약 한 시간 뒤 대전에서 영우원 이장 문제가 다시 논의됐다. 전후 사정을·다 살펴보면 정조는 고모부 박명원을 통해 영우원 이장 문제를 거론하게 지시한 듯하다. 이미 그해 5월 12일 하루 종일 비가 오는 날 정조는 박명원의 집에 행차한 적이 있다. 그날은 아버지 사도세자의 기일 하루 전이다. 그리고 그날 거의 자정 무렵이 돼서야 대궐로 돌아왔다. 그때 영우원이 물에 잠겨 있다는 이야기를 들었고 언제 어떤 방식으로 상소를 올리라고 지시를 했을 듯하다.

상소를 올린 날은 7월 11일, 그런데 불과 3~4일 만에 아주 전광석화처럼 영우원 이장 계획이 발표된다. 박명원의 상소가 있기 바로 전날 정조는 노론의 정치 지도자로 갈등을 빚고 있던 영의정 김치인(金致仁, 1716~1790)을 김익(金熤, 1723~1790)으로 교체한다. 영의정을 교체한다는 것은 작은 일이 아니다. 영의정을 세 번이나 지냈고 이미 일흔넷이란 고령의 나이는 분명 물러날 시기가 훨씬 지났다. 그러나 김치인은 3년 동안 영의정으로 있으면 노련한 노론의 정치가 면모를 과시했다. 때로는 건강을 핑계로 사직을 청해 입궐하지 않는 일이 잦았지만 정조는 그를 통해 노론의 정치 세력과 소통하고 있었다. 그런데 그가 나이가 많아지면서 노환이 심해지고 고집이 강해졌고, 사사건건 정조와 마찰을 빚기 시작했다. 그래서 그보다 노론 인물 가운데 더 온건한 인물 김익을 영의정으로 앉힌 것이다. 그리고 상소가 들어온 그날 곧바로 영우원 천장 담당관으로 영의정 김익을 임명했다. 그리고 비용 문제는 경기감영이 맡아서 하기로 했다. "균역청의 돈 10만 냥을 경기감영에 떼어주어 모든 일을 처리하게 하고, 부족한 돈은 금위영과 어영청에서 가져다 쓰면 좋겠다."

상소가 들어온 그날 장소와 일을 맡아서 할 사람, 그리고 비용 부분까지 마무리한 것이다. 다음 날 영의정 김익을 중심으로 영우원을 이장할 수원을 둘러보고 오게 한 뒤 정조는 그들의 보고를 들었다. 영의정 김익은 지세는 좋아 보인다면서도 풍수지리에 대한 지식이 부족해 잘 모르겠다고 말했다. 그러자 정조는 이미 풍수지리를 공부한 듯 여러 지식들을 쏟아놓고 그곳 지리를 하나하나 설명했다.

이미 정조는 그곳에 가본 사람 이상으로 훤히 알고 있었다. "수원을 비록 직접 보지는 못했지만 밤낮으로 상상하면서 마음속으로 헤아린 바가 있었다. 그런데 지금 경의 말을 내가 헤아린 바와 비교하면 더 보탬은 있지 줄임은 없다고 하겠다." 그러면서 정조는 이런 말을 했다. "내가 일찍부터 영우원 이장을 고려했었다. 그러나 모르는 것이 너무 많고 힘도 없었다." 정조가 말한 '일찍부터'라는 말은 1774년을 말한다. 정조 집권하기 2년 전에 이미 영우원을 수원으로 이장할 계획을 세워 놓았다는 것이다.

장장 15년을 마음에 품고 있던 정조였다. 그의 치밀함은 항상이렇게 10년이나 20년 앞을 준비한다. 그러나 이것을 치밀함이라해야 하나? 아니면 분노에 대한 차가운 열정이라 해야 하나? 분노라는 위험한 감정을 가장 적절하게 구사한 정조, 그는 분노가 위력을 발휘하기 위해서는 얼음처럼 차가운 인내가 반드시 필요하다는 것을 알고 있었다.

 ## 분노는 차가운 열정이다

결정이 난 이상 정조는 빠르게 일을 추진했다. 1789년 7월 15

일, 수원의 읍 청사를 팔달산 밑으로 옮기고 광주의 두 면을 수원으로 편입했다. 그리고 수원의 죄수들을 모두 방면하라 지시했다. 우선 수원의 민심을 수습하기 위한 조치였다. 그리고 바로 다음 날, 영우원 이장을 위한 일꾼 모집 공고를 냈다.

정조는 8월 2일 천장하는 날로 정하면 어떻겠냐고 서두른다. 하지만 대신들의 의견은 10월 2일이 길일이라 했다. 더 빠른 날은 없느냐고 한 번 더 묻고 정조는 신하들 의견대로 그날(10월 2일) 영우원을 수원으로 이장하기로 했다. 15년을 기다렸던 정조, 마음이 한결 급해졌다. 7월 27일 좌의정 이성원(李性源, 1725~1790)이 사임을 청하자 정조는 기다렸다는 듯이 곧바로 이재협(李在協, 1731~1790)을 좌의정에 앉혔다. 노론 계열 가운데 사심 없는 인물로 재야에 신망이 제법 두터웠던 그를 앉히면서 정조는 사도세자 죽음에 노론의 잘못이 있으니 그들이 잘못을 뉘우치는 의미에서 이 일을 주도하라는 뜻으로 노론 정치인들을 중용한 것이다. 꼬인 매듭을 그들 스스로 풀게 한 조치였다.

1789년 8월 12일, 물에 흠뻑 젖은 사도세자의 묘가 열리는 날이었다. 50일 동안의 이장 공사가 시작된 날, 능에 삽을 대기 전 의식 '계원례(啓園禮)'를 치렀다. 삽을 뜨기에 앞서 혼령에게 양해를 구하는 의식이다. 이미 묘 여러 곳은 훼손된 지 오래됐다. 떼는 다 벗겨졌고 봉분 위로는 물웅덩이도 있었다. 그 참담한 모습에 정조는 벌써 눈물을 흘리고 있었다. 술을 따라 올리고 묘 앞에 털썩 주저

앉아 풀을 쥐어뜯으며 가슴을 치고 통곡했다.

실록은 정조의 그 원한 맺힌 통곡 장면을 이렇게 묘사했다. "신하들은 임금의 모습에서 두려움을 느꼈다. 격한 기운이 심해지자 곡소리는 나오지 않고 임금은 구토하는 모습까지 보였다." 신하들은 벌벌 떨고 있었다. 서둘러 대신들이 정조의 팔을 잡고 부축했다.

"전하 옥체를 보전하소서!"

참았던 슬픔은 그치지 않았다. 드디어 누군가 이런 말을 했다. "신들이 죽을죄를 지었습니다." 그러자 몇 명이 따라서 그 말을 했다. 정조가 얼마나 듣고 싶었던 말일까? 그들은 정조가 집권하고 13년 동안 사도세자 묘가 이렇게 처참하게 망가지는데 나 몰라라 했던 자들이다. 슬픔이 분노로 바뀌고 있었다. 1762년 사도세자가 죽은 뒤 27년을 정조는 이 말을 듣기 위해 참았다. 그리고 마침내 그 소리를 듣게 되었다. 그날 정조는 몇 시간 동안 황폐하게 훼손된 아버지 묘 앞에서 울고 또 울었다.

슬픔이 지나친 때문일까? 다음 날 실록은 아무 기사도 실리지 않았다. 정조가 아팠기 때문에 정사를 보지 못했던 것이다. 8월 14일도 정조는 정사를 보지 못하고 이문원에서 몸을 조리하고 있었다. 8월 15일 역시 창덕궁 선원전(역대 임금의 어진이 모셔진 곳)에서 간단한 제사를 올린 것 이외 여타 정사 기록은 없었다. 정조는 묘 이장 공사가 시작된 뒤 약 열흘에 한 번 꼴로 그곳을 갔다. 그곳을 다녀온 뒤 이틀이나 삼일은 정사를 보지 못했다.

측근과 측근 아닌 자들 모두 걱정했다. 측근들은 슬픔이 지나친 정조가 혹시 가뜩이나 몸에 열이 많은 체질인데 무슨 일이 생길까 걱정이었다. 반대 세력들은 갑자기 한 맺힌 임금이 보복의 칼날을 휘두를까 그것이 걱정됐다. 8월 20일 정조가 가장 신뢰하던 판중추부사 서명선(徐命善, 1728~1791)이 영우원에 가는 길을 막았다. 아직 몸이 완쾌되지 않았는데 날씨가 너무 더워 옥체가 걱정된다는 것이었다.

그러나 정조는 서명선의 말을 듣지 않았다. 그러자 황소고집으로 유명한 좌의정 이재협도 나섰다. "옛날 한나라의 충신 설광덕(薛廣德)은 일개 어사에 불과하였으나 능히 임금의 가는 길을 바꾸어 임금의 목숨을 살렸습니다. 신들이 비록 매우 형편없지만 임금을 보호하는 대신입니다." 이재협이 인용한 설광덕 이야기는 이렇다.

한나라 원제(元帝)가 종묘에 제사를 지내려고 편문으로 나가 누선을 타려 하자 어사대부 설광덕이 황제 수레를 막고 갓을 벗어 머리를 조아리며 말하길, "다리로 건너가야 마땅하다"라고 하면서 "폐하께서 신의 말을 들어주지 아니하시면 신이 목을 찔러 피로 수레바퀴를 더럽혀서 폐하를 종묘에 들어가지 못하도록 하겠습니다"라고 한 고사, 그래서 황제를 위험에서 구한 이야기다. 설광덕의 이야기는 임금의 뜻을 저지하는 일에 종종 신하들이 인용했다.

정조는 미간을 찌푸리며 말했다. "내가 경들에게 시달리다보니, 격기(膈氣, 치밀어 오르는 기운)가 다시 치밀어 오르려고 한다." 그렇게 고집을 부려 또 갔다가 와서는 며칠을 앓아누웠다. 그러자 침묵하고 있던 대왕대비 정순왕후가 언문교서를 내렸다. 침묵의 여인 정순왕후는 이렇게 중요한 순간에 언문교서로 자신의 정치적 의견을 말해왔다. 대비는 9월 1일에는 가지 않는 것이 좋을 것 같다고 승정원 승지들에게 의견을 표명했다. 이 언문교서를 받고 정조는 대비의 교서를 받은 승지들을 모두 교체했다. 정순왕후에 대한 반감을 그렇게 표현한 것이다. 아버지 사도세자의 죽음에 깊은 관련이 있던 대비가 나서서 묘 이장을 주선하지 않고 오히려 비판적인 시각을 갖고 바라보는 것이 화가 나서 한 조치들이다. 그리고 다시 열흘 후 9월 11일 공사를 참관할 때, 정조는 내시나 궁녀들의 수행을 모두 금지시켰다. 그들이 자신의 일거수일투족을 대비에게 보고한다고 생각했기 때문이다.

눈물 자국에
피가 비치다

1789년 10월 2일, 드디어 사도세자의 능이 개봉됐다. 열어보니
시신과 함께 묻은 옥돌과 비단이 보였다. 곧바로 비단을 불에 태우
고 옥은 땅에 묻었다. 정조는 현장에서 좀 떨어진 곳에 있었다. 어
머니 혜경궁 홍씨가 간곡하게 부탁한 것이 있어 그런 것이다. "절
대 묘 안을 들여다보지 마세요. 이 어미의 마지막 소원입니다. 상
이 없으면 이 어미는 죽은 목숨입니다."

그러나 실록에는 채제공(蔡濟恭, 1720~1799)이 정조에게 보고한
내용이 실려 있다. "재궁 안에는 물기가 너무 많았습니다. 겉은 불
에 그슬린 흔적이 있습니다. 봉표(封標) 밖의 회반이 깎여나가 재궁
안에는 물이 가득 고여 있었고 물을 퍼냈는데 족히 두 세통은 되었

습니다. 외재궁의 하우판(下隅版)을 꺼낸 후 봉심하였더니, 내재궁이 약간 동쪽으로 두세 푼 밀려나 있었는데 이것은 풍기(風氣)인 듯하고, 외재궁의 상우판(上隅版)에는 또 얼음송이가 응결된 곳이 있었는데 이것은 빙렴(氷廉)인 듯합니다."

🐚 27년 만에 개봉된 아버지 묘

'빙렴'이 무엇인가? 땅속의 시체가 얼었다는 말이다. 냉기로 재궁에 서리처럼 응결된 물기가 가득했다는 말이다. 조선 왕실의 왕릉은 도굴범들이 쉽게 접근하지 못하게 단단한 석회로 겉을 만든다. 임금의 관을 재궁이라 하는데 그것도 원래의 관 이외 또 겉으로 또 하나의 외관을 만들어 촘촘하고 완벽하게 보호하는 것이 원칙이다. 그러나 사도세자의 묘를 팠을 때 채제공은 너무도 허술하게 매장한 것을 보고 탄식하고 있었고 그 상황을 좀 떨어진 곳에 있던 정조에게 상세히 보고한 내용이 실록에 실려 있는 것이다.

채제공의 말을 듣고 정조는 다시 한 번 치솟는 분노를 다스리지 못하고 있었다. 눈에서는 연신 눈물이 쏟아지고 답답한 나머지 손으로 가슴을 계속 치고 있었다. "수화(水火)와 풍빙(風氷)으로 인한 재변이 극심한데 이런 아버지의 시신을 봉안한 채 지금 몇 년이나 이러고 있었는가! 이런 묘를 놓고 나는 대궐에 편히 있었으니, 그야말로 내가 불효하고 불초한 것이다."

판중추부사 서명선이 정조에게 "미시(未時, 오후 1~3시)에 대왕대비께서 언문교서를 내리셨습니다. 하고는 '전하의 옥체가 화평하지 못하니 만약 현궁(사도세자의 관)을 꺼낼 때에 몸소 행한다면 반드시 큰 상처를 입을 것이니 신하들은 친히 옷깃을 당겨 만류하고 임금의 가마가 도착하기 전에 관을 봉출하라.' 그런데 자궁의 뜻을 바로 전하지 못하고 허둥대다 이리 늦었습니다"라고 말했다. 그러나 이미 정조에게는 그 소리가 귀로 들리지 않았다. 각종 의식들이 진행되고 정조는 큰소리로 울기 시작했다. 대신들이 곡을 대신하겠다고 하지만 정조는 알아듣지 못했다.

정조의 우는 소리가 점점 크게 들렸다. 그 소리에 놀라 대신들이 허둥대고 함께 통곡하며 이런 말들을 했다. "어수(御手)가 너무 차갑습니다. 옷소매의 눈물 자국에 핏방울이 비치니 이러시다 정말 어찌하시렵니까?" 실록의 기록이다. 사관은 좀 과장된 글을 쓴 것인가? 정조의 눈물들이 핏방울로 변해 옷소매를 적셨단다. 눈에 핏물 방울들이 떨어졌다는 말이다. 정조의 아버지 사도세자, 뒤주에 갇혀 물 한 모금 먹지 못하고 꼭 그렇게 8일 동안 웅크리고 죽어갔던 아버지. 정조는 그 아버지의 마지막을 생각하면 자다가도 문득 몸서리를 치면서 일어나곤 했다. 그런 시간들이 무려 27년이나 되었다. 정조는 아버지의 억울하고도 비참한 죽음을 가슴에 묻고 있던 날들이 27년이니 이날 정조의 눈에서는 정말로 사관의 글처럼 피눈물이 떨어졌을 것이다.

궁금한 것은 사도세자가 8일 동안 그 좁은 뒤주 안에 갇혀 웅크리고 죽었는데, 그 시신을 어떻게 펴서 관에 넣었을까 하는 점이다. 어머니 혜경궁 홍씨나 대왕대비 정순왕후는 그 시신이 어떻게 관에 들어갔는지 알고 있을 것이다. 그러니 제발 관을 열어 직접 보지 못하게 한 것이다. 얼마나 처참했을지 짐작이 간다. 아마도 시신은 다 훼손됐을 것이다.

그렇게 아버지의 시신, 물론 이미 뼈만 남을 것이지만 사도세자 뼈가 있는 관을 새로 칠을 해서 잘 봉한 다음 영우원 찬궁에 모셔졌다. 찬궁은 임금의 시신을 담은 관을 보관하는 곳이다. 그 찬궁까지 갈 때 서명선이 "영우원 앞길이 매우 가파르니 전하는 가마를 타고 따르소서!"라고 말하자 임금이 버럭 소리를 질렀다. "아니! 이게 무슨 말인가. 장례 예법 어디에도 '곡을 하며 따른다'고 하지 가마를 타고 따르는 법이 어디 있나?"

3일 동안 천궁 예식을 치르는 동안 정조도 영우원 근처에 장막을 치고 잠을 잤다. 그리고 10월 5일 드디어 사도세자의 유골이 담긴 관이 옛날 영우원 자리를 나섰다. 노제를 한 번 치루고 재궁을 든 가마 행렬이 움직이기 시작했으며 연도에 나온 백성들은 정조와 슬픔을 함께했다. 백성들의 통곡 소리에 다소 위안을 얻은 정조는 여유를 찾은 듯 신하들에게 묻기를, "내가 정신이 혼미하여 살피지 못하는데 아버지의 관을 편안히 받들고 있는가?" 하니, 모두 말하기를, "장막을 쳐다보건대 조금도 흔들리지 않는 것이 마치

쟁반에 물을 담은 듯합니다." 하자, 정조가 말하기를, "평소 내가 군사훈련을 잘 시킨 덕분이다"라며 엷은 미소를 보였다.

극한 상황에서도 이렇게 유머를 잃지 않은 정조, 그는 끓어 넘치는 분노를 잘 조절하며 분노를 승화시키는 법을 알고 있었던 인물이다.

진흙 구덩이 같은 아버지 묘를 햇볕 잘 드는 명당자리로 옮긴다고 하니 그동안의 슬픔은 다시 과거이고 정조는 마음의 부담을 덜었는지 미소까지 보였다고 한다. 정조는 대여(大轝, 사도세자의 재궁 행렬)가 뚝섬에서 배에 오른 뒤 다리 남쪽을 지나는 광경을 한참 바라보다 총호사 서명선이 무사히 건넜다는 신호를 보내오자 한차례 그 자리에서 울음을 터트리고 곧바로 환궁했다.

🏵 죽음을 암시한 『주역』의 뽕나무

조선 역사에서 가장 비극적인 사건은 단연 '사도세자의 죽음'이다. 아버지가 아들을 죽였다는 것 때문이다. 소현세자(昭顯世子, 1612~1645)가 아버지 인조(仁祖, 1595~1649, 재위 1623~1649)의 손에 의해 독살됐다는 것은 전후 사정은 명백하지만 그저 '의문의 죽음, 혹은 갑작스런 죽음'으로 기록됐다. 그러나 영조가 사도세자를 죽인 것은 실록에 분명히 기록되어 있다. 사도세자가 죽을 이유는 무엇일까? 그동안 많은 책들과 많은 자료들이 사도세자의 죽음에 대한 의혹들을 언급했다. 대개 공통적인 것은 사도세자의 정신병과 노론을 배척하고 소론 정권을 세우려는 것에 반기를 든 노론의 주도면밀한 음모로 인해 생긴 참화라는 것이 일반적이다.

필자는 이 두 가지의 의견에 이의를 달 생각은 없다. 그러나 실록을 자세히 읽어보면 사도세자 죽음을 암시하는 글들이 곳곳에 나타난다. 사관은 이미 사도세자의 죽음은 예견된 사건이란 것을 은밀히 암시하고 있다. 우선 사도세자가 죽기 꼭 한 달 전인, 1762년(영조 38) 5월 20일 실록의 내용이다. 이날은 나경언(羅景彦)의 고변이 있기 불과 이틀 전이고 사도세자의 죽음을 예견한 사람은 조선 천지에 아무도 없었다. 그런데 그날 실록의 기사는 『주역(周易)』의 한 문장을 통해 원로 신하가 대리청정을 수행하던 세자에게 그것도 대신들 접견하는 조회 자리에서 죽음이 경각에 달렸으니 조심하라는 경고가 기록됐다.

1762년 5월 20일, 사도세자는 시민당에 있었고 대신들을 접견했다. 비국당상 이정보(李鼎輔, 1693~1766)가 먼저 말문을 열었다. "저하! 『주역』에 이런 말이 있습니다. '망하지 않을까 걱정돼 뽕나무에 매달았다'고 하였으니, 저하께서는 유념하시어 이 말을 경계하소서." 그러자 세자가 "마땅히 명심하여 경계하겠다"고 답한다.

이 말이 무얼 의미하는 걸까? 물론 『주역』의 글은 대개 상징적이고 철학적이다. 그래서 그것이 뜻하는 바를 한마디로 명쾌하게 정의할 수 없다. 그러나 이정보가 말한 뽕나무에 매달았다는 이렇게 유추해볼 수 있다. 뽕나무는 뿌리가 깊고 질기다. 그러니 뽕나무 뿌리처럼 단단해져야 한다는 뜻일 것이다. 주변에서 아무리 흔들어도 변치 말고 꿋꿋하게 뽕나무 뿌리에 마음을 붙들어 매고 흔들리지 말라는 말일 것이다.

그런데 꼭 그런 뜻으로 볼 것인가도 의문이다. 이정보는 연안이씨로 조선 중기 한 시대를 풍미했던 집안의 자손이다. 또한 당대를 대표하는 시인이기도 했다. 그가 종종 영조의 일관성 없는 탕평책을 비판했지만 영조는 그가 임금에게 바른 말을 하는 올곧은 신하라는 것을 알고 있었다. 그래서 판의금부사·예조판서·공조판서를 역임하게 했다. 그가 사도세자에게 이런 『주역』의 글을 올렸을 때는 일흔의 나이로 이조판서에서 물러나 기로소에 들어가기 직전이었다.

이정보는 당쟁으로 얼룩진 18세기 조정에 새로운 유학자들을 수혈했다. 김원행(金元行, 1702~1772)과 송명흠(宋明欽, 1705~1768) 같은 인물들이다. 그런 이정보가 나경언의 흉계가 있기 불과 이틀 전에 사도세자에게 '주역의 뽕나무'를 언급한 것은 죽음을 예고한 경고일 것이다. 사도세자는 궤(함)에 갇혀 죽은 것이다. 그의 뽕나무는 바로 사도세자가 죽은 그 공간, 혹은 도구를 지칭한 것이 아닐까? 사람들은 왜 하필 뒤주 속에 넣어 아들을 죽였는지 영조의 그 잔인함에 의문을 제기한다. 영조는 정신병을 앓고 있는 아들 사도세자를 은폐하고자 한 것이다. 정상이 아닌 혹은 자신의 뜻을 거스르는 정치세력의 수괴로 아들을 생각했고 그래서 그 존재를 은폐하기 위해 뒤주라는 도구를 사용했다. 그 도구를 영조 혼자 결정한 것일까? 아직까지 그 비밀은 풀리지 않는 수수께끼다.

🌀 사도세자 죽음은 예견된 일이다

영조는 가장 끔찍한 방법으로 아들을 죽인 것이다. 콤플렉스나 아킬레스건에 끌려 다닌 군주들 가운데 폭군으로 변한 인물이 많다. 영조에게 사도세자는 콤플렉스의 상징이었다. 영조는 원래 그리 잔인한 군주일까? 영조는 종종 이런 말을 했다. "나는 지나가는 바퀴벌레도 개미도 마음대로 죽이지 못한다." 그러나 천성적으로 잔인한 사람은 없다. 그렇게 극단적으로 잔인하게 변모하는 것은 제어할 수 없는 수치심이나 콤플렉스로 상처를 받을 때이다.

영조는 사도세자를 죽이기 전 병자호란 당시 남한산성 상황을 자세히 기록한 작자 미상의 『산성일기(山城日記)』를 자주 읽었다고 한다. 그 일기에는 전란으로 고통 받는 백성들의 처참한 상황이 자세히 묘사돼 있었다. 영조는 왜 그런 책을 읽고 있었을까? 조선이란 나라가 망해가고 있다고 본 것이다. 무엇 때문에 그런 생각을 하게 했을까? 실록에 기록된 당시 상황은 긴박한 일이 없어 보인다. 아버지와 아들의 갈등 이외에는 특이한 점이 없다.

한편 정조는 세손 시절 아버지 사도세자의 죽음을 감지하지 못했을까? 영리한 정조는 열한 살 나이에 이미 대궐이 어떻게 돌아가는지 대략 눈치를 채고 있었다. 사도세자는 종종 아들 정조를 보며 '효경(梟獍)'이란 말을 했다. 효(梟)는 어미를 잡아먹는 올빼미, 경(獍)은 아비를 잡아먹는 파경(破獍)의 '경'을 의미한다.

1762년 4월 25일, 사도세자 죽기 불과 두 달 전 영조는 세손을 불러 마치 마음의 준비를 단단히 한 듯 이런 말을 했다. "세손을 보면 300년 종사가 드디어 반석에 오른 듯하다. 너는 주나라 800년 역사처럼 훌륭한 국가 초석을 마련하라! 조선은 중국과 달라 삼한(三韓)을 통일하여 부국강병을 이룩하는 일 이외에는 다른 방도가 없다. 내가 요즘 『산성일기』를 읽고 있는데 항복할 때 백성들이 울부짖으며 '우리 임금이 어찌 우리를 버리나이까?' 하는 구절에서 매번 나는 눈물을 흘린다. 자! 세손, 나라가 지금 풍전등화와 같은 상황이다. 만약 뜻밖의 일이 있으면 너는 어떻게 해야 하느냐?"

영조는 왜 나라가 풍전등화라고 말했을까? 세손은 할아버지의 말이 정확히 무슨 말인지 알고 대답했을까? "당연히 나라를 지켜야 합니다." 영조는 선문답을 통해 사도세자의 아들 세손에게도 '네 아비는 나라를 위해 목숨을 버려야 한다'라고 말하고 있었다. 세손은 아버지의 말과 할아버지의 말, 그리고 당시 궁궐 안팎에서 떠드는 소리들을 듣고 짐작했을 것이다. 할아버지 뜻을 거역하며 이상한 행동들을 하고 있던 아버지의 모습을.

1762년 5월 2일, 사도세자가 죽기 약 40일 전에도 영조는 세손에게 『대학(大學)』이란 책을 펴놓고 이런 말을 했다. "문왕(文王)이 아들 노릇을 한 것은 효(孝) 때문이다. 나도 효를 하고자 한다. 그래 어제는 선왕이 잠든 명릉(明陵, 숙종의 묘)을 바라보고 왔다. 옛날에 이르기를, '마음이 바르면 꿈도 바르고, 마음이 복잡하면 꿈도 복잡하다'고 하였다." 그렇게 세손에게 말을 하는 것 같았던 영조는 갑자기 영의정 홍봉한을 보며 이렇게 말했다. "영상! 세손의 관대(冠帶)와 옷 입는 것이 꼭 나와 같으니 참으로 귀엽다." 참 엉뚱한 대화이지만 의미 있는 말이다. 갑자기 아버지에게 효도를 하겠다고 다짐한 것은 무엇이고, 그러다 갑자기 사도세자의 장인 홍봉한을 보며 세손의 옷 입는 모양이 자기와 똑같이 단정하다고 칭찬한 것은 또 무얼 의미하나?

숙종의 묘를 다녀온 영조는 그 자리에서 결심한 것이다. 사도세자를 후계자 자리에서 내치기로 했다고. 그리고 사도세자의 장인이자 세손의 외할아버지 홍봉한의 얼굴을 보며 세손의 옷 입는 것을 말한 것은 세손으로 정하기로 했다는 것을 심정적으로 동의해 달라는 뜻이다. 그러자 곧바로 홍봉한이 영조의 말에 맞장구를 친다. "왕손(王孫)이 이미 장성하였으니, 무슨 걱정입니까?" 영조의 뜻을 따르겠다는 의미다. 이미 두 달 전 사도세자는 폐위가 결정된 것과 마찬가지 상태였다. 문제는 그를 폐위시키는데 그 방법이 어떤 것이냐에 임금 영조와 홍봉한이 머리를 싸매고 고민했을 것이다.

가장 비극적인
연극이 시작되다

실록에 기록된 사도세자가 죽음에 이르는 과정을 자세히 들여다보면 한편의 연극 같다는 느낌을 지울 수 없다. 앞서 말한 것처럼 『주역』의 뽕나무를 언급하면서 사도세자의 죽음을 암시한 것처럼 연극 대사와 같은 기록들이 실록 곳곳에 배치돼 있다. 1762년 5월, 사도세자는 열심히 대리청정을 수행하고 있었다. 그러면서 다른 한편으론 약방의 진찰을 계속 받고 있었다. 사도세자는 불안 증세와 강박관념에 시달리고 있었다. 그러나 실록에는 세자의 증세에 대해 기록돼 있지 않다. 사도세자는 아버지 영조에게 심한 압박을 받고 있음이 분명했다. 1762년 4월 21일 사도세자가 대리청정을 수행하며 경연의 자리에서 했던 말을 기록한 『서연강의(書筵講

義)』라는 책의 기록을 보면 이런 말이 있다. "부소의 죽음을 받아들이는 것이 진정한 효인가?"

🎴 참언(讒言)에 눈이 먼 아버지 뜻을 따라야 하나?

부소(扶蘇)는 누구인가? 바로 진시황제(秦始皇帝)의 맏아들이다. 그런데 진시황이 갑자기 숨을 거두었다. 그때 함께 수행하던 진나라의 승상 이사(李斯)가 환관 조고(趙高)와 짜고 황제의 자리를 막내아들 호해(胡亥)에게 주기 위해 진시황의 유서를 조작한다. 내용은 "큰아들 부소는 자결하라!"는 것이었다. 그는 결국 조작된 진시황의 유서에 따라 자살한다. 사도세자는 왜 자신이 죽기(1762년 윤5월 21일) 꼭 두 달 전 이런 고민을 글로 남겼을까? 분명 그는 자신의 죽음을 예견하고 춘궁(세자)의 관리들과 토론했을 것이다. 부소는 이사의 계략에 의해 죽었는데 원래 진시황의 뜻은 아니라는 측근들의 말이 있었지만 세자는 점점 다가오는 죽음의 그림자 때문에 자기 모습을 감추었다. 그 무렵 실록은 "세자 약방에 진찰받다"는 말만 계속 기록돼 있다.

그런데 1762년 5월 9일 세자를 보필하던 관원들이 대거 파직당하는 일이 일어난다. 그날 영조는 그 전날 세자가 신하들에게 지시한 문서를 갖고 오라 했다. 그러자 이상하게 지시를 받은 세자의 관원들이 한참을 기다려도 오지 않았다. 영조는 대뜸 이렇게 말했다. "이것들이 문서를 조작하고 있다." 아버지는 아들을 믿지 못하고 있었다. 그들이 허겁지겁 들어오자 영조는 그들 모두를 파직시키라 명한다. 1762년 5월 한 달 동안 조선의 백성들은 가뭄으로 극심한 고통을 겪고 있었다. 땅이 쩍쩍 갈라지고 그 해 농사는 이미 흉년이 예고되고 있었다. 그런 상황에서 5월 22일, 나경언의 고변이 터진 것이다. 조선의 가장 비참한 역사가 시작된 것이다.

역사상 유례가 없는 참담한 일은 마치 한편의 비극적 연극을 보는 것처럼 각본대로 움직였다. 나경언은 액정 별감 나상언(羅尙彦)의 형이다. 궁궐 수비를 맡은 중인 신분의 가족이 어쩐 일로 갑자기 나타나 사도세자를 죽이는 드라마의 자객으로 등장하는지 알 수 없는 노릇이다. 사도세자의 비행은 열 가지다. 그 가운데 알려진 것은 영조의 입을 통해 전해지는 몇 가지뿐이다. "네가 왕손의 어미를 때려죽이고, 여승(女僧)을 궁으로 들였으며, 평양으로 가서 그곳 성곽을 유람했는가?"

나경언의 고변서는 먼저 형조에 올라갔다고 한다. 그런데 이런 허무맹랑하고 확실하지 않은 고변서를 형조에서 원문은 갖고 사본을 영조에게 바쳤다고 한다. 이 점도 석연치 않다. 그런데 실록의 기록을 보면 나경언이 옷소매에서 상소문을 꺼내 임금에게 올렸다고 기록돼 있다. 실록의 기록이 항상 옳다고 볼 수 없다. 영조는 그 자가 올린 글을 보고 손을 부르르 떨었고 그 옆에 있던 영의정 홍봉한이 읽고 우의정 윤동도(尹東度, 1707~1768)에게 줘 그도 읽었다고 한다. 두 사람 모두 두려워 벌벌 떨었다고 한다. 그런데 나중 밝혀진 일이지만 나경언은 윤급(尹汲, 1561~1591)의 집사이고 윤동도의 아들 윤광유(尹東度, 1707~1768)의 사주를 받아 이 일을 기획한 것이라고 밝혀졌다. 이것 역시 사도세자의 관리들이 확인한 바다.

5월 23일 아침 영조는 세자의 대리청정을 중단한다고 밝혔다. 그리고 문안청 청사 안에서 도제조 신만(申曼, 1620~1669)의 손을 베고 누웠다고 한다. '신만의 손을 베고 누웠다?' 언뜻 이해가 가지 않은 행동을 영조는 하고 있었다. 그리고 이 사실을 알게 된 사도세자는 금천교 앞에서 석고대죄에 들어갔다. 5월 23일 시작된 석고대죄를 영조는 5월 29일까지 알지 못했다. 1주일 동안 사도세자는 석고대죄를 하고 있었지만 그것을 보고한 사람이 하나도 없었다. 당연히 승지들이 쫓겨날 사안이다. 그러나 영조는 그날 이렇게 탄식하고 말았다.

"조정의 이목(승정원 관리) 관원들이 이 모양이구나!" 나경언은 집안의 형편이 말이 아니라 기운 가세를 일으키려 이런 일을 저지른 것이라고 사관을 적고 있다. 사관의 말은 다 믿을 것이 못된다. 사관은 치밀하게 그때 일들을 적지 않고 있다. 때로는 자기가 잘 모르는 일을 누군가의 말을 듣고 기록한 것이 분명하다. 실록의 글을 읽으면서 사관이 무언가 암시하려는 듯한 기록들을 찾을 수 있었다.

이성을 마비시킨 영조의 분노

문제는 가뭄이었다. 영조는 사도세자가 석고대죄를 하고 있는 것에 아랑곳하지 않고 대리청정을 거둔 뒤 본격적으로 정사를 돌본다. 나경언의 고변이 있기 전의 영조가 아니었다. 5월 24일 사도세자가 종로 상인들에게 많은 돈을 꾸었다는 것을 듣고 그들을 불러 곧바로 빚을 갚았다. 비극적인 연극의 주인공은 사도세자이지만 상대적으로 빛나는 연기를 한 것은 영조 자신과 홍봉한이다. 특히 홍봉한은 두 가지 얼굴로 대중들에게 자신의 연기를 보여주었다.

영조에게는 사위를 죽이기로 마음먹은 비장감 도는 장인의 모습으로 또한 사도세자에는 끝까지 그의 건강을 염려하는 인자한 장인의 얼굴을 하고 있었다. 사도세자는 열다섯 무렵부터 정신병이 심해지기 시작했다고 한다. 그때는 정조가 태어나기 2년 전 일이다. 갑자기 불안감이 엄습하고 잠을 이루지 못했다. 귀에서 이상한 소리가 들려오고 누군가 자기를 죽일 것 같다는 환상과 환청이 반복되고 있었다.

최근 일본에서 사도세자가 홍봉한에게 보낸 편지가 발견됐다. 그 편지에 주목을 끄는 부분은 사도세자 자신이 정신병을 심하게 앓고 있어 약을 처방해 달라고 사정하는 내용이 있다는 것이다. 그리고 철저하게 비밀로 해달라는 부탁도 함께했다. 그러나 이미 사도세자의 정신질환은 알 만한 사람은 다 아는 사실이 됐다. 이런 것은 사도세자의 어머니 영빈 이씨를 통해 영조에게도 알려졌을 것이다.

어머니 영빈 이씨는 입이 가벼운 여자다. 여자들 가운데 극히 일부는 아들보다 남편을 더 사랑하는 사람이 있다. 아들이야 또 낳으면 되지만 남편은 또 가질 수 없다는 이유이다. 그리고 사도세자는 어머니 품에서 자라지 않았다. 젖을 물려서 키우지 않은 모정은 그리 각별하지 않은가 보다. 특히 오늘날과 다른 조선시대 여인들은 남편이 싫어도 헤어질 수 없다. 그러나 자식은 남편과 뜻이 맞으면 언제든지 또 만들 수 있다. 그런 생각이 강한 여인이 바로 영빈 이씨였다.

정신병 때문에 사도세자가 죽을 운명이었나? 그가 죽기 전 경연 자리에서 진시황의 아들 부소를 인용하면서 스스로 죽어야 나라가 산다고 했던 것은 무엇일까? 그 스스로 자살하라고 권한 누군가가 있는 것은 아닌가? 다시 나경언의 고변 현장을 들여다보자. 판의금부사 한익모(韓翼謨, 1703~?)가 나아가 말하기를, "친국할 때에 의금부도사가 철저히 조사하지 않아서 이런 흉한 글이 대궐에 들어오게 했으니, 그를 먼저 잡아 처리하길 청합니다"라고 하자 영조는 허락하지 않았다고 한다. 그리고 얼마 뒤 영조는 한익모가 이상하니 그를 엄히 문초하라고 지시한다.

판의금부사는 애초 형조 관리들이 상소를 받은 경위부터 조사해야 한다고 주장한 것이다. 그런데 임금은 조사책임자를 문초하라 지시한다. 조사 방법이 마음에 들지 않는다는 뜻이다. 그 역시 노론 정치인이다. 하지만 명백히 이상한 방향으로 사도세자 사건이 흘러가자 영조에게 수정을 제안했지만 이미 이성을 잃은 군주 영조는 엉뚱하게 한익모를 몰아 부친 것이다. 이런 상황을 장인 홍봉한이 급히 창덕궁으로 나아가 세자에게 보고하자, 세자가 크게 놀라 보련(步輦)을 타고 대궐로 나왔다고 한다. 이때가 새벽 2경(更, 밤 10시가 넘은 시각). 시간도 참 늦은 시각이다. 사도세자는 곧바로 홍화문에 나아가 엎드려 대죄하였다. 사도세자는 벌벌 떨고 있었다. 그가 예감한 죽음의 시간이 빨리 다가오고 있음을 안 것이다.

분노는 사람을 병들게 한다. 분노는 아끼고 조절해서 잘 쓰면 훌륭한 보검이 되지만 잘못 쓰면 자신도 망치고 나라도 망친다. 영조의 업적은 탕평책으로 인재를 고루 등용했다고 한다. 그러나 그에겐 아들을 죽여서라도 이룩해야 할 정치신념, 혹은 의리가 있었다. 혹은 감추어야 할 자신의 콤플렉스 때문일지도 모른다.

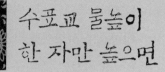
수표교 물놀이
한 자만 높으면

1762년 윤5월이 시작됐다. 영조는 가뭄이 극심해서 종묘에 가서 기우제를 올렸다. 그런데 비가 오길 간절히 기도하는 그 속에는 다른 기도도 하나 깔려 있었다. 영조의 간절한 기도는 5월 26일부터 며칠 동안 계속됐다. 그런데 윤5월 1일에도 기우제를 올린 영조는 그날 밤부터 시원하게 내리는 비를 바라보고 있었다. 영조는 고민거리가 있으면 밤을 자주 새웠다.

영조는 역대 임금 가운데 가장 근면한 임금으로 손꼽힌다. 밤이 늦은 시각까지 신하들과 심야토론을 즐기고도 다음 날 새벽 5시면 어김없이 일어났다. 손자 정조에게도 '부지런할 근(勤)'이란 자를 가장 즐겨 말하던 영조가 그날 밤을 꼴딱 새고 새벽에 승지들을 시켜 영의정과 우의정을 들라고 했다. 영의정 홍봉한과 우의정 윤동도가 서둘러 입실하자 영조는 충혈된 눈을 깜빡이며 말을 꺼냈다.

> "오늘 오는 비는 나를 살리고자 하는 것이다. 내 마음이 반은 이미 굳어졌다. 만일 지금 내리는 비가 수표교 다리 물높이 한 자만 더 높이 올라간다면 그것은 하늘의 뜻이고 내가 뜻한 바를 이루라는 것이다."

'마음의 반이 기울어졌다?' 이게 무슨 말인가? 영조의 말이 무슨 뜻인지 처음에는 잘 몰랐던 홍봉한이 말했다. "만약 물이 한 자가 넘으면 도리어 홍수가 날까 걱정입니다." 그러자 영조가 잠시 딴 생각에 잠겨 있다가 홍봉한의 말은 답하지 않고 이렇게 말했다. "죄인과 대면을 청한 세자의 말이 한심하지 않은가?" 영조는 사도세자가 죄인 나경언의 고변이 사실이 아니라며 대질을 청한 것을 두고 가소롭다는 표정을 지으며 말한 것이다.

✸ 이상한 암호들을 교환하다

대화는 이상하게 동문서답이다. 승지 윤동승(尹東昇, 1718~1773)이 말했다. "그때 분하고 절박한 나머지 한 말입니다. 성상께서 만약 조용히 꾸짖어 가르치시면 어찌 이 지경에 이르겠습니까? 요즈음은 소조(세자)께서 매우 뉘우치고 있습니다."

영조가 노하여 말했다. "말도 말라, 말도 마. 작년에 공묵합에서 입시하라 명했더니, 발병을 핑계대므로 내가 영의정에게 지시해서 입시하게 했는데 걸음걸이가 정상이었다. 그의 성품이 처음에는 성인에 가까워 내가 매우 사랑하자 늙은 환관이 사랑이 지나치면 오히려 그르친다고 한 말이 있었다. 그 말을 지금 생각하니 내 후회할 만하다."

얼마의 시간이 지났다. 갑자기 홍봉한이 삼대를 청하자는 말을 했다. 갑자기 무슨 삼대 이야기인지. "우선은 비가 크게 쏟아지기를 기다려서 행하겠다." 홍봉한 말에 영조가 대꾸했다. "조금 전삼대의 청을 승낙하시자 빗줄기가 강해졌습니다. 역시 신령스럽고 이상합니다. 만약 쾌히 승낙하신다면 큰비가 바로 올 것입니다." 영조가 고개를 끄덕이며 말했다. "이 빗방울은 과연 삼대를 승낙한 효험이며, 만약 쾌히 승낙한다면 큰비가 곧바로 쏟아지겠는가?" 그러자 그 자리에 있던 신하들이 모두 "성은이 망극합니다"라고 답했다.

필자는 실록의 이 기사를 몇 번이나 보았다. "이 빗방울이 강해지면 삼대를 승낙한 효험이다"라고 한 영조의 말은 무엇인가? 삼대는 중국의 하(夏)·은(殷)·주(周) 시대를 상징하는 말이다. 영조는 하늘의 뜻이 바로 사도세자를 죽여서라도 나라를 살리고 태평성대를 이루라는 계시라고 해석하고 있다. 그래서 백성들의 태평성대를 위해 영조는 자기 신체와도 같은 아들 사도세자를 희생시키겠다는 결연한 의지를 피력한 것이다.

실록에서 사관은 '삼대(三對, 조강·주강·석강)'으로 적었지만 영조가 말한 것은 중국의 최고 태평성대 시절이었던 삼대(三代)를 의미한 것이다. 영조와 홍봉한은 암호와도 같은 '삼대'라는 말로 사도세자의 죽음을 건의하고 이를 수락한 것이다. 윤5월 2일, 영조가 창덕궁에 나가 세자를 만났다. 물론 사도세자는 석고대죄를 하고 있었다. "어제의 비는 신령께서 내리신 것이니, 내가 성심으로 기도를 하니 들어준 것이다." 영조는 이제 세자의 죽음은 하늘의 뜻인 것처럼 말하고 있다. 그리고 영조는 엄한 표정으로 세자에게 말했다.

"내가 원자가 겁을 먹을 것이니 이곳에 있지 말라 했는데 왜 이곳에 있느냐?" 그러자 사도세자가 답했다. "소자가 이곳에 있어 원자가 겁을 먹으니 이제 돌아가겠습니다." 사도세자는 죽음을 알고 아버지에게 세손의 힘이라도 빌려 목숨을 구걸하고 있었던 것이다. 세자를 만나고 돌아온 영조는 갑자기 안색을 바꾸어 영의정 홍봉한과 우의정 윤동도를 파직하라 명했다. 이유는 세자의 석고대죄를 풀어주자는 청을 했기 때문이었다.

하지만 두 사람을 보호하기 위한 조치였다는 것이 나중에 밝혀진다. 사도세자의 죽음을 공모했다는 의심을 피하기 위해 아끼는 두 사람을 미리 조치를 취한 영조의 노련한 배려였다. 이틀 동안 실록에는 아무 기록이 없다. 그저 "세자가 석고대죄를 하고 있다"는 기록이 전부다. 그리고 영조의 치밀한 작업이 시작됐다. 윤5월 6일, 승지와 삼사 몇몇 대신들이 세자를 죄인으로 빠트린 나경언의 죄명을 올려 바치려 했다. 그러자 영조가 크게 노했다. "나경언이 왜 죄인인가? 그는 죄인이 아니고 오늘날 자당(아들 당)이니 부당(아버지 당)이니 하며 파벌을 일삼는 신하들이 죄인이다." 그러면서 죄명을 적은 상소를 올리려 했던 그들을 모두 파직시켰다.

사도세자는 세자에서 폐위되고 스스로 뒤주 안에 갇혔다. 아니 뒤주에 처음에는 들어가지 않으려 했다. 실록은 사도세자가 영조의 부름에 응하지 않고 휘령전의 예를 행하지 않았기 때문에 임금의 노여움을 받고 그리된 것이라고 적고 있다. 그러나 그것은 아니다. 영조는 이미 사도세자를 죽이기 위해 뒤주까지 준비했다. 뒤주는 홍봉한이 준비했다는 말도 있다. 그날의 일은 너무 참혹해 실록도 상세히 기록하지 못했다. 아니 사관이 적는 것도 한계가 있었다. 영조는 갑자기 군사들을 시켜 대궐 문을 닫도록 했다. 그리고 칼을 뽑아들고 세자를 향해 이리저리 휘두르고 있었다. 광기에 사로잡힌 영조. 그 역시 그날은 제정신이 아니었다. 영의정 신만이 홀로 들어왔다. 다른 사람들은 무서워 밖에서 벌벌 떨고 있을 뿐이다. 영조가 세자에게 명하여 땅에 엎드려 관(冠)을 벗게 하고, 맨발로 머리를 땅에 조아리게 하고 이어서 차마 들을 수 없는 전교를 내려 자결할 것을 재촉했다. 세자의 조아린 이마에서 피가 흘렀다.

이제 비극적인 연극은 가장 격정적인 순간을 맞고 있었다. 누군가에 의해 세손이 아버지 사도세자가 죽기 직전의 현장으로 들여보내졌다. 그리고 아버지 손을 잡고 할아버지를 향해 눈물로 호소했다. "할아버지 아버지를 살려주세요." 그러자 영조는 누가 세손을 데려 왔느냐고 꾸짖으며 그를 밖으로 데려가라 지시한다. 그리고 열한 살의 세손은 누군가에게 끌려 나간다. 그러면서도 당차게 나를 끌고 가는 너는 누구냐고 호령한다.

실록은 이날 영조가 세자를 죽이기로 마음먹은 것은 세자의 어미 영빈 이씨 밀고 때문이란다. 세자가 군사를 동원해 임금을 위해하려 했다고 고발했다는 것이다. 당시 도승지 이이장(李彛章, 1708~1764)이 말하기를, "전하께서 깊은 궁궐에 있는 한 여자의 말로 인해서 국본(國本)을 흔들려 하십니까?" 하니, 영조는 진노하여 빨리 형벌을 가하라 하였다가 또 곧 중지시켰다고 한다. 이이장은 대사헌까지 역임하고 1764년 11월 20일 죽었다. 사관은 그의 용감함을 칭찬하는 글을 실록에 남겨주었다. 아무도 나서는 사람 없이 벌벌 떨고 있는 그 순간 당당하게 임금 영조의 잘못을 지적한 그의 기개를 높이 사고 싶다는 것이 사관의 생각이다. 문제는 사도세자를 왜 폐위시키는 선에서 그치지 않고 죽이기까지 했는가 하는 점이다. 이미 영조는 이성을 잃은 군주였다.

조선 군주들의 보여준 권력에 대한 광기는 굉장히 폭력적이다. 형제들을 죽인 태종 이방원과 역시 조카를 죽인 세조, 가장 많은 살육을 저지른 폐륜군주 연산군(燕山君, 1476~1506, 재위 1494~1506), 아들 소현세자를 죽인 인조. 영조의 아버지 숙종 역시도 권력의 광기는 폭력적이고 잔인했다. 그런 점에서 보면 조선 군주들은 폭군의 기질과 정신병 기질이 유전적으로 내려온 것일까?

영조는 집권 내내 '형(경종)을 독살하고 임금이 된 사람'이란 나쁜 평판을 듣고 살았다. 대궐에서는 그런 말을 감히 입 밖으로 내지 못했지만 영조 집권 3년 만에 터진 이인좌의 난에 그를 동조한 병사들이 거의 20만 명에 육박했다고 한다. 이인좌가 붙들려 한양으로 압송돼 영조 앞에서 친국을 받는데 그의 입에서 터져 나온 소리가 사람들을 경악케 했다.

"저는 그날(경종이 죽은 날)부터 게장을 입에 대지도 않습니다." 게장과 생감을 영조가 경종에게 올린 것 때문에 죽었다는 말이다. 그 말은 이인좌 입에서 뿐 아니라 영조 집권 내내 괘서로 여기저기 나붙었다. 아들을 죽이고 싶을 만큼 저 밑에 분노를 품고 살던 영조. 그는 아들을 죽여서라도 자기의 치세를 굳게 잇고자 했던 권력자로 1762년 윤5월 한 달을 보냈다. 영조는 윤5월 13일 세자를 뒤주에 가둔 뒤 스스로 못을 박았다. 그가 못을 박은 뒤 영조 자신 이외에는 아무도 그 못을 뺄 사람은 없었다. 개미조차도 함부로 죽이지 못한다는 영조의 탄식은 윤5월 13일 이후로는 거짓이었다. 윤5월 14일은 다섯 명의 기생들을 참했다. 사도세자와 놀았다는 이유이다. 사도세자를 술집으로 이끌었던 환관도 죽였다고 한다. 안암

동에 살고 있다는 사도세자의 애인도 죽였다. 벌써 7명을 죽인 영
조다.

🌀 수고하셨습니다! 전하

윤5월 21일 사도세자는 죽었다. 그날 영조는 경희궁으로 이어
를 했다. 연극은 그렇게 끝났다. 아들이 죽은 창경궁 문정전을 보
고 싶지 않은 영조, 그는 비련의 주인공 역을 잘 수행했다. 일주일
뒤인 윤5월 28일, 좌의정 홍봉한이 영조에게 아뢰기를, "이번의 일
로 말하면 전하가 아니셨으면 어떻게 처치하였겠습니까? 외부에
서는 전하께서 결판을 짓지 못하실까 염려하였는데, 필경에는 결
판을 지어 혈기가 장성할 때와 다름이 없었으니, 신은 흠앙(欽仰)하
여 마지않았습니다."

아들을 죽인 임금에게 우러러 공경한다고 한 홍봉한의 말에 독
자들은 놀라지 마시라! 이 글은 분명 실록에 기록된 말이다. 밖에
서는 전하께서 결판을 짓지 못하실까 염려했다는 말은 또 무엇이
란 말인가? 홍봉한의 1762년 윤5월 28일 말은 이렇게 해석된다.
영조는 우유부단한 임금이었다. 그래서 홍봉한을 비롯한 노론 강
경파들은 임금이 거사(사도세자 제거)를 하지 못할 것이라고 우려했
단다. 그런데 아주 뜻밖에 임금은 결단력을 갖고 아들을 죽인 것에
홍봉한이 치하하는 것이다.

    이렇게 해서 윤5월 1일 홍봉한과 영조의 새벽 면담에서 시작된 사도세자 제거 작전은 그 달 28일 홍봉한의 말로 대단원의 막을 내린 것이다. 윤5월 1일 수표교 물 높이가 한 자를 채우지 못했다면 사도세자는 죽지 않았을까? 아니다. 영조는 이미 아들 사도세자를 죽이기로 마음먹었고 기우제 끝에 쏟아지는 빗줄기를 보며 하늘의 뜻이라고 스스로 최면과 자기 암시를 건 것이다.

    사도세자를 죽인 것은 영조의 콤플렉스다. 그리고 또한 그의 광기다. 아들을 죽인 아버지. 권력은 불가분 불가양도(不可分不可讓渡)라는 말은 그래서 언제나 한결 같은 진리다. 아들과 아버지 사이에도 나눌 수 없는 것이 권력이란 말이다. 윤5월 13일 그날 아버지와 아들은 건널 수 없는 강을 건넜다. 사도세자에게 『주역』의 뽕나무를 이야기한 것은 죽음의 그림자가 코앞에 있다는 경고였다. 그런데 사도세자는 운명의 그날 영조에게 '차마 입에 담지 말아야 할 말'을 했다. 사관은 그 말을 적지 않았다. 사도세자가 한 말은 영조의 정통성을 의심하는 말, 바로 이인좌가 한 말을 똑같이 언급했을 것이다. 영조는 그래서 아들을 죽이기로 결심한 것이다. 영조가 뒤주에 아들을 넣고 못질할 때 이미 두 사람은 끝난 것이다. 세손 정조는 그 모습을 다 보았다.

장희빈이 뿌린
불행의 그림자들

사도세자가 죽은 문정전은 나중에 영조가 죽자 그의 혼전을
모시는 곳으로 사용된다. 문정전 앞뜰의 사도세자 비극은 앞서 장
희빈(張禧嬪, ?~1701)이 한을 품고 사약을 마신 곳이기도 하다. 역사
는 항상 반복된다. 악순환의 반복이랄까? 사마천의 『사기(史記)』에
는 이런 구절이 있다.

　　"지난 일을 잊지 않으면 뒷일의 스승이 된다."

　사도세자의 죽음의 근본 원인이자 뿌리는 '장희빈 사사' 사건
이다. 때로는 야사(野史)가 실록의 기록보다 더 진실하다. 야사에

보면 장희빈이 숙종의 미움을 받고 사약을 마실 때 그녀는 마지막으로 아들을 보게 해달라고 했다 한다. 그리고 그 마지막 어미의 청을 물리칠 수 없었던 숙종은 경종을 장희빈에게 보여주자 한을 잔뜩 품은 여인은 "내 이 종자의 씨를 말려버리겠다"고 울부짖으며 경종의 아랫도리를 훑었다고 한다.

그때 경종의 나이 열네 살이었다. 막 고환이 무르익을 나이. 그날 이후로 충격을 받은 경종은 목소리가 어눌하고 말을 더듬으며 약간 정신이 혼미한 상태로 지냈다고 한다. 그리고 결국 장희빈의 저주처럼 경종은 아이를 낳지 못했다. 노론이 경종을 임금으로 대우하지 않은 것은 소론 정권의 임금이라고 생각한 것 이외에도 그가 아이를 갖지 못한다는 약점을 알고 있기 때문이다.

야사의 일, 즉 장희빈의 아들에 대한 폭력은 실록에서도 그 근거를 찾을 수 있다. 노론은 연잉군(영조)을 다음 후계자로 밀어붙인 다음 책봉 인준을 받기 위해 청나라로 갔을 때 황제가 형제끼리 후계 자리를 넘겨주는 이유가 뭐냐고 묻는 질문에 "위(痿)입니다"라고 말했다고 한다.

🏵 황제에게 경종의 병명을 말하다

실록의 기록을 살펴보자. 1722년 6월 19일 사간원에서 올린 상소에 "주청부사 윤양래(尹陽來, 1673~1751)와 서장관 유척기(兪拓基,

1691~1767)가 황제에게 위질(痿疾)이란 말을 되풀이 말하는 바람에 임금의 위신을 손상시켰으니 그들을 먼 곳에 위리안치 시키소서"라는 말이 나왔다. 하지만 경종은 아무 대답이 없었다. 경종은 차마 자기 입으로 '자기는 고자가 아니다'라고 말할 수 없었다. 자신의 물건이 이상하다고 말한 신하 역시 문제이지만 그것을 버젓이 공론의 장으로 끌고 나온 신하 역시 문제였다. 경종은 그 상소를 받고 할 말이 없었고 더는 무슨 말을 할 수 있는 입장도 아니었다.

사도세자의 죽음, 이 문제의 뿌리는 숙종과 장희빈이다. 영조는 숙종의 성격을 빼닮았다. 성격뿐만 아니라 정신질환 일종인 조울증까지 닮았다. 조울증! 갑자기 기쁨과 슬픔이 동시에 교차하는 증세로, 감정의 기복이 비정상적으로 심한 것을 말한다. 대개 군주들의 조울증은 우울증으로 그리고 그것이 발전하면 폭력성을 띤다.

숙종은 현종(顯宗, 1641~1674, 재위 1659~1674)의 단 하나뿐인 아들이었다. 외아들은 과보호로 자랄 수밖에 없었다. 숙종은 몇 번의 죽음의 고비를 어머니 명성왕후(明聖王后, 1642~1683)의 극진한 간호로 살아날 수 있었다. 명성왕후의 단명은 숙종의 병간호 때문이란 말이 그래서 나왔다. 숙종의 정치 스타일은 그의 성격처럼 강하고 단단하다. 그는 조선의 최고 유학자로 존경을 한 몸에 받던 노론의 영수 송시열(宋時烈, 1607~1689)을 죽인 임금이 아닌가? 조선 역사에서 선비들의 우상 송시열을 죽일 정도로 숙종은 강력한 왕권을 행사한 인물이다. 그러나 숙종의 장희빈 사사는 노론과 소론으로 갈라져 경종과 영조 그리고 정조 연간까지 조선을 괴롭히는 불씨의 근원이 된 것이다.

장희빈의 저주는 깊고 오래갔다. 장희빈의 아들 경종은 점점 은둔 속으로 빠져들었고 그때마다 숙종의 벼락같은 꾸중을 들어야 했다. 아들 경종이 제대로 못하면 죽기 직전 그의 어미가 퍼부었던 저주가 생각나 더 혼을 냈다. "그 어미의 그 자식"이란 말도 종종 했다. 그때마다 경종은 아버지를 두려워했고 말을 더듬거렸다. 불행한 것은 숙종의 경종에 대한 이런 미움이 영조가 사도세자에게 행한 폭력으로 전가됐다. 영조 역시 사도세자가 기대에 미치지 못하면 도가 지나칠 정도로 혼을 내서 자꾸 내성적인 아이로 만든 것이다.

숙종은 어느 날 누군가로부터 경종의 정신이 이상하다는 말을 듣는다. 세자가 정신질환이 있다는 말에 충격을 들은 숙종은 고심하기 시작했다. 이미 후계자로 청나라에도 신고를 마친 상태이고 백성들도 모두 그렇게 알고 있는데 정신질환이란 확실하지도 않은 병명을 들어 세자를 교체할 수는 없었다. 그런데 더 참담한 이야기도 들었다. 세자가 아이를 가질 수 없는 말이 그것이다. 이 때문에 숙종은 아들 경종이 서른이 되도록 아이가 생기자 않자 1717년 7월 19일 노론의 당 대표 이이명(李頤命, 1658~1722)과 독대를 한다. 역사상 임금이 공식적으로 당의 대표와 사관도 없이 독대를 한다는 것은 아주 손으로 꼽을 만큼 드물다. 그만큼 사태가 심각했다는 이야기다. 숙종은 자기 후계자로 불구의 자식을 둘 수 없다고 결심한다. 그리고 이이명에게 아들의 불구 사실을 털어놓았다. 그러나 이 날 독대에서 나눈 대화는 두 사람 이외 누구도 모른다.

이이명은 죽을 때까지 숙종에게 들은 경종의 성불구 사실을 비밀로 했을 것이다. 그러나 두 사람이 나눈 대화에 구구한 억측들이 쏟아지면서 자연스럽게 경종이 아이를 갖지 못하는 문제로 임금 숙종이 결단을 내렸을 것이란 말들이 흘러나왔다. 그러나 세자가 아이를 낳지 못한다고 공식으로 언급하는 것은 죽음을 자초하는 일이다. 그리고 지금처럼 의학이 발달하지 못한 당시 상황에서는 세자의 하초를 들여다보고 고환이 죽었는지 살았는지를 확인할 도리도 없었다.

🏵 숙종의 부탁, 노론의 대안이 연잉군(영조)

숙종은 노론 세력에게 대안을 찾아보라 했을 것이다. 영리한 노론은 재빨리 알아들었다. 숙종의 대안은 연잉군(영조)이었다. 연잉군 이금은 어떻게 태어났나? 경기도 파주시 광탄면에 있는 소령원은 영조의 생모 숙빈 최씨의 묘다. 숙빈 최씨는 최효원(崔孝元)의 딸로 1670년(현종 11) 11월 6일 태어났지만 일찍 부모 모두 잃고 고아로 자랐다. 그녀가 자란 곳은 전라도 정읍의 한 작은 마을이었다고 한다. 그런데 그 시골에서 어떻게 임금이 있는 대궐로 들어갈

수 있었을까?

사람의 인연이란 드라마처럼 잘 짜인 각본 같다. 인현왕후(仁顯王后, 1667~1701)의 아버지 민유중(閔維重, 1630~1687)이 영광군수로 부임하던 날 정읍의 작은 다리를 하나 건너고 있는데 그 다리 아래에서 어린 소녀가 배가 고파 울고 있는 것을 목격한다. 그렇게 해서 민유중의 손에 의해 그녀는 인현왕후의 몸종으로 대궐에 들어간 것이다. 그리고 인현왕후가 숙종의 미움을 받고 사가로 쫓겨난 뒤 가끔 그녀의 채취가 그리워 중궁전을 들렀다가 중궁의 채취 대신 무수리 최 씨를 가까이 한 것이 결국 그녀가 임신을 해서 1694년(숙종 20) 9월 13일 창덕궁에서 영조를 낳았다. 그녀는 아이를 잘 잉태하는 여인이었다. 영조를 잉태하기 한 해 전 아들을 낳았지만 두 달 만에 죽었다. 그 다음 해 영조가 태어났다. 영조 밑으로 아들을 한 명 더 낳았지만 열흘 만에 죽었다.

그러나 그녀는 생전에 무수리라는 신분의 벽을 넘지 못하고 죽었다. 장희빈이 사사된 것도 그녀의 모략이란 말도 있지만 확실하지 않다. 그녀는 영조를 낳고 이현동 부근에 큰 집을 얻어 대궐 암투와는 상관없이 살다가 1718년 죽었다. 영조가 임금이 된 것을 생전에는 보지 못한 것이다. 영조는 열 살이 되자 혼인했다. 그때가 1704년 2월 21일 숙종 재위 30년째다. 그리고 두 달 만에 신혼집을 마련해주라는 숙종의 명령이 떨어진다. 이 명령을 받고 잠시 대궐에서는 소란이 일었다. 이미 숙빈 최씨가 혼자 살기에도 벅찬 큰 집을 갖고 있는데 그 어미의 집으로 들어가면 되지 무슨 집이냐고 신하들이 들고 일어났다. 그러나 숙종은 신하들과 싸워가며 연잉군 이금의 집을 마련해주었다. 실록 곳곳은 영조에 대해 사뭇 비판적이다. 결혼이 너무 사치스러워 만금(萬金)이나 더 들어갔다는 말도 있다. 사관이 대개 소론 인사들이니 비판적인 글이 뚜렷했다.

연잉군이 어머니 숙빈 최씨와 산 것은 열여덟 살 때다. 1711년 6월 22일 숙종은 연잉군의 집이 새로 생겼으니 이현궁을 나라에서 환수하도록 조치했다. 연잉군의 어머니 숙빈 최씨는 땅과 집에 대해 욕심을 많이 부린 듯하다. 그녀는 평생 어린 시절 배고픔의 기억을 잊지 않고 있었다. 어린 시절 가난함이 뼈에 사무쳤던 여인은 대궐에서 권력과 동떨어진 삶을 살자 재산에 욕심을 부려 용인과 고양 등지에 토지를 매입했다. 제법 경제적으로 부유했을 숙빈 최씨의 재산은 영조에게 귀속됐을 것이다.

1718년(숙종 44) 3월 9일, 마흔아홉의 나이로 숙빈 최씨는 죽었다. 그러나 실록에는 그녀의 죽음을 알리는 기사 대신 왕세자(경종)가 전염병이 창궐해서 죽는 사람이 많으니 안타깝다는 말이 간단히 적혀 있다. 실록에서 굳이 그녀의 죽음을 기록하지 않은 것은 『숙종실록(肅宗實錄)』을 편찬한 대부분의 인물들이 소론이고 소론 정치권에서 숙빈 최씨에 대한 감정이 그리 좋은 것이 아니었기 때문이다. 그녀는 당시 창궐한 전염병 때문에 죽었을 것이다.

글 읽는 소리에
머리가 개운하다

사도세자를 죽인 영조, 그는 탕평을 국시로 삼은 것에 세자가
반발하고 아버지를 위해하려 하기에 죽였다고 종종 회상했지만 저
깊은 내면에서 자기 고백의 반성들을 했고 죽인 뒤 곧바로 후회막
급이란 말을 했다. 그는 알고 있다. 자식을 죽인 것은 자기 콤플렉
스 때문이란 것을.

　유년 시절과 청년 시절 대궐을 나가 일반 백성들과 함께 살았
던 영조는 1721년 8월 21일 10년 만에 대궐로 들어왔다. 왕세제라
는 칭호를 달았고 경종이 죽으면 왕위 승계자 1순위였다. 영조는
어머니 숙빈 최씨와 경기도 고양에서 농사를 짓고 살았다. 재산에
대한 욕심이 많았던 어머니 덕분에 많은 토지를 갖고 있었을 것으

로 추정된다. 영조는 죽을 때까지 고양의 자기 땅에서 농사지은 것들을 대궐에서 받았다고 한다. 농산물이 대궐에 들어오면 제사도 따로 지냈을 정도였다.

그러나 왕세제로 책봉된 1721년 8월 이후 본격적인 왕의 수업을 받았기 때문에 공부에 대한 미련은 많았다. 무수리 출신의 어머니 숙빈 최씨에게 좋은 교육을 받을 여건은 아니었다. 그래서 항상 공부를 하지 못한 자신의 젊은 시절을 한탄하며 사도세자에게 일찍부터 조기교육을 시켰다. 불과 두 살, 걸음마를 옮기던 사도세자에게 영조는 책을 들게 했다고 한다.

지나친 조기교육이 사도세자를 망친 원인이었다. 두 살에 책을 주고 네 살부터 세자를 위한 특별 교수진이 꾸려졌다. 후계자 양성은 왕실도 큰일이지만 신하들 역시 당파의 이해득실을 고려해야 하는 중대한 사안이었다. 영조는 장남 효장세자가 죽은 지 7년 만에 얻은 사도세자에게 지나치게 조급함을 느끼고 있었다. 마흔둘이란 많은 나이에 얻은 아이라 서둘러 훌륭한 군주로 키우려면 말을 배울 때부터 공부를 시켜야 한다고 생각했다.

네 살 때 『소학(小學)』을 읽게 하고 여섯 살에 『동몽선습(童蒙先習)』을 가르치게 했다. 아버지의 기대에 부응하듯 세자는 불과 네 살에 아주 반듯한 글씨를 써서 임금과 신하들의 감탄을 자아내게 했다. 영조는 마음에 드는 신하들이 있으면 세자의 글을 받아가게 했다. 그런 사도세자는 십대 중반부터 글씨도 엉망이고 총명하던 자질도 흐려지기 시작했다. 사람들은 그 원인이 아버지 영조에게 있다고 보았다. 지나친 기대로 어린 세자를 불러다 놓고 선문답 식의 토론을 즐겨했던 영조. 그리고 답변이 마음에 들지 않으면 심하게 꾸짖었다고 한다. 또한 당파 갈등에 휘둘리지 말 것을 주문하면서 이런 저런 유도심문을 통해 세자가 자신의 마음에 들지 않는 답을 내놓으면 불같이 역정을 낸 것이다. 그래서 사도세자는 아버지를 무서워했다고 한다.

1739년 1월 11일, 영조는 재위 15년을 기념하면서 갑자기 다섯 살에 불과한 세자에게 양위를 한다고 발표했다. 자신은 권력욕이 전혀 없는 임금이란 것을 대내외 과시하기 위해서서 어린 세자를 이용한 것이다. 정치가 야비한 것은 이처럼 살기 위해 다른 무엇을 이용해야 하기 때문이다. 이미지가 전부를 차지할 수 있는 것이 정치의 세계, 혹은 권력의 세계일 것이다. 이런 양위 파동은 세자를 완전 공포 상태로 몰아넣기 충분했다.

사도세자가 다섯 살 때는 아직 어려 그냥 넘어갔지만, 1743년 11월 29일 세자 나이 아홉 살 때는 달랐다. 집권 20년이 다가오는데 민심은 여전히 영조에게 차가웠다. 한양 한복판 오늘날 명동에 흉서가 나붙고, 경종을 독살한 군주라는 비난들은 수그러들지 않았다. 그런 정치적 위기는 영조를 극도로 불안하게 했고 아들 사도세자도 혼란스럽게 만들었다.

영조는 자신이 권력을 탐해 형 경종을 죽인 사람으로 보이냐고 신하들에게 자주 힐문했다. 그리고 그것을 입증하기 위해 갑자기 어린 세자에게 양위하겠다고 선포했다. 이 일은 또 신하들의 충성 맹세로 일단락됐다. 그러나 1749년 1월 27일, 영조는 집권 25년째 되는 해 세자 나이 열다섯이 되자 대리청정을 결정하고 대내외에 반포한다.

이렇게 해서 사도세자 대리청정 14년이 시작됐다. 그러나 그 시간은 세자에게는 고통의 시간이었다. 1755년 나주벽서사건으로 소론 인사 50명이 죽는 참화가 발생했으며 그 사건의 여진은 계속 이어졌다. 1757년 3월 1일 호남어사 이현중은 "나주·옥구·장수 등의 주민들이 아직도 역적 사건으로 민심이 흉흉합니다"라는 장계를 영조에게 올렸다. 1757년 11월 11일 영조는 다시 비장의 무기 양위 파동을 꺼내들었다. 세자를 기절시키기에 충분했다. 실록은 아버지 영조가 양위를 선언하자 세자는 그 자리에서 기절했다고 적고 있다.

심한 콤플렉스에 시달린 영조, 그는 결국 총명한 아들을 정신 이상자로 만들었고 죽게 만들었다. 52년을 집권하면서 세자의 나이 두 살 때부터 책을 들게 했고 네 살 때부터 윽박질러 가며 강한 아이로 키우려 했던 영조는 결국 그 반대 결과를 낳고 말았다.

읽는 소리가 쇳소리처럼 쟁쟁합니다

아들과 아버지가 물과 기름이었다면 할아버지와 손자는 성격이나 궁합이 잘 맞았다. "코가 높고 미간이 넓으며 눈빛이 두려울 만큼 형형하였고 음성이 우렁찼습니다." 외손자 정조가 태어나자 홍봉한이 영조에게 한 말이다. 세자에 대한 애착이 시들 무렵 생긴 손자였다. 영조는 조급함을 보이지 않고 세손에게 차근차근 제왕의 교육을 시작했다. 영조가 세손에 대해 각별한 사랑을 느끼기 시작한 것은 사도세자의 정신병이 심해지고 이상한 소문들이 들리면서부터다. 세손이 여섯 살 때 사부 남유용(南有容, 1698~1773)과 함께 입실하게 한 다음, 『동몽선습』을 읽게 했다. 그런데 목소리가 쟁쟁하고 우렁찬 것이 매일 주눅이 든 표정으로 아버지 눈치나 살피는 사도세자와는 너무도 달랐다.

정조의 어린 시절은 언제나 아버지의 비교 대상이다. 그런 이유 때문에 비교 당하길 싫어했던 사도세자 측근들은 정조가 태어나자 "왕손 한 명이 태어난 걸 가지고 왜 난리들인가?"라는 말을 공공연히 하다가 영조의 미움을 받았다. 정조는 그러나 천성이 영민하고 상대에게 자기 장점을 잘 드러내는 기질을 타고 났다.

영조가 『동몽선습』을 외라고 하니, 틀리지 않고 외웠다. 영조가 기뻐서 남유용에게 이르기를, "읽는 소리가 쇳소리처럼 쟁쟁하다"라고 말했다. 남유용은 세손이 한 번 읽으면 반드시 외워 아주 영특하다고 칭찬했다. 그러자 영조는 "그럼 누구의 손자인가? 이런 때 어디 사부가 지방 수령을 신청한단 말인가?"라며 남유용이 지방으로 전출을 허락하지 않고 그 자리에서 세손을 위해 『안씨가훈(顏氏家訓)』이란 책을 주며, "자식은 아기 때부터 가르치라고 하였다. 경은 성심을 다해 원손을 가르치라. 원손의 기질은 시간이 갈수록 확연하게 좋다. 종사를 위해 다행이다"라는 말을 했다.

『안씨가훈』은 중국 남북조 시대 말기의 귀족 안지추가 자손을 위하여 저술한 교훈적인 글들이 담긴 책이다. 영조는 말을 마치고 갑자기 눈물을 흘렸다. 임금의 눈물이 무슨 뜻인지 모른 남유용은 "원손이 저런데 무슨 걱정입니까?" 하고 말했다. 그러자 영조가 말했다. "내가 일찍이 『소학』을 백여 번쯤 읽었기 때문에 지금도 기억하여 욀 수가 있다." 영조가 눈물 흘린 것은 홀어머니와 살던 경기도 고양의 어린 시절이 생각났기 때문이다.

남유용은 영조에게 이렇게 말했다. "옛날 조광조(趙光祖, 1482~1519)는 세자 학습에 문학하는 선비 십여 명을 뽑아 보도하는 임무를 맡기도록 청하였습니다." 그러자 영조가 답했다. "많은 사람을 널리 뽑게 되면 기품(氣品)이 고르지 않아서 바르게 기르는 도리를 잃을까 두렵다." 영조는 사도세자에게 잘못 교육시킨 것을 반성하고 있었던 것이다. 사도세자의 교육 때문에 특별 교수진을 꾸렸던 과거 전례 비추어 사공이 많으면 배가 산으로 가는 것을 경험했기 때문에 이런 말을 한 것이다. 영조는 종종 두통을 호소하곤 했다. 대개 만성두통이 지나치면 우울증이 오고 그 뒤로 심해지면 정신발작을 일으킨다고 한다. 영조의 만성두통은 우울증의 시작이었다. 그러나 그때마다 영조는 세손을 불러『소학』을 읽게 하곤 했다. 그리고 신하들에게 "내가 세손의 글 읽는 소리를 들으면 아픈 머리도 금방 개운하다"라고 하며 좋아했다.

바늘방석 같았던 14년 세월

영조는 사도세자를 죽인 뒤 곧바로 후회했다. 그러나 이미 엎질러진 물이었다. 사도세자가 죽은 뒤 두 달 만에 정조가 올린 문안인사에서 영조는 목을 놓아 울었다. 그러면서 손자에게 이렇게 말을 했다. "이제 하늘 아래 할아버지와 손자 둘 뿐이다." 이제 영조는 세손을 지켜야 할 책임이 생겼다. 아들을 죽인 군왕으로 세손이 반듯하게 자라야 죽어 조상을 볼 면목이 있는 것이었다.

1762년 7월 13일 사도세자 발인이 있었다. 그러나 그는 이미 죄인의 신분이라 간소하게 치러졌다. 세손의 스승이자 이조참판이던 황인검(黃仁儉, 1711~1765)이 안타까운 마음에 상소를 올렸다. "금번 사도세자 발인하는 날 세손이 대궐 문밖에서 봉영하는 절차까지 그만두라는 분부는 너무 과한 조치입니다. 영원히 이별하는 날까지 성 밖에서조차 아비의 가는 것을 보지 못하게 한 것은 인정이 아닙니다. 아! 300년 종사가 오직 세손의 한 몸에 있으니 빨리 명하시어 아비의 묘에 봉양하는 것이라도 하게 하소서." 그러나 영조는 따르지 않았다.

정조가 아버지 사도세자가 죽고 집권하기까지 무려 14년 동안 적들에게 둘러 싸여 살아남을 수 있었던 것은 할아버지 영조의 특별한 배려 때문이었다. 그러나 정조 역시 십대 초반에 이미 살기 위해서는 한순간도 방심하지 말고 살아야 한다고 다짐하며 보냈던 시간들이었다. 영조는 세손을 반대하는 세력을 물리치고 굳건하게 후계자로 성장할 수 있도록 여러 조치들을 취했다. 사도세자 발인이 있고 열흘 만에 영조는 세손을 "이제 동궁으로 불러라!"라고 지시했다. 자신의 후계자임을 확실하게 못 박은 조치였다.

🌸 수시로 찾아오는 병들과의 싸움

조선의 임금들은 얼굴이 흉터로 가득하다. 대개 어려서 천연두를 앓기 때문이다. 왕손들 대개 홍역이나 천연두를 통과해야 성인으로 자랄 수 있었다. 생존율은 50퍼센트. 정조 역시 어려서 심한 병을 앓았다. 맨 처음 생사의 높은 문턱은 아버지가 죽기 6개월 전에 찾아왔다.

1761년 11월 27일, 세손이 천연두에 걸렸다. 영조는 아버지 사도세자보다 더 안타까워하면서 영의정 홍봉한에게 이렇게 말했다. "경이 퇴궐하지 말고 세손을 살려라! 무슨 약을 쓰고 누구를 지시하든지 경이 반드시 알아서 하고 경이 책임지고 살려라!" 간곡한 부탁이자 잘못 들으면 협박처럼 들렸다. '세손이 살고 죽음은 너의 책임이다' 이런 뜻이 담겨 있었다. 홍봉한은 풍부한 의학 지식을 갖고 있었다. 그래서 사도세자가 정신발작이 심해지자 장인 홍봉한에게 비밀로 해달라며 정신불안 증세에 좋은 약을 지어 달라고 부탁했던 적이 있었다. 그러나 그뒤 장인의 속마음을 간파한 뒤로는 일체 없었다.

　　아무튼 세손은 영조의 특별한 지시와 홍봉한이 밤을 새며 지킨 덕분에 열흘 만에 건강을 회복할 수 있었다. 그래서 대궐에서는 특별 잔치가 열렸다. 정조는 세손 시절 병이 자주 걸렸다. 집권을 준비하는 14년 동안 영조는 세손을 향한 위해(危害)의 손길을 의식해 믿을 만한 내시들과 관리들을 배치했다. 사도세자 장례 이틀 전인 1762년 7월 11일 성균관 사예 장한봉이 "세손을 가르치는 사부들은 존경을 받는 산림(山林, 학식과 덕이 높으나 벼슬을 하지 않고 숨어 지내는 선비)으로 교체하고 아침저녁으로 강연하게 하소서. 그리고 궁인과 내시는 또한 나이 마흔이 넘은 온순하고 과묵한 사람을 뽑아서 장례(사도세자)가 끝날 때를 기다려 신료들을 접하게 하고 때맞춰 보양하게 하소서"라는 상소를 올렸다. 이에 영조는 그의 마음이 고마위 옷을 하사했다. 세손을 걱정하는 사람이 아무도 없는데 그가 자신의 마음을 헤아린 것에 대한 고마움이었다.

🌀 맹인이 밤에 시를 읽는 까닭

유년 시절 고통을 많이 겪은 아이들은 빨리 조숙해진다. 정조 역시 그랬다. 영조는 자주 손자의 학문 과정을 점검했다. 점검하는 방식은 대개 경연 자리였다. 일흔을 바라보는 할아버지는 불과 열한 살의 어린 손자에게 어려운 질문들을 퍼부었다. 그러나 아버지를 잃은 아이는 놀라울 만큼 성숙한 사고력을 보여주었다. 타고난 영특함도 있었지만 이미 자신의 아버지가 죄인의 신분으로 억울하게 죽은 것을 목격한 아이의 성숙함이었다.

1762년 9월 23일, 영조는 특별한 경연 자리를 마련했다. 한양과 지방에서 어린아이들을 가르치는 동몽교관들을 불러 모았다. 나름 학문의 깊이가 있는 사람들로 가려서 입궐하게 했다. 그날 강연은 세손의 학문적 깊이를 세상에 널리 알리기 위한 영조의 계산된 정치 행위였다. 동몽교관 가운데 가장 학식이 높다는 이희가 나와 『동몽선습』을 읽었다.

그러자 세손이 그 가운데 한 구절을 이희에게 물었다. "밤에 맹인으로 하여금 시를 외우게 한 것은 무엇 때문인가?" 이희는 어린 세손의 갑작스런 물음에 답을 내놓지 못했다. 세손이 침묵을 깨고 말했다. "맹인은 보이는 것이 없으니 반드시 사악한 생각이 없고, 밤은 또 조용하기 때문이다."

세손의 이 대답은 열한 살 어린 아이의 답으로 느껴지지 않을 만큼 사고의 깊이를 느끼게 한다. 마치 연암 박지원의 '그렇다면 도로 눈을 감고 가라!'라는 멋진 산문이 떠올랐다. 연암의 산문집 가운데, 마흔 살까지 맹인이었던 사람이 어느 날 눈이 갑자기 보였는데 그동안 맹인이던 때 잘 찾아가던 집을 찾지 못한다고 하자, 그렇다면 도로 눈을 감고 가라는 말에 정말 눈을 뜬 맹인이 다시 눈을 감고 가니 자기 집을 찾다갔다는 그 산문이 생각난 것이다.

연암은 그 글에서 눈으로 본다는 것이 전부는 아니고 마음으로 보는 것이 더 정확할 수 있다는 말을 하고 싶었던 것인데, 고작 열한 살의 어린 나이 정조가 이 깊은 이치를 깨달아 그 강연 자리에서 '맹인이 밤에 시를 읽는 까닭이란' 화두를 들고 남다른 해석을 내놓았으니 모두들 혀를 내둘렀을 것은 분명하다.

영조의 얼굴에는 자못 의기양양함이 가득했으리라. '자 봐라! 대권을 이을 세손의 영특함이 어떤지를.' 이렇게 혼자 중얼거렸을 것이다. 이런 세손을 영조는 극진히도 아꼈다. 그런데 1765년(영조 41) 11월 29일 세손이 고열에 시달리자 할아버지는 하룻밤에 세손의 이마를 짚어 보기를 무려 십여 차례였다고 한다. 그리고 어의들이 약을 지어 올리는 것을 지켜보며 심지어 세손이 내놓은 똥을 손으로 만져 보고 오줌을 입으로 가져가 맛도 보고 하면서 하늘에 지극 정성으로 기도를 올렸다.

할아버지 그런 마음 알기에 손자 역시 할아버지가 아프다면 손수 약제를 지어 바치곤 했다. 1766년 영조는 병환이 위중했다. 걷기조차 힘든 상황에 세손은 할아버지 간호를 직접 도맡아 했다. 그러면서 세손은 『동의보감(東醫寶鑑)』을 세 번이나 읽고 다른 많은 의학적 지식을 쌓게 됐다. 이런 것은 정조가 웬만한 어의를 믿지 않는 불신을 낳게 했다. 아무튼 이런 서로의 끈끈한 정이 할아버지 영조와 손자 정조 사이에는 깊은 믿음으로 형성된 것이다. 그러나 이렇게 단단한 할아버지와 손자의 의리와 정(情)도 권력이란 야비하고 은밀한 속성 때문에 오래가지 못하고 갈등을 야기하는 칼날들이 수시로 날아들고 있었다. 그것은 원래 의심이 많은 영조의 천성도 한몫하고 있었다.

치매, 노환, 전혀 알아듣지도 못해

세손과 영조의 갈등관계는 세손이 청년기를 맞이하면서 시작됐다. 할아버지 영조는 일흔을 넘어서자 부쩍 사람들의 말을 의심하고 본뜻을 오해했다. 세손에 대한 끝없는 비방들이 영조에게 들어왔다. 1770년 3월 21일 청주의 유학 한유(韓鍮)는 '홍봉한을 죽여야 할 이유'라는 장문의 상소를 올렸지만 승정원에서 받지 않자 한나절 동안 의금부 앞에서 일인시위를 벌였다. 그 소식을 들은 영조는 곧바로 한유를 잡아오게 했다.

한유는 홍봉한 때문에 사도세자가 억울하게 죽었다며 "홍봉한이 군주에게 협조한 것은 나라를 망친 일입니다"라고 영조와 홍봉한을 싸잡아 공격했다. 이 일로 대노한 영조는 그를 감옥에 가두고 세손을 보필하던 심의지(沈義之) 역시 한유와 친하다 하여 즉시 귀양을 보내게 했다. 영조는 이미 나이 일흔일곱을 맞고 있었다. 여든을 바라보는 나이, 합리적인 판단보다 감정에 휘둘리기 쉬운 나이다. 작은 일에는 분개하고 큰일은 회피하길 좋아하는 영조였다.

1767년 9월, 영조는 세손의 학습 진도를 묻고 『시경(詩經)』의 '육아장'은 건너뛰라 명했다. 부모의 은덕을 기리는 가슴 아린 구절이 많아 그렇게 조치한 것이다. 영조는 일흔이 넘은 뒤 감정 기복이 심해졌다. 1771년(영조 47) 2월 12일, 실록의 기사를 보면 영조의 치매가 심각한 수준인 것을 알 수 있다. 물론 사관의 글에 임금이 치매라는 내용은 어디에도 없다. 그건 불경스런 말이고 사용할 수 없는 단어다. 사관은 영조의 치매기를 이렇게 우회적으로 표현했다. "임금이 궁궐로 돌아왔다. 임금의 마음이 매우 번뇌하여 조정이 항상 어쩔 줄 몰랐다. 갑자기 이해 못할 준엄한 하교가 있고 또 더러는 머리를 조아리는 신하들 관을 벗기고 사죄하는 신하들에게 해명을 하라 하니 모두들 어찌할 줄 몰라 했다." 사관의 글은 죄를 짓지 않은 신하들에게 해명하라 하고 또 해명하라 하니 어찌할 줄 몰라 한다는 뜻이다.

 ## 영조는 치매기가 깊어지고

이런 중중 치매 환자에게 약방에서는 계속 약을 진어했지만 영조는 약 먹는 일에 고통을 호소했다. 1772년 8월 17일, 영조는 올린 탕제를 들지 않겠다고 하였다. 그러자 약방제조 채제공이 울면서 간청을 했다. 그러자 "오늘날 문제는 임금을 업신여기는 그대들이다." 그렇게 갑자기 소리치고 『시경』의 '육아장'을 외웠다. 그리고 다시 얼굴이 붉어지며 "내가 도대체 어떻게 황형(경종)에게 불충했겠는가? 나는 이제 신하들도 없다"라고 외치며 갑자기 올린 탕제를 집어 던졌다.

1772년 9월 24일, 대사헌 유언술(兪彦述, 1703~1773)이 김상익(金相翊, 1721~?)과 서명응(徐命膺, 1716~1787)의 일로 상소를 올리자 "내가 왜 그런 처분을 내렸지? 혹 귀가 잘 들리지 않아서 그 일을 자세히 알지 못해 그런 것이 아닌가, 아니면 혹 근래에 노쇠해 어두워서 그런 것인가?"라며 자신의 노환을 우려했다. 1773년 영조 집권 49년이 되자 나이 여든을 바라보는 해이고 치매의 기운은 더욱 심각했다. 그해 영의정 김상복(金相福, 1714~1782)은 먹기 싫은 탕제를 계속 올린다고 벌써 세 번이나 파직과 복직을 반복했다. 1773년 9월 20일의 실록 기록은 영조의 상태가 심각했음을 말해준다.

영조는 대신들과 비국당상들을 모두 입실케 했다. 그리고 곧바로 이경양과 이상암 등을 잡아들이게 하였다. 영조는 이들의 마음에 역심이 있다는 뜻으로 그리한 것이다. 이경양은 자신이 하지 않은 말을 임금이 하자 그게 아니라고 말했다. 그러자 영조는 "나는 비록 듣지 못하나, 한림(翰林)은 귀가 밝다"며 홍국영(洪國榮, 1748~1781)에게 물었다. 그러자 홍국영이 듣지 못하였다고 대답하였다. 영조가 이르기를, "사관이 듣지 못하였는데 네가 어찌 감히 지척에서 기망하느냐?" 하고, 곧 각각 형벌을 가하기 시작했다. 그러자 영의정 김상복이 말하기를, "그들은 잘못이 없고 거짓을 고한 적도 없습니다"라고 두둔하자 그 자리에서 파직시켰다. 치매 기운은 이렇게 정사를 더 이상 관리할 수 없을 만큼 악화되고 있었다.

이런 영조의 치매기 때문에 세손도 불안했다. 어느 날 영조는 누군가에게 세손이 할아버지 뜻을 따르지 않고 '육아장' 구절을 암송한다는 말을 들었다. 영조는 불같이 화를 내며 내관에게 지금 당장 세손이 읽는 책을 다 가져오게 했다. 노론의 세손 제거 계략을 눈치 챈 홍국영은 얼른 다른 내관을 시켜 세손의 방에서 그 부분을 찢어 세손을 위기에서 구한 것이다. 이 일은 정조가 홍국영에게 "평생 내가 빚을 진 것이며 그대가 나를 죽이려 하는 역모에 관련돼 있어도 나는 그대를 버리지 않을 것이다"라며 눈물로 고마움을 표시했다고 한다.

위기에서 벗어났지만 영조의 건강은 점점 나빠졌고 세손이 집권하기 위해서는 고령의 할아버지 대신 대리청정을 받아야 했다. 그렇지 않고 갑자기 죽음을 맞게 된다면 권력의 공백상태에서 어떤 일이 벌어질지 아무도 몰랐다. "세손은 노론이나 소론이나 알 필요가 없습니다." 좌의정 홍인한(洪麟漢, 1722~1776)이 1775년 11월 20일 영조 앞에서 한 말이다. 영조가 세손에게 대리청정을 맡기려

하자 홍인한이 막고 나선 것이다. 영조는 귀가 완전 막혀 웬만한 소리는 도승지 조재준이 귀에 대고 말을 전해야 했다. 영조가 대리청정을 지시하자 많은 신하들이 앞으로 나와 대리청정은 부당하다며 아직 건재하시니 더 맡아야 한다고 주장했다.

특히 홍인한은 영조가 대리청정이란 말을 하려 하자 사관의 손을 잡고 글을 쓰지 못하게 하는 일까지 있었다. 영조는 한참 동안 흐느껴 울다가 기둥을 두드리며 모두 물러가게 했다. 그리고 한참 뒤 흥분을 가라앉힌 다음 사정을 이야기했다. 밤마다 삶과 죽음을 오락가락하고 기침과 가래가 심해 어느 날 갑자기 죽을 수 있는데 이제 집권한 지 51년이 넘었고 세손의 총명함 또한 나날이 성장하니 물려줄 마음뿐이다. 그러나 그날 영조의 대리청정은 신하들이 모두 퇴장하는 바람에 이루어지지 못했다.

🏵 우여곡절 끝에 시작한 대리청정

11월 20일, 이후 영조는 11월 30일 세손에게 대리청정을 다시 시도한다. 그러나 이번에도 좌의정 홍인한을 비롯한 신하들의 반대로 뜻을 관철하지 못했다. 영조는 12월 1일부터 대리청정 시행을 반포하지 않으면 밥을 먹지 않겠다고 버텼다. 영조는 마지막으로 사력을 다해 세손에게 권력을 넘기기 위해 고군분투하고 있었다. 12월 1일 밤에는 영조의 건강이 위험한 상태까지 빠졌다. 다행히 다음 날 오후 들어 정신을 회복한 영조는 자신의 명을 수행하지 않는 도승지 조재준과 승지들을 모두 파직시키고 새로운 승지들을 선발했다. 정국은 초긴장 상태가 계속됐다.

세손의 운명은 1775년 12월 3일 판가름 났다. 행부사직 서명선이 세손을 구하는 상소를 올렸다. 서명선이 죽음을 각오하고 올린 것이다. 영조는 새로 바뀐 승지들에게 읽으라고 명했다. 서명선은 11월 30일 대궐 상황을 자세히 묘사했다. 사관의 손을 잡아당기고 서로 밀치고 하여 임금의 대리청정 명을 적지 못하게 방해했으며 좌의정 홍인한은 세손에게 무례한 언행까지 했다며 그의 파직을 건의했다.

영조가 "세손은 노론이니 소론이니 알 필요가 없고 이조판서니 병조판서니 알 필요가 없으며 또한 대궐에 들어오는 상소는 모두 더욱 알 필요가 없다"고 한 말이 누구의 말이냐고 물었다. 아무도 대답하는 자들이 없었다. 서명선은 설움이 복받쳐 더욱 더 큰소리로 임금에게 울면서 말했다. "저들의 그날 행동들은 전하와 동궁을 저버리는 행동입니다. 저는 물러가 골짜기 빠져 죽어도 이런 일을 모른 체 할 수 없습니다."

영조는 "우는 소리를 들으니 강개함이 마음 가득 맺혀 있음을 알겠다. 나는 서명선이 어떤 자인지 안다"고 말하고 김상철(金尙喆, 1712~1791)에게 홍인한이 정말 그랬냐고 물었다. 그러자 그는 어리석은 자가 충성심에 우러나서 그렇다고 대답했다. 영부사 김상복에게도 물었다. "서명선의 상소가 맞는가?" 그러자 김상복은 홍인한을 두둔하는 말을 늘어놓았다. "염려할 것 없다는 뜻으로 들었습니다."

그러자 영조가 큰소리로 역정을 냈다. "아니! 그 말의 근원을 논하지 말고 맞는지 틀리는지 그것만 말하라!" 이때 상소를 읽었던 승지 정호인이 치고 나왔다. "그날의 일들은 상소 내용이 맞습니다. 여러 신하들이 모두 다 들었습니다." 그러자 영조는 이렇게 결론을 내렸다. "내가 서명선을 안 지 오래다. 그는 누구를 해치는 마음이 없는 사람이다." 그리고 곧바로 영의정 한익모와 좌의정 홍인한을 파직하라는 명을 내렸다.

정조는 집권 내내 이날의 일을 기억하며 "그날 서명선과 정호인이 없었다면 나는 죽은 목숨이었다. 나는 이 두 사람을 절대 잊지 않겠다"고 말했다. 다음 날 영조는 김상철을 영의정으로 이사관(李思觀, 1705~1776)을 좌의정으로 임명했다. 영조는 그날 거듭 서명선을 칭찬했다. 그리고 12월 7일 세손에게 대리청정을 한다고 발표했다. 아무도 더이상 대리청정을 반대하진 못했다. 그러나 세손은 네 번이나 겸손하게 사양의 미덕을 발휘하다가 12월 10일 대리청정을 시작했다.

영조, 금단을 먹고 장수했을까?

대리청정은 양날의 칼이다. 만약 영조가 세손에게 대리청정을 맡긴 후 3개월 만에 죽지 않고 한 6개월 정도 더 살았다면 역사는 달리 전개됐을 것이다. 영조는 젊은 시절부터 약을 달고 살았다. 집권 뒤에도 항상 약을 먹으면서 살았다.

그런데 흥미로운 것은 1774년 9월 13일 실록의 기록을 보면 홍봉한이 영조에게 금단(金丹)을 바쳤다는 내용이 있다. 영조의 나이가 만으로 딱 여든 살인 해이다. 9월 13일은 영조의 생일이다. 그러니까 팔순잔치에 홍봉한은 금단이란 약을 생일 선물로 임금에게 바쳤다는 것이다. "신 등은 금단을 만들어 전하의 영전에 헌수합니다.(臣等以此爲金丹, 將以獻壽矣)"

금단이란 무엇인가? 바로 수은이다. 수은은 조선의 왕실에서는 굉장히 꺼리는 약이었다. 진시황이 수은을 먹고 장수하려 했다가 오히려 그 수명을 단축시키고 정신 발작을 일으켰다가 결국 죽은 일은 잘 알려진 사실이다. 그리고 당나라 헌종 역시 이것을 복용했다가 오히려 제명을 다하지 못하고 죽었다.

🌸 정말 금단을 복용했을까?

사관의 기록이 정확하다면 홍봉한은 영조가 죽기 1년 6개월 전에 '금단'이란 약을 복용케 했다는 놀라운 사실을 우린 확인한 것이다. 홍봉한은 의약 분야에 해박한 지식을 가진 인물이다. 죽기 직전 사도세자는 정신질환에 좋은 약제를 그에게 물었으며 세손이 사경을 해매고 있을 때 영조는 어의를 물리치고 홍봉한이 모든 것을 알아서 하라고 한 뒤 살려냈다. 그런 그가 위험하고 조선에서는 상당히 꺼리는 금단을 임금의 팔순 생일잔치에 선물했다. 영조는 그 뒤로도 계속 이 신비의 명약 금단을 복용했을까?

중국 선가(仙家)의 신선방약과 불로장수의 비법에 관해 기술한 책 『포박자(抱朴子)』는 중국 동진시대 갈홍(葛洪, 283~343)이 지었다는 도교 관련 책이다. 책의 내용은 '신선이란 무엇인가? 인간은 죽음을 초월할 수 있나? 불로불사(不老不死)의 약은 있나? 영원히 살 수 있나?' 등 대략 그런 것들이다. 이 책에는 불로장생의 대표적 비약

(秘藥)인 '금단'을 만드는 비법도 쓰여 있다.

그 책에는 단사(丹砂, 수은과 유황의 화합물)를 반복적으로 가열해서 얻는 황금빛의 금속이 금단으로 변하는데 그것을 먹은 황제들은 오히려 급서한 경우가 많았다.

1542년(중종 37) 3월 26일, 명나라에 사신으로 갔던 허자(許磁, 1496~1551)가 돌아오자 중종(中宗, 1488~1544, 재위 1506~1544)은 이런 질문을 그에게 던졌다. "황제가 술사(術士)를 옆에 놓고 단사를 제조해서 먹는다는데 그것이 사실이냐?" 당시 명나라 황제는 세종, 그는 도교에 심취해서 그런 약을 만들어 불로장생하려 한다는 소문이 돌았으며 그것이 궁금했던 중종은 사신이 돌아온 자리에서 그 이야기를 확인한 것이다. 이런 여러 정황으로 보면 신비의 명약 '금단'에 대한 조선 궁궐에서의 호기심은 일찍부터 있었을 것이다. 그러나 『조선왕조실록』 전체에서 '금단(金丹)이나 단사(丹砂)'라는 말은 이때 등장하는 것 이외에는 없다.

금단이란 약은 그야말로 금단(禁斷)의 열매다. 위험한 약이고 누구도 그 약을 함부로 복용할 수 없다. 진시황은 수은중독으로 죽었다. 그것에 대한 분노 때문일까? 황제의 무덤은 여전히 베일에 가려져 있다. 무덤 주변으로 엄청난 양의 수은이 흐르고 그 무덤 속으로도 수은으로 가득한 진공 상태라고 사마천의 『사기』에 기술돼 있다. 믿을 수 없다고 다들 여겼지만 최근 과학자들은 사마천의 주장을 확인하기 위해 진시황 무덤 주위를 측정해보고 엄청난 양의 수은이 감지된 것을 발견하고 충격을 받았다. 진시황의 무덤 발굴은 아마 우리가 살아있는 동안에는 확인할 수 없을 것이다. 지금의 첨단 과학기술로도 아직은 발굴이 불가능하다는 것이다.

🌀 세손, 역사를 지우고 권력을 얻다

1776년 새해 첫날부터 대궐은 긴장감이 흘렀다. 1월 2일 수찬 이병모(李秉模, 1742~1806)가 윤양후(尹養厚, 1729~1776)를 귀양 보내야 한다고 세손에게 상소를 올렸다. 세손은 그의 청을 들어주었다. 윤양후는 나중에 홍지해(洪趾海, 1720~1777), 홍술해(洪述海, 1722~1777)와 함께 역모에 가담했다. 한편 영조는 뒤에서 세손이 대리청정을 어떻게 펼치나 감시하고 있었고 노론은 세손의 마음속 그 깊은 곳에 끓고 있는 분노를 터트리기 위해 시험하고 있었다. 1776년 1월 25일 대사헌 박상로(朴相老)가 세손의 대리청정을 수행하는데 공경함이 전혀 없다는 이유로 파직됐다.

실록에는 공경함이 없다는 말로 간단히 처리했지만 오만불손함이 극에 달했던 것이다. 세손의 대리청정에 신하들이 명을 거스르는 일이 많았고 세손은 그들을 파직하는 것으로 응수했다. 정국은 일촉즉발의 긴장감이 돌았다. 영조는 세손의 마음에 아버지를 생각하는 감정이 어느 정도인지 시험하고 싶었다. 그래서 1776년 2월 4일 사도세자 묘인 수은묘(나중에 영우원으로 고쳐 부름)에 가서 제를 올리라 명했다. 세손을 시험하기 위한 영조의 뜻이었다.

세손의 마음속에 아비의 죽음에 대한 원한이 얼마나 깊고 그것이 어떤 식으로 나타날지 미리 확인하기 위함이었다. 팔순의 노인은 특히 예순여섯에 새로 맞이한 왕비 정순왕후가 걱정이었을 것이다. 세손보다 겨우 일곱 살 많을 뿐이며 또한 사도세자 죽음에 직간접 영향을 미친 딸과 같은 아내가 걱정이었다. 아버지가 죽은 뒤 처음으로 묘를 찾은 세손은 하염없이 눈물을 흘리고 있었다. 참을 수 없는 슬픔이 복받치자 목이 메어 말을 하지 못하고 있었다. 세손을 수행했던 많은 신하들의 얼굴빛은 창백하게 변했다. 겁이 난 것이다. 그러나 세손은 뜻밖의 말을 그들에게 하고 있었다.

"모년 모월 일기는 내가 차마 볼 수 없다. 『승정원일기(承政院日記)』를 비롯해 그 무렵 기록들은 모두 세초(洗草)하라!"

세초는 물에 씻는다는 것을 의미한다. 역사를 지운다는 의미다. 세손은 『승정원일기』를 완전 지우라고 명령하자 그날 묘소에 함께 참배한 신하들이 감격의 눈물을 흘렸다고 한다. 세손은 다시 대궐에 들어와 존현각에서 도승지를 불러 임오년의 그 일을 『승정원일기』에서 완전 지우게 한 것이다. 다음 날 영조는 약방 도제조를 통해 그 말을 듣고 다음과 같이 말했다. "내가 누워 세손의 마음을 생각하니 스스로 안정할 수 없다." 그리고 춘방 관리들 모두에게 선물로 말을 하사한다고 했다. 세손이 취한 조치에 영조 임금도 감격했다는 말이다.

그러나 영조의 감격은 그리 오래가지 않았다. 1776년 2월 말부터 다시 세손과 임금 사이 금이 가기 시작했다. 만약 영조의 수명이 몇 달만 더 지속됐다면 세손도 사도세자 꼴이 났을지 모른다. 사도세자가 14년 대리청정을 수행하다 권력의 잔인함에 목숨을 잃었듯이 세손도 아버지가 죽고 14년을 동궁이란 지위에 있었지만 그는 자신을 철저하게 숨기며 목숨을 보존했다. 그런데 권력을 쥐자 권모술수에 능한 노론 강경파들이 그를 이리저리 흔들고 있었다.

세손은 몇 가지 개혁 조치들을 수행했다. 우선 경과(慶科)를 폐지했다. 그리고 삼일제(三日製)도 폐지했다. 공식적인 과거제도가 아닌 특별한 과거시험이 너무 많다는 판단에서다. 그러자 그 정책에 반감들이 곧바로 쏟아졌다.

🌸 죽기 직전 세손을 불신한 영조

1776년 3월 1일, 영조가 죽기 꼭 5일 전이다. "왜 그런 조치를 취했는지 이해가 가지 않는다. 과거제도는 중요한 일이다. 다시 과거처럼 시행토록 하라!" 영조는 세손의 정치를 불신한 것이다. 세손이 내린 명을 바로 다음 날 영조가 거둔 것이다. 그리고 그 이튿

날 이런 말을 했다. "의심하면 맡기지 말라는 말이 있지만 요즘 너무 잦은 인사교체로 신의를 잃어버렸다. 영의정은 그대로 두고 판부사 신회(申晦, 1706~?)를 좌의정으로 삼고 지금의 좌의정을 우의정으로 삼아라!" 신회는 사도세자를 죽이는데 앞장 선 신만의 동생이다. 그것이 1776년 3월 2일 일이었다. 영조는 죽기 3일 전 마지막 인사명령을 내린 것이다.

이런 인사명령은 세손을 불신한다는 표현이었다. 영조는 그 임명을 발표하고 다음 날, 그러니까 1776년 3월 3일 갑자기 어지럼증이 심하다고 호소했다. 그런데 이상한 것은 세손이 영조의 손발을 주무르고 있었고 도승지 서유린(徐有隣, 1738~1802)이 "초지를 가져왔습니다"라고 말한다. 영조는 "승지가 왜 왔느냐?"라고 묻는다. 치매 때문에 자신이 한 말을 기억하지 못하고 있는 것일까? 서유린이 '왕위를 전위한다'라는 글을 받기 위해 대기하고 있었다. 그리고 바로 영조는 의식을 잃고 만다. 영조가 맨 마지막으로 세상에 한 이야기는 이 한마디다. "다음(茶)이 왔는가?" 차를 무척이나 좋아했던 영조는 죽기 전까지 차를 찾았다.

영조의 장수비결은 이렇게 차를 좋아한 것 때문이란다. 그것이 공식적인 영조의 장수비결이지만 홍봉한이 신비한 약으로 알려진 금단을 바친 것처럼 무언가 남모르는 약을 복용했는지 그건 알려진 바 없다. 정조는 할아버지 제사상에 꼭 차를 한 잔 올리게 했다. 평생 차를 즐겨 마신 것 때문이다.

영의정 김상철이 서둘러 유교를 쓸 것을 청했다. 김상철이 정조 집권 이후 5년 동안 영의정 자리를 차지한 것은 마지막에 세손으로 왕위 이양을 순조롭게 한 공로 때문이다. 김상철의 지시에 따라 옆에 있던 도승지 서유린이 유언을 썼다. 이미 영조는 입을 움직이지 못하는 죽음이 임박한 상황, 혹은 이미 숨이 끊어진 상태였을 것이다.

긴박한 순간이었다. 서유린이 쓴 글은 이렇다. "전교한다. 대보(大寶)를 왕세손에게 전하라!" 쓰기를 마치자 김상철이 서서 큰 소리로 읽었다. 그리고 임금이 숨이 없다는 것을 확인하는 절차로 코에 솜을 대는 '속광(屬纊)'이란 것을 하려 하는데 신하들이 그 절차를 청하자 왕세손이 울며 "아직 조금만 기다려라!"고 절규한다. 후계자로 마지막 하는 죽은 선왕에 대한 예의였다. 이상한 것은 차를 들이라는 말은 하면서 왜 전위한다는 말을 하지 않았을까?

또한 1776년 3월 4일 실록의 기록이 전무한 것도 이상한 일이다. 왕권이 이양되는 아주 중요한 순간인데 그날 대다수 노론 세력들이 정조를 왕으로 인정하느냐를 놓고 갑론을박 토론을 했을 듯하다. 공식적으로 영조가 죽은 날은 1776년 3월 5일 묘시(아침 5~7시)다. 그러나 영조는 하루 전에 숨을 거둔 것이다.

영조의 죽음은 의문의 여지가 별로 없다. 그런데 앞서 말한 것처럼 조선의 군주 가운데 가장 오래 살았던 임금, 영조가 과연 금단이란 신비한 약을 복용했는가 하는 것은 신선한 문제제기 이지만 구체적으로 덧붙일 다른 자료가 없으니 아쉬울 따름이다. 금단이 위험한 것은 아주 정밀하게 복용해야 하기 때문이다. 그 정밀함이란 눈금처럼 정확해야 한다. 조금이라도 이상이 생기면 정신이 나가고 불안 초조한 심리상태가 반복되다가 갑자기 죽는다. 진시황의 경우가 바로 그랬다. 그러나 영조는 너무 고령이라 금단을 잘못 복용해서 죽었다고 할 수는 없다. 하지만 어쨌든 영조 역시 여든셋이라는 최고령 군주인데 끝이 너무 갑작스럽다. 그리고 이상한 것은 세손을 끝내 불신하다 끝내 자신의 입으로 '세손에게 전위한다!'라는 말을 하지 못할 정도로 급하게 죽었다는 점이다.

제2장

정밀하고
세심하게

세종처럼, 젊은 임금에 환호하는 백성

"나는 사도세자의 아들이다"라고 취임 첫날 자신의 정체성을 드러낸 정조. 영조의 3년 상이 끝나는 1778년 6월 4일 포고문을 발표했는데 말투는 부드러웠지만 내용은 혁명적인 것들이 포함돼 있었다. "과인이 집권한 것이 이제 3년, 깊은 못의 얼음을 밟듯 하고 있다. 선왕의 부묘도 끝나 곤룡포를 다시 입고 시대의 요구에 부응하겠다. 무릇 『서경(書經)』에 보면 '사람들이 부유하면 바야흐로 착해진다'는 말을 가슴에 새기고 있다. 우선 중국의 고사에도 나와 있는 것처럼 '정전'만큼 유효한 토지제도는 없다고 생각한다."

정전(井田)이란 중국의 하·은·주 시대 실시된 토지제도. '정(井)'자 모양으로 9등분해, 주위를 여덟 집이 나눠 농사를 짓고 가운데는 공전으로 국가에 세금으로 바치게 하는 제도다.

정조가 말한 토지제도 정전법은 중국의 삼대시절 채택한 것이지만 원시공산사회를 의미한다. 당연히 여러 사람들로부터 공격을 받는다. 우리나라는 중국과 달리 산도 많고 논과 밭이 절반씩이며 오히려 세금이 중복 징수되는 것이 문제이며 정밀하게 토지를 조사해서 세금을 합리적으로 부과하는 것이 먼저 시급하다는 주장이 이어졌다. 정조의 주장은 혁신적이지만 맹자 사상의 핵심이며 성리학자들이 항상 따르고자 한 주나라 제도였다. 그러나 이미 그 제도를 시행하기에 조선이란 나라는 문벌가문의 독점 경제가 너무 퍼져있었다. 조선 사대부들이 말하는 유교의 이상사회는 막연한 꿈이며 책에서나 만날 수 있을 뿐이다. 그런데 정조가 국정운영 방향을 발표하며 정전법을 도입하겠다고 하니 노론이나 기득권층에서는 기가 막힐 노릇이었다.

정조는 개혁에 대한 생각을 이렇게 이야기했다. "천하의 일은 크게 변혁하면 크게 유익하고 작게 변혁하면 작게 유익한 것이다. 『역경(易經)』에는 이른바 '개혁하면 통해지게 되고 통해지면 오래 간다'라고 한 말도 있다." (즉위년 1776년 5월 28일)

예리하고 정밀한 정치 시작

1779년 여름 정조는 드디어 전면에 나선다. 그동안 노론과 소론의 정쟁 소용돌이에서 홍국영을 내세워 노론을 인정하고 소론을 무시한 정국 운영을 했던 정조는 백성들을 직접 만나는 정치로 돌아섰다. 그래서 1779년 8월 3일부터 7박 8일 동안 남한강 일대를 돌며 백성들의 고단한 삶을 위로 하고 3년의 선왕의 유훈정치가 끝났음을 선포하고 자신의 시대가 시작됐다는 것을 알리는 계기를 마련했다.

8월 3일, 정조는 첫 행선지로 세종대왕의 능인 영릉을 참배했다. 조선의 군주 가운데 최고의 군주로 꼽히는 세종대왕처럼 선정을 베풀겠다는 의지다. 또한 남한산성을 찾는다. 정조의 정치는 예리한 칼날 같다. 또한 정밀한 자와 같다. 일주일 동안 능행에 앞서 아버지 사도세자의 사당인 경모궁을 들렀다. 이곳에서 이번 능행의 의미를 이야기했다.

"이번 길은 멀다. 우리나라는 대대로 문치를 숭상하고 무를 닦지 않았다. 그래서 군사훈련에 익숙지 않아 조금만 행군해도 다들 숨이 차서 헐떡인다. 병조판서는 호위하면서 틈틈이 군사훈련으로 병사들 체력을 길러라." 영의정 김상철이 날씨가 좋아 다행이고 배를 타는데 위험하지 않다고 하자 정조는 "임금은 배고 백성은 물이다"라는 말을 했다.

정조가 영릉을 찾은 다음 남한산성으로 능행을 잡은 목적은 두 가지다. 하나는 노론의 송시열이 주장했던 북벌의 구심점이 그곳이란 점이다. 1779년은 기해년, 꼭 120년 전 송시열이 효종(孝宗,

1619~1659, 재위 1649~1659)과 독대하면서 북벌을 주장한 해이기도 하다. 북벌이 무엇인가? 명나라를 멸망시킨 청나라를 물리치자는 것이 북벌이다. 그래서 임진왜란 때 입은 은혜를 갚자는 것이다. 정조는 이처럼 기념비적인 날이나 해를 좋아했다. 인조가 이마를 찧어가며 청나라 황제에게 무릎을 꿇은 그 역사적 현장에 직접 가서 부국강병을 부르짖는다면 대궐에 앉아서 입으로만 떠드는 것보다 훨씬 더 설득력이 있을 것이라 생각했다.

1779년 8월 4일 정조는 경기도 이천에 있었다. 부근에 은둔하고 있던 노론의 청렴한 선비 김양행(金亮行, 1715~1779)을 만나기 위함이었다. 김양행은 안동 김씨로 6촌 형인 김원행과 함께 노론의 청렴한 선비로 신망이 두터운 사람이었다. 김원행은 담헌 홍대용(洪大容, 1731~1783)에게 천문·역학·과학 등 다방면의 지식을 습득케 하여 연암 박지원의 북학파가 탄생하는 산파역을 담당했다.

집권 초 정조는 김상헌(金尙憲, 1570~1652)의 손자인 김양행을 영의정으로 제수했지만 나오지 않았다. 결국 오랫동안 영의정을 비워둘 수 없어 좌의정 김상철을 영의정으로 제수했던 것이다. 김상철은 정조의 집권에 공은 있지만 허물도 많은 사람이었다. 김양행을 만난 정조는 이렇게 말했다. "내가 경을 만나고 싶은 것은 목이 마를 때 물을 찾는 것과 같다. 그런데 이렇게 만나니 더할 나위 없이 좋다." 정조는 이렇게 멋진 말로 상대의 마음을 사로잡았다. 정조가 다시 복귀해서 같이 정사를 펼쳐나가자고 말하자 김양행이 이렇게 답을 했다. "신은 본디 젊어서 고아가 되어 배우지 못하여 재주와 지식이 거친데 전하 즉위 초에 영상의 자리까지 맡아 부끄러움이 아직 가시지 않습니다. 감히 병을 조리한다며 길을 떠난 뒤 아직도 아픈 것이 가시지 않습니다. 전하의 곡진한 은혜 지금 죽어도 한이 없습니다." 김양행은 정조의 따뜻한 말을 듣고 그해 11월 23일 숨을 거두었다.

❋ 나는 저 수박을 맛나게 먹고 싶다

임금의 행렬이 경기도 이천에 이르자 구경 나온 인파가 가득했다. 정조는 길을 멈추고 승지에게 물었다. "길을 끼고 구경하는 백성이 어제보다 많은데, 이들은 다 가까운 곳에 사는 백성인가? 혹 먼 지방에서 올라온 백성도 있는가?" 그러자 승지는 인근에 사는 백성보다 지금 남도 지방과 북쪽 지방에서도 임금의 용안을 보려는 사람들이 많이 나왔다고 답했다. 그때 연로한 백성 한 명이 엎드려 "우리는 임금님을 뵙기 위해 발을 싸매고 올라왔습니다. 감히 잠시 멈추시기를 청합니다"라고 소리쳤다. "내가 그동안 3년 동안 침묵한 듯 지냈는데 이렇게 백성들이 천리를 마다하고 우러러 공경하니 더욱 조심하고 두려울 뿐이다."

행렬이 이천의 서현에 이르렀을 때에 한 늙은 백성이 길가에서 수박 한 소반을 받들어 임금에게 바치려다 군졸들에게 막혀 들어오지 못했다. 그러자 정조가 이렇게 말했다. "옛날 글에 '어느 농부가 미나리가 하도 맛있어 바쳤다'는 내용이 있는데 나는 저 수박을 맛나게 먹고 싶다." 그리고 농부가 올린 수박을 쪼개 한 입 베어 물었다.

1779년 8월 5일과 6일 이틀 동안 정조는 남한강변에서 군사훈련을 했다. 이때 수만 명의 인파가 몰려나와 구경했다. 초야에 묻혀 있던 선비를 청하고 백성들에게는 강력한 나라를 만들겠다는 정치 이벤트였다. 정조처럼 정밀하지 않으면 상상할 수 없는 정치 행동들이었다. 정조는 8월 7일 남한산성으로 들어갔다. 사실 이번 능행의 가장 큰 목적이 그곳에서 기다리고 있었다. 남한산성 중수를 수어청의 서명응에게 지시한 뒤 그것이 완공됐다는 보고를 받고 이번 능행이 기획된 것이다.

수어청 군대는 정조가 장용영(1785년 처음 설치)을 양성하기 전 임금의 목숨을 지키는 별동부대나 마찬가지였다. 서명응의 동생 서명선 역시 정조가 위기에 처한 1775년 11월 20일 세손 제거 음모를 분쇄한 인물이기도 하다. 7박 8일의 알찬 능행을 마치고 정조는 8월 10일 돈화문을 거쳐 환궁했다. 능행에서 세종대왕 능을 참배하고 효종의 능을 참배한 것은 세종처럼 애민사상을 펼치며 효종처럼 밖으로는 북벌에 대한 의지를 펼친 것이다.

7박 8일의 능행에서 정조는 자신의 통치 목표를 드러냈다. 부국강병을 통해 청나라보다 더 강력한 나라, 바로 북벌의 의지를 내세웠으며 세종대왕처럼 조선의 백성들을 아끼고 사랑하는 애민정치를 펴겠다고 다짐한 것이다.

아름다운 토사구팽

홍국영은 정조가 집권하는데 가장 큰 공헌을 한 심복이다. 홍국영이 자기 여동생을 정조에게 바치고 2인자 자리에서 지나친 권력의 칼을 휘두르다 결국 여동생이 1779년 5월 7일 죽자, 스스로 위기를 느껴 1779년 9월 26일 임금과 이별을 선언했다. 이날이 바로 7년 전 그러니까 1772년 홍국영이 대궐에 들어와 동궁의 관리로 배치됐을 때 첫 만남이 있던 날이다.

"전하와 제가 처음 만난 날이 오늘입니다." 홍국영은 정조에게 처음 만난 날을 헤어진 날로 정한 자신의 심정을 알아달라고 눈물로 이야기하고 있었다. 그리고 홍국영은 맡은 관직을 모두 내놓고 대궐을 나섰다. 그러자 김상철과 서명선 등이 "오늘의 일은 신들이 참으로 그 까닭을 모르겠습니다"라고 말하자 정조는 이렇게 말했다. "경들은 잠시 말하지 말라. 말하면 오늘의 이 아름다움을 끝내 보전하지 못할 것이다." 시적인 표현을 잘 구사한 정조, 권력이란 날선 칼날을 부드럽게 하기 위해 무던 애를 썼다.

떠나는 홍국영의 뒷모습을 보며 정조가 한 말은 마치 드라마 한 장면처럼 감동을 준다. 홍국영에 대한 아름다운 이별을 가슴 깊이 간직하려 했지만 권력은 공백이 생기고 틈이 생기면 그것을 짓밟고 올라서려는 속성이 있다. 홍국영에 대한 좋지 않은 소문들이 꼬리를 물고 이어졌다. 결국 정조는 홍국영을 강원도로 유배 보내기로 결정한다. 1780년 1월 12일, 이날은 홍국영이 떠나는 날이다. 정조가 눈물을 글썽이며 홍국영에게 말했다. "나는 말이 없고자 한다. 말을 하려면 먼저 탄식이 절로 난다. 모두 내 허물이다. 누굴 탓하겠는가?" 홍국영이 말했다. "아! 전하께서 신에게 이런 하교를 하시게 한 것은 모두 신의 죄입니다. 백번 죽어도 은혜를 저버린 행동을 어이 면하겠습니까? 신의 몸은 신의 것이 아닙니다. 하늘을 바라보고 땅을 두드리며 슬퍼할 뿐입니다. 전하께 부월(斧鉞, 작은 도끼나 혹은 큰 도끼, 생사여탈권)을 맡깁니다."

아무렇게나 처단해 달라는 뜻이다. 작은 도끼로 쳐도 좋고 큰 도끼로 쳐도 좋다는 뜻이다. 그래서 떠나는 자는 자신이 토사구팽 당했다고 느끼지 않았으니 결과적으로 토사구팽이지만 의리를 잃지 않은 정조였다. 홍국영은 정조의 곁을 떠났다. 그는 정조의 곁을 떠난 지 15개월 만에 치미는 울화병으로 죽었다. 그날이 1781년 4월 5일이었다. 정조는 그가 죽었다는 소식에 슬픔을 삼키기 위해 이문원의 차가운 바닥에서 이틀 동안 잠을 잤다.

정조는 자주 외박했다. 규장각이 붙어 있던 이문원과 나중에 장용영의 산실이었던 춘당대에서 잠을 잤다. 두 곳은 일주일에 대개 한 번 아니면 두 번을 잤다. 그러니까 임금의 침실이 딸린 창덕궁 희정당이 아닌, 그리고 후궁의 침전도 아닌 다른 곳에서 잠을 많이 잔 임금은 정조가 유일하다. 정조가 집현전에서 학자들을 위로하던 세종의 통치기술을 본받고자 했고, 그래서 이문원에서 정조는 미래의 꿈나무들 규장각 각신들을 만나 이러저러한 이야기들을 나눴다. 고독한 군주에게 그들이 있어 덜 외로웠을 것이다.

예민하고 사려 깊은 사람이 거친 세상에서 버티려면 치밀하고 과감하고 때론 부드러워야 한다. 그런 것들을 수행하기 위해서는 끊임없는 자기희생이 따라야 한다. 홍국영과 아름다운 이별은 정조에게 팔 하나를 잃는 아픔이었다. 그러나 세상일이란 하나를 잃으면 하나를 얻는 것이다. 홍국영을 버린 뒤 그는 측근 정치에서 벗어날 수 있었다.

권력은 언제나 사냥개를 원하지 않는다. '시대가 다르면 하는 일도 달라야 한다.' 홍국영은 똑똑했지만 시대의 변화에 둔했다. 그가 영리해서 그나마 군주와 헤어질 때를 너무 멋지게 헤어진 방법을 선택했다는 것이다. 7년 동안 홍국영이 있어 집권이 가능했지만 이제 헤어질 마당에서는 두 사람 모두 아름다운 이별을 연출한 것이다. 두 사람의 이별이 그저 토사구팽이라 치부하기에는 장면이 너무도 문학적이다. 그건 정조의 마음 그 깊은 곳에 부드러움 때문이다. 공자의 『논어(論語)』를 정밀하게 읽다보면 공자처럼 해학과 위트가 넘치는 사람도 없다는 생각이든다. 정조는 공자를 좋아했고 그의 말을 실천하려 노력했다.

🎎 제일 중요한 것은 백성에게 신뢰를 얻는 일

『논어』의 경구를 자주 인용하면서 정치에서도 종종 공자의 말씀을 따랐던 정조는 이 무렵 다음과 같은 『논어』의 교훈을 기억했을 것이다.

자공이 공자에게 "올바른 정치는 무엇입니까?"라고 묻자 "양식이 넉넉하고 병력이 충분하며 백성이 신뢰하는 것이다"라고 대답했다. 그러자 자공이 "그 가운데 부득이 한 가지를 없앤다면 무엇입니까?"라고 물었다. 그러자 공자는 "병력이다. 그리고 그것 다음으로는 양식이다"라고 대답했다. 공자가 정치에서 제일 소중한 것은 백성들의 신뢰라고 답을 한다.

1781년 1월 6일, 드디어 김상철을 영의정에서 물러나게 하고 좌의정 서명선을 영의정으로 임명하다. 정조는 잦은 인사교체로 신중하지 못하다는 비판을 종종 받았지만 그것은 사실과 다르다.

김상철을 5년 동안 영의정에 앉혀 노론 강경파들을 안심하게 한 뒤 자신이 집권하는데 공이 많은 서명선을 드디어 영의정에 임명한 것이다. 그동안 성급하지 않고 치밀한 정조의 인사정책은 여러 면에서 돋보였다. 참을 만큼 참았으며 기다릴 만큼 기다린 시간들이었다.

정조는 1781년 정치문제에서는 탕평을 제1원칙으로 삼았지만 경제와 사회문제에서는 개혁을 줄곧 강조했다. 그러나 누구도 고양이 목에 방울을 달려는 자는 없었다. 개혁을 수행하기 위해서는 치밀하고 정밀한, 그러면서 강력한 인물이 필요했는데 정조 주위로 그런 인물이 딱 한 사람 있었다. 그가 바로 채제공이다. 그러나 채제공은 아직 더 담금질이 필요했다.

정조의 개혁은 거창하고 요란한 것이 아니라 작지만 실천 가능한 것부터 시작했다. 집권한 뒤 1777년 3월 22일, "조선은 앞으로 서얼들도 정치 참여의 길을 트겠다. 공자를 섬기는 나라로 서얼이란 이유로 차별하는 나라는 조선뿐이다"라고 서얼과의 소통을 강조했다. 그리고 1784년 4월 16일, 성균관 유생들과 식사를 함께하다 서얼들을 따로 한 줄로 서게 하고 식사를 맨 나중에 하게 하자, 성균관 대사성을 그날 파직시키고 다시는 그렇게 서얼들을 차별하지 말 것을 엄명했다. 성균관에 대한 개혁은 문제를 두 가지로 구분할 수 있는데 한 가지는 서울 경기 지역 중심의 문벌가 위주의 교육과 관료 독점을 해소하기 위해 규장각 각신들을 각 지방에 보내 그곳 유생들을 대상으로 직접 시험을 치러 성균관에 입학시키는 제도를 실시했다.

이것은 교육 혜택이 지역 차별 없이 골고루 돌아가게 하기 위한 배려였다. 또한 성균관 교육재정이 너무 방만하다 해서 400명의 입학 정원을 초기 100명으로 대폭 줄였다가 유생들의 거센 반발로 철회한 일이 있었다. 성균관 재정을 책임지는 양현고가 너무 과다한 예산을 갖고 있다고 그것을 줄이려고 했다가 교육을 국가가 부담해야 한다는 생각 때문에 물러선 것이다.

🏵 '인권'이란 말을 처음 사용한 군주

1778년 1월 12일 발표한 '흠휼전칙(欽恤典則)'은 법치주의를 근간으로 한 '나폴레옹 법전'과도 같은 인권법의 시작이다. 1804년 프랑스혁명을 통해 나폴레옹이 집권하고 '나폴레옹 법전'을 만들어 유럽 최초의 인권 법률안을 만들었다면 조선에서는 이미 1778년 정조에 의해 인권법이 처음 사용된 것이다. 이 법의 첫 서문은 인권에 대한 언급이 들어 있고 아무리 죄를 지었어도 정확한 법적 근거와 형량(매를 맞는 회수와 매의 치수까지 기록)을 준수하게 했다.

1786년 2월 4일, 정조는 한양 성 밖 거리에 아무렇게나 방치된 유골들을 수습해서 작은 무덤을 만들어주라는 지시를 내린다. 이런 지시는 조선 역사 어디에도 찾아볼 수 없는 작지만 백성들의 마음을 헤아리는 것이었다. 그래서 임금의 명을 받은 진휼청에서는

4월 13일까지 약 두 달 반 동안 37만 개의 유골을 수습해서 무덤을 만들어주었다. 이런 조치는 애민사상이 가슴 깊이 있지 않으면 실천하기 어려운 것이었다.

작지만 정조의 생각을 잘 보여주는 것들이 1777년 5월 5일, 기우제를 지낼 때 술은 마시지 못하지만 담배는 피우게 했다. "매번 기우제를 지낼 때 관리들에게 담배 피우는 것을 금하니 오히려 담배 생각이 간절해 정성을 다하는 마음이 사라졌다. 사람이 즐기는 것을 금하게 해서 마음이 어수선한 것보다 차라리 담배는 허용하고 술만 금하게 하라." 담배를 기우제 때 피우지 못하게 하니 담배를 몰래 피우기 위해 나갔다 들어왔다 혼란스런 광경을 보고 그렇게 결정한 것이다. 아주 작은 일이지만 정조의 예민함을 드러난다.

1789년 사도세자 묘를 수원으로 이장한 뒤 정조는 능행을 자주 했는데 특이한 것은 관리들에게 능행 때 반드시 도시락을 지참하게 했다. 능행을 가는 길 주변 민가의 피해를 없애기 위함이었다. 그래서 임금도 도시락을 지참하고 능행에 나섰다.

18세기에도 양극화와 투기가 최대 화두

1778년 7월 20일 사헌부 정언 윤면동(尹冕東, 1728~?)의 상소는 조선 최고의 개혁 상소로 불러도 손색이 없다. 윤면동은 1756년 과거에 합격해 조정에 출사했다. 관직 생활 내내 사헌부와 승정원 등에서 지낸 인물이다. 윤면동은 1761년 사도세자가 온양으로 행차했을 때 수행했다는 이유로 경상도 기장현에 유배당하기도 했다.

윤면동의 상소를 보면 오늘날의 문제와 어쩜 그리 비슷한지 신기할 따름이다. "권력을 쥔 자들이 탐욕을 부리고 있습니다. 그래서 세상이 이를 본받고 있는 꼴입니다. 돈을 가진 부자들이 각 지방의 도로들을 점유하고 갑자기 값을 올려 팔고 다시 사고팔고 해서 재산이 적은 사람들은 토지를 가질 수 없습니다." 230년 전의 이야기인데, 도로 주변을 사들여 부동산 투기를 일삼는 문제는 오늘날과 똑같다.

💮 제일 먼저 할 일은 왕실의 재산부터

윤면동은 아주 예민한 문제, 그러나 가장 고질적인 문제도 지적한다. 바로 왕실이 먼저 개혁에 솔선수범을 보여야 한다는 것이다. 왕자로 태어났다는 이유로 220결(1결이 3000평이니 약 66만 평) 이상의 토지를 받는다. 후궁의 자식들은 그보다 좀 덜하지만 180결이나 되는 토지를 받는다. 왕비가 되면 그 집안의 8촌까지 관직을 받게 된다. 왕자와 후궁의 자식들이 많아지면 그만큼 일반 백성들에게 돌아갈 관직이나 토지들이 줄기 마련이다. 더군다나 왕실 종친부들이 쓰는 말을 키우기 위한 '태복시(太僕寺)'라는 것을 만들어 세금을 걷었고, 궁궐의 채소를 관리하는 '사포서(司圃署)'라는 곳에서도 세금을 걷었다. 그러니 세금 때문에 백성들의 고통은 이만저만 아니었다는 말이다.

걷는 세금이 많아지니 왕실 친인척들은 세금을 걷는 사람을 따로 두고 힘없는 백성들을 악착같이 쥐어짰다. 있지도 않은 토지에 세금을 물리는 '백지징세(白地徵稅)'가 난무하고 풍년이 들었다고 하면 풍년이란 이유로 더 많은 세금을 요구하여 백성들 원망이 자자하다는 글이다. 조선의 역사에서 영조와 정조 시대를 경제가 안

정됐고 문화의 황금기였다고 평가하지만 윤면동의 상소를 보면 백성들의 피폐함이 안타까울 따름이다.

"땅은 농사를 짓는 농민들 것이어야 합니다. 그러나 소수의 특권 부자들이 땅을 다 소유하고 그 땅에 과다한 세금을 물리고 있으니 백성들이 살길은 막막합니다. 이런 암담한 현실에 하늘이 전하와 같은 성인을 내려 개혁을 이루라고 독려하고 있습니다."

윤면동은 당시 양극화 문제도 언급한다. "부자들은 담벼락에 약간이라도 흠이 나면 다시 개축한다고 난리들이고 집 한 채 값이 5천, 6천금으로도 부족한 실정입니다." 집값 폭등은 오늘날과 마찬가지로 서로 사고팔면서 투기를 일삼는 형국이었다. 당시 조선의 수도 한양의 집값 폭등은 지방의 유지들도 뛰어들어 대낮에 마차에 돈을 잔뜩 싣고 와서 집을 사려 하지만 어떤 집은 무려 10만 금을 주고도 살 수 없다는 상황이라고 상소는 지적하고 있다. 부동산 투기가 만연한 오늘날과 아주 유사하다. 정조 집권 무렵 조선이란 나라도 상업이 발달하면서 자본주의 여러 병폐들이 함께 등장하고 있는 모습을 볼 수 있다.

정부의 물자를 공급하는 공납업자들의 뇌물비리가 비일비재했다. 윤면동의 상소를 더 살펴보자. "중앙관청에서 물품을 사서 공납하던 어용상인인 공인(貢人)들은 청지기 이름을 빌려 집을 매매합니다. 그러니 그들은 집을 몇 채씩 갖고 있지만 드러나지 않고 있습니다." 그렇게 관의 공물을 공급하는 사람들이 돈을 많이 벌어

여기저기 다른 사람 이름으로 집을 사서 치부하는 상황, 그의 상소는 다시 세금문제로 이어진다.

"홍계희(洪啓禧, 1703~1771)란 자는 스스로 어염세와 선결세를 만들어 자기 아들과 손자를 시켜 돈을 쌓아두고 정치에도 손을 뻗쳐 역모를 꾸민 일도 있습니다." 홍계희는 영조의 균역법을 마련하는 데 공을 세웠지만 묵은 땅을 빨리 개간시켜 세수를 확대해야 한다고 주장하면서 자기 주머니를 채웠다. 홍계희는 정조 집권하자 곧바로 무사들을 양성, 자객으로 보내 임금을 암살하려다 실패하고 처형당했다.

🪷 사람 잡는 세금문제

조선의 전체 논과 밭은 약 141만 결인데 그 가운데 실제 농사를 짓고 있는 땅은 85만 결이고 남은 55만 결은 농사를 짓고 있지 않다고 윤면동은 주장하고 있다. 그는 이 55만 결의 논과 밭을 개간해서 농민들에게 농사를 짓게 한다면 나라도 부강하고 백성들도 편안할 것이란 주장을 폈다. 또한 상당수 부자들이 세금을 피하기 위해 토지대장에 땅을 올리지 않고 세금을 피하고 있는데 그 피해는 고스란히 가난한 사람들에게 돌아간다며 60년 이상 토지실태를 조사하지 않았으니 토지조사부터 시작해야 한다고 주장했다.

충격적인 이야기는 농토의 30퍼센트가 묵힌 땅이란 것이다. 지주들이나 국가 세금 때문에 농민들이 농사를 포기하고 유랑 걸식하는 자들이 늘어난다는 윤면동의 탄식은 1789년 프랑스대혁명 시절 프랑스 농촌과 상황이 너무도 흡사하다.

프랑스혁명도 농민들에게 부과된 과다한 세금 때문에 일어난 민란이었다. 유럽과 조선의 사회 변화는 지구의 양극단에 위치하지만 그 과정은 너무도 흡사했다. 전염병이 유럽을 휩쓸 때 조선도 전염병이 극성이었다. 정조가 집권한 시기 유럽은 산업화와 도시화 그리고 상업화가 동시에 일어나면서 극심한 양극화가 전개됐다. 그래서 농사지을 땅이 없는 빈곤한 농민들이 유랑자가 되고 도시로 모여 들어 유럽에서는 혁명과 반동이 지속됐다. 조선에서는 정조가 집권하는 동안 유럽의 변화와 비슷한 모습을 보여주고 있었다.

한양을 중심으로 경기 수도권의 경제력과 지방의 경제력의 극심한 불평등, 농민들이 막대한 세금 때문에 유랑하는 자들이 늘고 도시화로 인해 상업이 발달하면서 빈부의 격차는 날로 극심한 상황이 가속화되고 있었다. 이런 상황이 유럽과 달리 조선에서는 정조라는 임금을 정점으로 위로부터의 혁명이 시작되고 있었다.

정조는 윤면동의 상소에 이렇게 답했다. "일에 대해서 말한 수천 마디가 매우 근거 있는 내용이었다. 아울러 묘당으로 하여금 품처하게 하겠다." 그러나 이런 정조의 지시에도 불구하고 세금을 징수하는 것은 하루아침에 고쳐질 문제도 아니고 특히, 왕실의 재산을 줄이기 위해 '궁방세'라는 것을 금지시켰지만 쉽게 사라지지 않았다. 기득권 세력들의 집요한 반발은 경제문제라는 초점에서 벗어나 언제나 정치문제로 비약시킨다. 권력을 장악한 것은 임금도 노론도 아닌 정치와 경제를 장악하고 있는 문벌가문들이었다. 당시 영의정 김상철은 기득권을 대표하는 노회한 정치인이었다. 그는 윤면동의 상소를 국정에 적극 반영하라는 정조의 지시를 듣고 개혁은 언제나 시기가 있다며 급격한 변화를 원하지 않는다는 말을 하였다. 자기 손으로 자기 재산이 손해나는 일을 하기 싫다는 뜻이다.

답답한 정조는 김상철에게 "도대체 요즘 관리들은 땀을 흘리지 않고 일을 한다. 아침부터 낮까지 나이 먹었다고 쉬고 있을 것인가?"라고 모욕적인 말을 퍼붓기도 했다. 그리고 다른 대신들에게도 이렇게 말했다. "오늘날 개혁은 입으로만 떠들지 실천하지 않는다. 사치하는 풍속을 바로 잡으라 말했지만 여전히 그것은 고쳐지지 않는다. 관리들 먼저 움직이지 않으니 개혁은 가물거린다." 추상같은 분노, 정조는 그런 직접화법으로 느리고 굼뜬 조정에 활력을 불어넣으려 했다.

1781년 몸이 아프다고 엄살을 피던 영의정 김상철을 물러나게했다. 영의정 김상철이란 자는 정조에게는 5년 동안 '인(忍)'을 시험한 대상이었다. 그가 개혁에 발목을 잡는 구세력의 대표이지만 영조의 죽음 직후 세손에게 교지를 전달하게 하는 등 그간의 잘못을 그 순간의 처세로 말끔히 정리한 인물이었다. 김상철을 대신해서 서명선을 영의정에 앉힌 정조는 이제 본격적으로 개혁에 시동을 걸겠다는 공언했다. 1781년은 정조 집권 5년차다. 정조는 그해 유난히 개혁이란 말을 자주 언급했다.

🌸 대학 신입생 정약용, 임금에게 강의하다

1781년 개혁의 화두는 무관에 대한 우대정책이다. 문무 차별 없애고 특히 무인들 가운데 실력이 우수한 자는 신분귀천을 고려하지 않고 발탁하라는 엄한 지시를 내렸다. 곧 신분보다 실력을 보라는 지시를 병조판서 정민시(鄭民始, 1745~1800)에게 내린 것이다. 그러나 병권이 병조판서보다 구씨 일가로 집중된 상황에서 정민시는 개혁을 이끌 힘을 갖지 못했다. 무관부터 신분에 구속되지 않고 실력으로 인재를 발탁하려던 계획은 결국 1785년 장용영을 설치하면서 그 뜻을 펼친다. 1781년 1월 김종수(金鍾秀, 1728~1799)를 규장각 제학으로 다시 임명하고 본격적으로 규장각을 통해 인재 수혈을 강화했다. 규장각에서 하는 일이 많아지자 초대 검서관 이덕무(李德懋, 1741~1793)·유득공(柳得恭, 1749~1807)·서이수(徐理修, 1749~1802)·박제가(朴齊家, 1750~1805) 등과 함께 매년 필요한 검서관 충원을 위한 제도를 마련했다.

1783년 4월 정조는 성균관 입학식에서 다산 정약용(丁若鏞,

1762~1836)을 만났다. 생원으로 합격한 정약용의 답안지가 다른 사람에 비해 월등했기 때문이다. 선왕 영조는 수시로 세손 정조에게 『중용(中庸)』의 구절을 물었다. 영조의 『중용』 강연은 탕평을 국시로 삼기 위한 뜻이 배어있었다. 그래서 할아버지 뜻을 섬기던 정조는 종종 성균관 유생들을 상대로 『중용』의 구절을 인용해 시험 문제를 출제했다. 1783년 4월 그때 정조는 성균관 신입생들을 대상으로 『중용』의 구절 가운데 의심나는 것을 간추려 새롭게 해석하라는 과제를 내주었다. 당시 스물두 살인 정약용은 명례방의 자기 집에서 수표교 근처에 살던 이벽(李蘗, 1754~1786)을 찾아가 밤새도록 토론하고 그 내용을 잘 정리해서 '중용강의'라는 글을 올렸다. 당시 정약용과 이벽이 토론한 내용은 대개 이런 것이었다. 이벽은 "이(理)가 발하면 기(氣)가 따른다"는 퇴계 이황(李滉, 1501~1570)의 주장을 옹호했고, 정약용은 "기(氣)가 발하면 이(理)는 자연스럽게 동한다"는 율곡 이이(李珥, 1536~1584)의 주장을 옹호한 것이다. 그 두 가지를 일목요연하게 정리한 정약용의 글을 보고 정조는 탄복한 것이다. 답안지를 본 정조는 그에게 학문하는 자세에 대해 칭찬하면서 『중용』을 강의하게 했다. 스물두 살의 생원(대학교 1학년 학생)이 한 나라의 임금 앞에서 사서삼경 가운데 하나이며 철학적이고 심오한 『중용』을 강의했다는 점은 대단히 특이한 일이다. 정조는 이렇게 파격적인 일을 좋아했다.

1783년 그 한 해 정조는 유난히 인재 수혈 방안에 고심했다. 정조가 그해 건진 큰 수확은 바로 다산 정약용을 만난 것이다. 정약용은 1789년 알성시에 급제했으며 이때 정조는 정약용을 사헌부 지평과 사간원 정원이란 언관 자리에 임명했다. 정약용은 또한 사도세자 능 이장을 수월하게 한 '배다리'를 만들었고, 1792년 수원성을 설계한 설계자이기도 하다. 틈이 나면 이문원에 들려 잠을 자던 정조는 다산 정약용과 무릎을 맞대고 자신의 큰 뜻을 이야기했다. 정조는 술을 즐겨하지 않았지만 마음이 맞는 다산 정약용과는 대궐이 아닌 이문원에서 군신간의 예의를 벗고 호형호제하면서 밤을 새우며 개혁을 화두로 미래의 조선을 이야기했다. 그런 정조의 생각은 정조가 죽고 다산 정약용이 18년이라는 긴 유배 기간 동안 500권이란 어마어마한 학문적 업적을 달성케 한 것이다.

광장에서 백성과 경제를 논하다

정조는 24년 통치 기간 내내 '새로운 인재 발굴'을 시대 화두로 삼았다. 인재가 나라를 일으킨다고 본 것이다. 1784년 1월 15일, 정조는 어김없이 교서를 반포했다.

"어진 선비가 없으면 나라를 다스릴 수 있겠는가? 선비는 나라의 원기(元氣)이다. 주나라의 선비는 귀하고 진나라 선비는 천한데 선비가 귀하고 천한 것은 임금이 어떻게 여기느냐 달렸다. 아! 종은 절로 울리지 않고 두드리면 울리는 법이다. 지금 신하들은 초야에 묻힌 선비를 찾아 천거하라. 내 반드시 예로 조치할 것이다."

인재를 얻고자 하는 정조의 강한 바람이 이 글에 담겨 있다. 멋진 종을 구해오라는 것이다. 그럼 그 종이 아름다운 소리를 내게 하는 것은 자신에게 달렸다는 말이다. 정조의 능란한 화술은 듣는 사람을 감동시켰다. 정치인에게 능란한 말솜씨는 분명 강점이다. 정치가 종합예술이라고 보면 리더의 덕목 가운데 화술이란 덕목은 분명 중요하다.

🌀 역대 임금과 다른 대중정치가의 면모를 보이다

1784년 3월 20일, 정조는 창덕궁 선정문 넓은 마당에 일반인들과 함께 종로 상인들을 대거 초청했다. 일명 '시민과의 대화'를 시도한 것이다. 상인들과 매년 만나 토론하던 정조는 이 해 특별히 많은 일반 백성들을 대궐에 초청해서 경제개혁을 위한 토론회를 개최했다. 일반 백성들은 흉년으로 매년 힘들다며 나라에서 구휼에 힘써 달라 요구했다. 정조는 "대개 10년에 9년은 흉년이다. 가뭄이나 홍수는 매년 닥친다. 근본적인 방책을 모색하라. 그리고 나라의 창고 내탕고를 다 개방해서 흉년든 농민들을 구제하라." 그 자리에 모인 관리들은 무언가 열심히 적는 시늉을 냈다. 배고픈 사람들은 환호했다.

이제 그 자리에 모인 소상공인들의 말을 들을 차례였다. "부유한 상인들이 상점을 독점하고 있어 상점을 내고 싶어도 종로 거리 어디에도 자리 하나 없습니다." 육의전에 큰 상점을 가진 공인(나라의 공공물건을 납품하는 거대 상인)들은 그 자리에 참석하는 것 자체가 불편했다. 정조는 소상공인 창업을 위해 나라에서 10만 냥을 마련해서 직접 대출해주라고 지시했다.

정조는 이런 지시를 내린 뒤 다음과 같이 말했다. "대체로 공인과 소상공인 모두 우리 백성들이다. 그런데 돈이 위에서만 돌고 아래로 돌지 않으니 임금의 뜻이 밑으로 전파되지 않고 있었다." 정조는 시장경제의 모순점을 정확히 파악하고 있었다. 오늘날 시장경제 역시 정부에서 돈을 풀지만 그 돈이 위에서 다 흡수하고 아래로 내려가지 않아 빈민들은 물가만 오르고 혜택을 보지 못한 일이 일어나고 있다. 지금의 문제나 18세기 조선의 시장경제나 문제점은 똑같았다. 정조는 서민들 혹은 소상공인들에게 실질적인 혜택을 주기 위해 그들에게 국가가 직접 돈을 빌려주는 정책을 취한 것이다.

"소매가 길어야 춤을 잘 추고, 돈이 많아야 백성들이 장사를 잘할 수 있다. 먹고사는 문제만큼 중요한 것이 없다. 신역(身役)·공미(貢米)·공포(貢布)와 어염세(魚鹽稅)·선세(船稅)·둔세(屯稅)를 우선 절반까지 줄여 걷어라. 백성들의 형편을 헤아려서 공화(公貨)를 대출해주어 조치토록 하라."

정조는 또 돈을 대출할 때 염려되는 문제도 이야기했다. "분명히 이번 나라에서 하는 대출은 이자를 없애고 대여해주라 전했다. 돈을 갚는 기한을 1년으로 정했다. 문제는 또 돈을 갖고 은으로 바꿔주면서 그것에서 수수료 명목을 챙기는 자들이 있어 이것도 문제다. 돈을 직접 소상공인에게 지급하고 돌려받을 때도 은으로 환전하지 말게 하라. 서민들은 환전하면서 또 얼마의 돈을 수수료로 빼앗기니 그들 고통을 누가 알 것인가?"

당시 은은 오늘날 달러나 마찬가지로 국제화폐다. 그런데 정부는 돈을 빌려주면서 그것을 환수할 때는 은으로 받으니 소상공인들은 은으로 환전하면서 또 돈을 뜯기고 있는 것을 지적한 것이다. 놀라울 만큼 당시 문제점이 오늘날 문제점과 일치한다.

소상공인들이 여러 가지 폐단을 진술하자 정조는 관청 관리들로 하여금 상세하게 살피도록 지시했다. 시민과 상공인들의 대토론회가 있고 난 뒤 정조는 채제공을 공조판서에 임명했다. 오늘날로 말하면 시장개혁 및 공공개혁을 그의 손에 맡긴 것이다. 그리고 개혁의 고삐를 다시 쥔 정조는 더욱 다그쳤다.

🌀 시대의 소명은 경장(更張)이다

경장이란 '거문고 줄을 고친다'는 뜻으로 개혁을 말한다. 정조 때를 기록한 실록에는 '개혁'이란 단어가 포함된 기사가 150건이나 검색된다. 영조 때 66건에 비해 두 배 반이나 많다. 52년 통치한 영조, 그 가운데 14년이 사도세자의 대리청정이고 급격한 개혁을 원했던 정치세력과 군주의 마찰은 결국 비극적인 종말을 고한 것이다. 그런 반면, 정조 집권 24년은 홍국영이 퇴장하는 3년이란 시간을 과거 기득권에 안주하는 것 같으면서 새로운 모색을 준비했고 1780년 집권 4년차를 맞아 서서히 개혁의 속도를 내기 시작했지만 반발 세력의 저항은 만만치 않았다.

정조는 개혁의 화두를 공자의 『논어』에서 찾았다. 성(誠)이란 것은 곧 진실하고 허위가 없음을 말하는 것이다. 하늘은 언제나 끊임없이 운행한다. 하늘의 뜻이 바로 이것이다. 오늘의 화두는 바로 부패한 모든 제도를 개혁하라는 '경장(更張)'이다.

정조는 개혁의 화두를 실천하는데 "선비 한 명이 나라를 바꿀 수 있다"는 공자의 말을 믿고 따랐다. 1784년 1월 채제공을 공조판서에 임명, 그를 앞세운 개혁에 시동을 걸었다. 그러나 반발도 만만치 않았다. 우선 일찍부터 안동 김씨를 대표하던 김문순(金文淳, 1744~1811)이 공조참판 벼슬을 내던졌다. 공조판서 채제공을 상관으로 모실 수 없다는 것이 그가 사표를 던진 이유였다. 하지만 안동 김씨의 세도정치를 막후에서 가장 강력하게 지휘한 김문순이 아닌가? 그가 정조의 개혁정책을 가로막고 나선 것은 이때부터였다.＊김문순에 동조하는 자들이 나타났다. 예문관 응교 이노춘(李魯春, 1752~?)이 불쾌한 말이 가득한 상소를 올렸다. 채제공을 비난하는 글이었다. 이어 영의정 정존겸(鄭存謙, 1722~1794)이 몸이 아프다는 이유로 사임을 청했다. 정조는 저항에 격하게 반응했다. "논어에 말하길 '그 적(賊)을 분명하게 해야 적이 승복한다'고 했다. 이제 당신들이 말하는 채제공의 죄에 무슨 밝힐 만한 단서가 있는가? 증거를 대라. 유언비어로만 말하지 말고."

영의정 정존겸도 지지 않고 말대꾸했다. 그는 문자는 별거 아니라 그의 태도가 마음에 들지 않는다고 했다. 너무 건방지고 안하무인이란 것이다. 그래서 그를 미워하는 여론이 비등하다고 했다. 정조는 "조정의 일이 참으로 가소롭다. 당신들이 채제공의 과거를 들추는데 벌써 9년이나 지난 말이다. 내가 그 말을 들으면 오장이 막히는 아픔이 있는데, 경들은 어찌 그리 태연하게 말하는가?" 좌의정 이복원(李福源, 1719~1792)과 우의정 김익이 채제공은 물러나야 한다고 거들었다. 정조는 그해 가을까지 세 명의 정승을 입궐하라고 간곡하게 청했지만 그들은 끝까지 입궐하지 않았다.

세 명의 정승이 자리를 비운 지 6개월이 넘었다. 인내심을 갖고 기다리던 정조는 10월 11일 영의정에 서명선, 좌의정에 홍낙성(洪樂性, 1718~1798)을 임명했다. 1년 가운데 절반 이상을 정승들이 모두 자리를 비운 초유의 일이 1784년에 있었다. 그들이 대궐을 비운 이유는 채제공을 통한 개혁의 고삐를 쥐고 있는 정조에 대한 반발이었다.

집권 최대 위기, 두 건의 역모사건

1784년 7월 28일 벌어진 '김하재(金夏材, 1745~1784) 사건'은 정조를 미워하는 조선을 대표하는 문벌들의 마음이 어떤지를 잘 보여준다. 그날 임금의 어진을 모신 영희전에서 제사가 열리고 있었는데 김하재가 재실에 들어가면서 소매 속에서 조그만 종이쪽지를 승지 이재학(李在學, 1745~1806)에게 넘겨준 것이다. 이재학이 펼쳐보니, 전부 임금에 대한 욕설로서 그 지독한 글은 유사 이래 없었다고 사관은 적고 있다. 승지 이재학은 즉시 그 글을 임금에게 올렸고 정조는 그 글을 보고 이렇게 말했다.

"천지에 백성이 생긴 이래로 이렇듯 흉악한 글은 본적이 없다. 세상일이란 천리와 인정에 벗어나지 않는다. 조선의 신하들은 다

왕실과 관계되고 왕실 덕분에 살았다고 해도 과언이 아니다. 그는 미치광이 증세가 있다 하는데 이리저리 살펴보면 그는 스스로 죽으려는 마음 가득하다. 그러니 죽게 한들 무슨 큰 일이 있을까?"

❀ 김하재 사건으로 세태를 비판하다

정조는 현직 관리들과 퇴직한 관리들까지 모두 불렀다. 그들 가운데 정조에게 그 흉악한 글이 어떤 내용인지를 보여 달라는 사람도 있었다. 그러나 정조는 끝내 그 글을 공개하지 않았다. "흉악한 글은 사람들로 하여금 마음이 아프고 뼈가 저리게 할 지경이다. 도저히 보여줄 수 없을 만큼 너무나 흉악하고 참혹하다." 정조는 계속 부들부들 떨었다. 그리고 일단 김하재가 올린 각종 상소와 문서들을 모두 거두어서 대궐 뜰에 들여다가 불살라버리도록 명하였다. 신하들이 모두 불가하다고 말렸지만 정조는 따르지 않았다. 김하재의 집안은 조선을 대표하는 광산 김씨다. 아버지는 김양택(金陽澤, 1712~1777)이고 영조 시절 오랫동안 좌의정을 지냈으며 영의정까지 오른 인물이었다. 그런 화려한 가문의 아들이 정조를 얼마나 흉악하게 비난했는지 정조는 끝내 그 글을 발설하지 않았다. 정조의 인내심이다. 대개 역모사건이란 그 실체보다 부풀려지기 마련이고 말꼬리로 여러 사람을 엮는 것이 일반적이다. 그래서 정조는 김하재가 쓴 그 혐오스런 글을 절대 발설하지 못하게 했다.

김하재 역시 아버지의 후광 덕분인지 대사성과 대사간 등을 역임한 중신이었다. 정조는 그를 직접 문초했다. "너는 이름 있는 가문의 자손이고 조정에서 중하게 쓰인 인물이었다. 언제부터 이런 마음을 갖고 있었나?" 그러자 김하재가 대답했다. "좋은 벼슬자리에 있을 때에는 그러한 마음이 없었는데, 근래에는 문득 딴 마음들이 생겨, 비록 추천 대상에 오르기는 하였으나 역시 의심하는 마음 가득해 영영 벼슬길이 막혀버린 사람처럼 된 까닭에 이런 원망하는 마음이 생겨서 흉악한 역적으로 변했습니다."

"너의 흉서를 지은 사람은 어떤 사람이며, 쓴 자는 어떤 사람인가? 참견한 자는 누구이며, 함께 논의한 자는 누구인가?" 그러자 그는 "신이 자작해서 쓴 글이고 자작해서 쓴 책입니다"라고 대답했다. 형문(刑問)을 더한 것이 스물여섯 차례에 이르렀고 마침내 사형에 처하였다. 그의 집은 파서 연못으로 만들고 4촌까지 연좌제로 물어 파직시켰다. 정조는 김하재 사건으로 큰 충격을 받았다. 그는 4월에 이조참판으로 있으면서 채제공을 비난하고 윤득부(尹得孚, 1723~1799)를 두둔하다 파직된 일이 있었는데 그때 일을 가지고 앙심을 품고 임금에게 입에 담기 힘든 욕을 글로 쓴 것이다.

 ## 정감록 사건은 18세기 민중혁명

1785년 2월 29일, 이날은 조선시대 민중들의 새로운 세상을 꿈꾼 '정감록 사건'이 발발한 날이다. 이날 봉조하 김종수는 임금을 배알하기 위해 대궐에 들어서다 김이용(金履容)에게 이상한 말을 듣는다. 김이용은 김상헌의 후손이며 과거 헌납이란 벼슬까지 하던 자다. 그는 김종수에게 지금 전라도에 역모 사건이 꿈틀거리고 있다고 말한 것이다. 이렇게 해서 정조 연간 최대 역모사건인 '정감록 사건'이 터진 것이다. 김하재 사건이 문벌 가문들의 정조에 대한 반발이라면 이번 사건은 배고픔과 가난으로 그동안 쌓인 민심의 불만이 밖으로 표출된 사건이었다. 김이용의 공초로 이율(李瑮)이란 자가 드러나고 이어 역모의 수괴 문양해(文洋海)라는 인물까지 정조는 찬찬히 파고들었다. 다음은 문양해가 정조에게 올린 글이다. 글은 신비로움이 가득하다.

"녹정은 스스로 5백 살이라고 말하고, 웅정은 스스로 4백 살이라고 말하였습니다. 녹정은 신라 말년에 최고운(최치원)이 가야산에 들어가서 공부할 때, 항상 어떤 사슴 한 마리가 와서 책상 밑에 엎드려 있는데, 마치 도를 듣는 것 같았다고 합니다. 그래서 최치원이 말하기를, '네가 비록 사슴과 다른 종류의 짐승이지만, 능히 도를 흠모할 줄을 아니, 나이를 연장하는 방법을 얻도록 해야겠다'고 하였는데, 마침내 사람의 형태를 갖추고 말도 통하게 되었다고 합니다. 녹정은 별호를 혹은 청경노수라고도 하고 혹은 백운거사라고도 하며, 웅정은 자칭 '청오거사'라고 하는데, 모두 성명은 말하지 않았습니다. 녹정은 항상 시사(時

事)에 대하여 언급하여 말하기를, "조선은 말기에 가서 셋으로 갈라져서 1백여 년간 싸우다가 비로소 하나로 통합되게 되는데, 결국 통일할 사람은 바로 정 씨를 성을 가진 사람이고, 그 싸움은 먼저 나주에서 일어나, 임자년과 계축년 사이에 시작될 것이며, 어지러운 정세를 바로잡아 반정(反正)하게 될 사람은 유(劉), 이(李), 구(具)의 성을 가진 세 사람이 될 것입니다."

이 사건이 바로 '정감록 사건'이다. 이 사건은 유교문화에 갇혀 있던 조선 사회에 대한 하층민들의 집단 반발이며 새로운 세상에 대한 갈망으로 일어난 사건이다. 문양해는 홍낙순(洪樂純, 1723~?)의 아들 홍복영(洪福榮)에게 비밀 자금을 받아 조선 조정을 전복하려 했던 것으로 드러난 것이다. 홍낙순은 좌의정까지 지낸 인물이며 홍국영의 백부여서 정조의 충격은 컸다. 『정감록(鄭鑑錄)』이란 책을 통해 새로운 세상을 만들겠다는 이들은 남도는 물론 서울과 함경도까지 그물망 조직을 갖고 있었다.

1785년 4월 14일 "이괄·신치운의 관례에 따라 형률을 적용하였다. 김두공, 이율, 문양해는 모두 능지처사하였고, 주형채는 군문(軍門)에서 효시하고, 양형과 문광겸은 폐사했으며, 홍복영은 사실을 알고도 고발하지 않은 죄로 하동부(河東府)로 내려보내 사형에 처했다. 주형로와 오도하는 사형을 감하여 귀양 보내도록 하여 옥사를 끝마쳤다"고 실록은 기록돼 있다. 다음 해(1785년) 함경도 유생

890명이 주형로가 '정감록 사건'의 뿌리인데 그를 죽이지 않았다고 한양에 상경하여 상소를 올린 일도 일어났다. 정조는 이 사건 역시 역대 다른 임금들과 달리 뿌리만을 제거하고 나머지 가지들은 되도록 죽이지 않는 선에서 끝을 냈다.

정조는 사건이 정리되고 전라도 관찰사인 이재학에게 편지를 보냈다. "지금은 문양해 사건으로 고을들이 뒤숭숭하고 이른바 이인(異人)과 신선(神仙)이라고 설치는 자들이 많은 때이니 민심을 회복하라. 설령 거짓으로 허황된 말을 핑계대고 진짜로 숨어 있었던 자라고 하더라도 안으로 정치를 베푸는 것이 이미 튼튼하다면 밖으로 무슨 걱정을 하겠는가? 지금 이 때문에 마음이 불안하여 스스로 권려하면서 다시 마음에 남아 있던 생각을 거듭 경에게 되풀이하는 것이다. 경은 나의 가까운 근신으로 나간 사람인만큼 모든 일을 처리함에 있어서 반드시 너무 경솔하게 하지 말고, 모름지기 일마다 자세히 살피고 조금이라도 소홀히 하는 일이 없어야 할 것이다." 하지만 이 사건으로 개혁을 기치로 꾸려진 내각, 영의정 서명선이 파직되었다.

기념일을 꼼꼼하게
챙기는 임금

정조는 1년 중 5월 13일에는 모든 정사를 접고 칩거했다. 즉위한 첫 해 아버지 기일에는 두 가지 일을 했다. 한 가지는 아버지 묘에 비문을 직접 써서 새겼다. 그리고 또 한 가지는 숙의 문씨(淑儀文氏)를 '문녀'라 호칭했는데 그녀의 죄악을 일일이 열거하며 분노했다. 그 다음 해 1777년에는 아예 5월 13일의 기록은 없고 5월 14일 비가 오지 않아 기우제를 올린 것으로 돼 있다. 그리고 1779년 5월 정조는 공식적으로 5월 13일부터 22일까지 공식적인 일을 하지 않겠다고 말하고 그것을 승정원에 명해 매년 그걸 공식화하라고 지시했다.

정조는 하루에 많은 일을 했다. 부지런한 것은 할아버지 영조를 빼닮았다. 그러나 영조는 매사 토론은 오래하지만 결단력이 약해 일을 성취함이 적었다. 하지만 정조는 치밀하고 매사 매듭짓고 정리하는 것이 강단 있어 많은 일을 추진했다. 그래서 말년에는 눈도 보이지 않을 만큼 자신을 혹사시켰다. 그런 정조는 해마다 5월 13일은 자숙하는 시간을 자신에게 주었다. 1년 가운데 약 1주일 정도 휴식을 겸한 침묵의 시간을 가지면서 장차 해야 할 일과 앞으로의 계획들을 면밀히 점검했다.

침묵이 효과적인 것은 비열한 상대가 사방에 넘쳐날 때다. 적은 언제나 외부에 있는 것 같지만 침묵을 유지하다보면 내 안에 더 무서운 적이 도사리고 있음을 알게 된다. 더 무서운 적을 제압하기 위해 가장 효과적인 기술이 바로 침묵이다.

정조에게 매년 5월 13일에서 짧게는 1주일, 길게는 열흘 동안 침묵하고 자숙하고 과거를 반성하고 앞으로의 일을 치밀하게 구상하는 시기였다. 1년 가운데 중간 무렵이 그런 시간이라면, 마무리가 될 무렵인 12월 3일은 좀 다른 의미에서 각별하다. 1775년 11월 20일, 그러니까 영조가 승하하기 불과 3개월 전, 영조는 고령이라 세손에게 대리청정을 수행케 하려 했지만 좌의정 홍인한 등이 격렬하게 반대했다고 앞서 언급했다. 그러자 1755년 12월 3일 행사 부직 서명선이 영조에게 상소를 올려 홍인한을 탄핵한 일이 있었다. 이를 계기로 정조가 집권할 발판을 마련한 것이다. 그래서 정조는 매년 해가 끝나가는 12월 3일에 자신을 위해 목숨을 걸었던 인물들을 초청해서 다과회를 갖고 그날의 뜻을 기렸다. 그것은 한 해도 거르지 않았다.

🌀 매년 12월 3일, 동덕회 모임

1777년(정조 1) 12월 3일, 정조는 우의정 서명선과 도승지 홍국영 그리고 부제학 정민시, 좌부승지 이진형(李鎭衡, 1723~1781)을 접견하였다. 이 자리에서 정조는 서명선의 상소 한 장이 자신을 구해준 백만 대군과 같다며 "오늘은 내 평생 잊지 않고 기억하는 날로 할 것이다"라고 다짐했다. 1791년(정조 15) 12월 3일, 정조는 이조판서 오재순(吳載純, 1727~1792)을 이미 죽은 서명선의 제사에 참석하라 지시했다. 서명선은 그해 9월 13일 죽었기 때문이다. 그리고 봉조하 김종수에게 이런 글을 보냈다. "해마다 이날을 한 번이라도 그냥 보낸 적이 없다는 것을 경은 기억하고 있을 것이다. 오랫동안 만나지 못하였기에 그리운 생각이 더욱 간절하다. 입시하는 사관을 보내어 경의 안부를 물어보게 하면서 그 편에 음식물을 전하는 바이다."

정조는 치밀한 정치 행동들을 자주했다. 그래서 특별한 날을 기념해 일을 추진하길 좋아했다. 1776년 정조가 집권한 뒤 소론들의 기대를 저버리고 철퇴를 내린 이유는 이렇다. 60년 전 숙종이 내린 병신처분(丙申處分)이 그 근거라는 것이다. 노론과 소론의 갑론을박과 정통성 논쟁에 대해 숙종은 1716년(병신년) "노론 영수 송시열이 옳고 소론 영수 윤증(尹拯, 1629~1714)이 틀렸다"고 판결을 내린 바 있다. 이에 그 결정을 환기하기 위해 정조 집권하자 소론이 곧바로 제기한 송시열과 윤증의 잘잘못을 병신처분 60주년이란 이유로 소론 잘못으로 다시 확인시켜 준다.

🏵 정치적 이벤트를 즐기다

정조는 이처럼 정치적 사건들에 대한 판단이나 재해석이 필요한 것을 그 사건이 일어난 날이나 해로 정해 기념비적인 일을 추진했다. 1784년 8월 29일, 정조는 선왕인 영조의 집권 60주년을 기념해서 문무백관들을 모두 창덕궁 인정전에 집합시킨 다음 영조의 치적을 이야기하고 기념식을 가졌다. 그리고 노론의 4대신인 김창집(金昌集, 1648~1722) · 이건명(李健命, 1663~1722) · 이이명 · 조태채(趙泰采, 1660~1722) 집에 승지들을 보내 표창하고 그들 집안의 후손들을 관리로 등용한다는 발표를 한다. 그 밖에 약 30명의 영조 연간 충신으로 활약한 인물들을 표창하였다.

1788년 11월 정조는 영남 유생들의 상소를 받고 1728년 이인좌의 난으로 영남 땅이 죄인이 된 것을 감안 그들에게 『무신창의록(戊申倡義錄)』이란 책을 지어 바치게 해서 해금시켜 주었다. 또한 영남 유생들은 이런 정조의 마음에 보답하는 뜻으로 1792년 영남 유생 1만 명이 상소를 올렸다. 1792년은 정조의 아버지 사도세자가 죽은 지 30년이 된 해이기도 하다.

그리고 앞서 언급한 것처럼 1779년 8월에 있었던 경기 남부 일대 효종과 세종대왕의 7박 8일의 능행과 남한산성 순시 등은 효종과 송시열 북벌을 다짐하던 1659년 기해독대 120주년을 기념해서 치른 행사였다. 정조는 재위 24년 동안 66회의 능행을 기록했다. 조선의 어느 군주보다 백성들과 만나 직접 정치를 폈다는 말이다. 정조가 오랫동안 조선의 민중들에게 각인된 것은 이런 대중정치가 면모가 반영된 것이다.

1797년부터 1799년까지 정조는 많은 주자학 책들을 편찬하게 했는데 1800년이 주자(朱子, 1130~1200)의 서거 600주년이 되는 해이며 그것을 기념해서 조선이 주자학의 종주국으로 굳게 자리매김할 수 있기 위함이었다. 그러나 무엇보다 정조는 매년 1월 1일 종묘와 다른 여러 곳의 조상들 사당에 제사를 지낸 뒤 종로에서 백성들과 상인들을 만나 그들의 고충을 직접 듣는 것을 가장 큰 행사로 생각했다. 1792년부터는 어머니 혜경궁 홍씨의 생일날 화성의 영우원까지 4년 동안 내리 능행을 하면서 부모에 효도하는 것을 모범 보이며 백성들의 민생고를 직접 청취했다.

또한 자신이 태어난 날인 9월 22일은 대개 축하의식이나 하례 등을 생략하고 칩거하면서 조용히 생각들을 가다듬었다. 그런 생각이 좀 깊어지면 이튿날까지 신하들의 접견이나 강연을 폐했다.

정조는 일도 많이 했고 생각도 많았다. 진시황만큼이나 하루 일을 정하고 그 일을 다 마무리한 다음 잠을 잤다. 그래서 잠이 든 시각은 대개 자정을 넘겼다. 그러나 특별히 생각할 일이 있으면 오랫동안 칩거하는 스타일이었다.

1월 21일은 아버지 사도세자 생일이고, 6월 18일은 어머니 혜경궁 홍씨 생일이었다. 또한 3월 5일은 할아버지 영조의 제삿날이고, 3월 9일은 할머니 숙빈 최씨의 제삿날이다. 8월 15일 숙종의 탄신일을 기억했고 9월 13일 영조의 생일도 기억했다. 또한 좋은 날이 겹치는 경우도 있다. 앞서 말한 것처럼 6월 18일은 어머니 혜경궁의 생일이지만 또한 세자(순조)가 태어난 날이기도 했다. 또한 12월 3일, 동덕회 모임은 정조의 정비 효의왕후(孝懿王后, 1753~1821) 김씨의 태어난 날이기도 했다. 그러나 조선 20대 임금, 경종에 관련돼 생일이나 제사를 챙긴 기록은 아예 없다. 1784년 8월 25일이면 경종이 죽은 지 꼭 60주년이지만 정조가 선왕 경종의 제삿날을 챙겼다는 기록은 없다. 가장 개혁군주라 칭송받던 정조에게도 경종이란 임금은 선왕으로 예우를 받지 못했다. 그는 300년 집권 세력인 노론에겐 적대적 군주였다. 그래서 기념일을 챙기기 좋아했던 정조조차 경종은 기억에서 사라진 임금이었다. 정조가 꿈꾼 진정한 정치화합은 노론이 경종의 제단에 고개를 숙이고 추모하는 모습이 연출되는 그런 정경이었다.

현란한 화술로
상대를 설득하다

정조는 정치인 혹은 관리들은 말과 글이 중요하다고 여러 차례 강조했다. 그래서 정조는 집권 초부터 신하들의 상소문을 꼼꼼하게 살피고 잘못된 양식이나 문체에 비판을 가했다. 정조는 조선 군주 가운데 가장 똑똑하다 평가받는 선조와 비슷하게 머리가 비상했다. 그래서 한 번 읽은 책은 대개 외웠다. 책을 읽는데 깊고 넓게 읽었다. 그런 폭넓은 지식을 정조는 신하들을 만나 적절하게 잘 구사했다. 집권 초반부터 정조는 신하들과 논쟁을 좋아했다. 그래서 『정조실록(正祖實錄)』은 임금과 신하의 논쟁거리들을 담고 있어 지루한 편이다. 그런데 대개 논쟁에서 정조가 억지로 눌러 이기는 것이 아니라 고대 역사의 여러 사례들을 들어가며 논리정연하게 설득했다.

1777년 2월 어느 날 정조는 신하들과 야간 대담을 하면서 이런 말을 했다. "당신들이 알고 있는 것을 내가 모를 수 있고 내가 아는 것을 당신들이 모를 수 있으니 이것은 이상한 것이 아니다." 정조는 정말 모르는 것이 있으면 그 사람이 가진 지식을 다 흡수하려 했다. 이 점이 선조와 달랐다. 선조는 총명했지만 자신보다 뛰어난 사람들의 지적 감수성을 인정하지 않았다.

정조는 즉위 초 사도세자를 죽이는데 앞장 선 외할아버지 홍봉한을 죽여야 한다는 삼사와 대신들의 거듭된 청을 들으며 이렇게 말했다. "나의 삶은 '고로여생(孤露餘生)'이다. 고독하게 찬 이슬 속에 살아간다는 뜻이다." 그렇게 감정에 호소하다 또 이내 "그대들은 우리 집안과 교목세가(喬木世家, 여러 대에 걸쳐 나라의 일을 같이한 집안)이다. 나는 어지러운 세상 의리를 밝히고자 한다. 나는 물에 빠진 사람이다. 경들은 물에 빠진 사람을 보고도 구원하지 않을 것인가?" 스스로 물에 빠진 사람이라 말한 정조는 그렇게 신하들에게 측은지심의 감정을 불러일으키려 하기도 했다.

김종수의 형 김종후(金鍾厚, ?~1780)를 접견하는 자리에서도 정조는 이렇게 말했다. "경의 집은 남산이 지척이고 대궐에서 바로 보이는 곳인데 그대 어디로 가려 하는가?" 김종후가 고향으로 간다는 말에 그렇게 소매를 붙들며 한 말이다. 김종후 역시 아버지 사도세자를 죽게 만든 원수이지만 정조는 그를 다정하게 그렇게 청한 것이다. 그러나 매번 그렇게 사정하고 붙든 것만은 아니다.

정조는 적절하게 화를 내며 상대를 제압하는 것에도 특별한 기술을 발휘했다. 영남 유생 1만 명의 상소가 올라오고 남인 세력들이 한양에 득실거리자 대궐 안팎으로 어수선했다. 정조는 1792년 5월 13일부터 22일까지 장기 칩거에 들어갔다. 그리고 5월 22일 조강에 참석하자, 오랜만에 임금의 용안을 본 영의정 홍낙성이 울면서 말했다. "신들이 가슴에 맺힌 피가 쌓여 풀지 못한 지 몇 년입니다." 그는 영남 유생 1만 명의 상소로 위기에 몰리자 정조에게 자신들의 원통함을 이야기하고 있었다. 정조는 차분하게 그러나 단호한 어조로 말했다. "내가 우선 말하겠다. 사람 사이 의리가 있고 나라가 있으며 천륜이 있다. 임금과 신하 사이에도 의리가 중하다. 그런데 과연 요즘 어떠한가? 불경한 머리들을 다 잘라야 하나?"

그 소리에 대궐 안에서 꾸벅꾸벅 머리를 조아리며 몇몇 신하들이 졸음을 참고 있다가 갑자기 전부 편전을 나와 뜰 앞에서 무릎을 꿇었다. 정조의 격한 말들이 이어졌다. "모질어 죽지 못한 채 지난 날을 나는 참고 참았다. 하루라도 이 땅에서 임금으로 군림하던 날이 얼마인가? 나를 임금으로 대하지 않는 자들이 또 얼마나 많은가? 원통함을 삼키며 30년을 하루같이 산 사람이다. 내 앞에서 감히 맺힌 한이라 말하지 말라! 내가 9일 동안 칩거하면서 살고 싶지 않은 것은 원수들이 가득한 이 편전에 다시 앉아야 하는 이 참담함 때문이다. 30년을 참았는데 너희들은 9일을 참고 이리 난리들인가?" 정조의 분노에 찬 목소리는 차분하면서도 단호했다.

정조는 분노를 적절하게 표출한 군주다. 분노가 차가운 열정과 만나면 그 위력은 상대를 얼음처럼 긴장시키기 충분하다.

🎴 다양한 신조어를 만들다

1783년 10월 도승지를 비롯한 비서관 회의에 참석해 정조는 이런 말을 했다. "요즘 세상은 세속이 날로 야박하다. 그래서 좋은 말을 해도 같은 당 사람이 아니면 모른 척한다. 국가의 앞날은 생각하지 않고 저 한 몸 편하게 지내려 한다. 그래서 나는 이들에게 '무모릉(無模稜)'이란 이름을 붙여주고 싶다."

모나지 않게 그럭저럭 넘어간다는 모습을 정조는 '무모릉'이라 표현했다. 또 그 무렵 사자성어 신어를 만들었는데 '욕교반졸(欲巧反拙)'이란 말도 종종 썼다. 열심히 했다가 도리어 졸렬한 결과를 보게 되었다는 뜻을 말한다. 집권 7년이 지났지만 정조는 노론의 비협조적인 자세에 답답함을 느끼고 '욕교반졸'이란 말로 그들 졸렬함을 비판했다.

1789년 2월 4일, 귀양을 간 윤시동(尹蓍東, 1729~1797)을 특별히 방면하라 하면서 정조는 이런 말을 했다. "쥐를 잡으려다가 아끼는 그릇을 깨뜨릴 수도 있다. 나라를 다스리는 일은 효도가 근본이다. 그에게 90세 노모가 있다고 한다." 윤시동을 아끼던 정조는 그의 굳은 심지를 높이 평가했다. 그래서 집권 초부터 길들이는 작업을 했다. 1776년 6월에 서명선을 비난했다는 이유로 남해로 유배를 보냈던 정조는 1년 뒤 그를 다시 특별히 석방시킨다. 그리고 4년을 참은 뒤 공조판서에 임명했지만 그는 조정에 나오지 않았다. 그러길 여러 차례 집요하게 설득하던 정조는 1788년 11월 그를 다시 귀양 보낸다. 그런데 그가 건강이 많이 나쁘다는 말을 듣고 이렇게 말한다.

"쥐를 잡으려다 아끼는 그릇을 깰 수 있다." 윤시동의 고집은 쥐다. 그러나 윤시동의 목숨은 아끼는 그릇이란 뜻이다. 뜻이 강한 사람을 좋아했던 정조는 정교한 조각 솜씨로 날선 기질의 윤시동을 좀 무디게 한 뒤 1795년 12월 우의정으로 발탁했다. 그렇다고 기개까지 꺾지는 않았다.

한비자가 한 말 가운데 이런 말이 있다. "호랑이를 길들이려 우리를 쓰지 말라!" 정조는 우리로 야수처럼 맹렬한 신하들을 가두지는 않았다. 정교한 솜씨로 그들을 조각하고 다듬었을 뿐이다.

 이 눈길을 뚫고 그대 어디 가는가?
한편 1788년(정조 12) 2월 11일 채제공이 우의정으로 발탁된 뒤

집요한 공격에 지쳐있었다. 그는 11월 27일 사임을 청하고 도성 밖으로 나가버렸다. 정조는 그가 떠났다는 말을 듣고 안타까운 마음에 다음과 같은 절절한 문장으로 채제공을 잡는다.

"많은 비난의 말들이 불길처럼 일어나더니 비방의 말로 경이 움직일 수 없게 되었구나! 이 눈길을 뚫고 먼 길을 떠나가는 그대를 보니 가슴이 아프다. 독한 무리들이 해마다 위협하고 모욕하니 그 당찬 기질에 얼마나 상처를 입었는가? 나는 경의 느슨하고 천천히 걸어가는 뒷모습에 울컥 화가 치민다. 잠시 쉬어 있다 온들 달라진 것이 무엇 있는가? 오늘 사세로 말하면 나아가야 하지 물러나서는 안 된다."

정조는 임금이 아니었으면 한 시대를 풍미한 문장가였을 것이다. 말도 잘했지만 글로 상대를 설득하는데 이처럼 유려한 문장을 구사하는 사람은 드물었다. '이 눈길을 뚫고, 혹은 느슨하고 천천히 걸어가는 경의 모습'이란 글들에서 시적이 감수성을 느낄 수 있다. 채제공에게 보낸 글을 마저 읽어본다.

"내가 경을 위해 마음과 힘을 다하여 용광로를 설치해서 철을 계속 부을 것이니 경은 무엇이 두렵고 무엇이 근심스러운가? 경은 어서 원대한 계획을 생각하고 당장 돌아오기 바란다. 아, 내가 여기에 있는데 저들이 어찌 감히 다시 경에게 누를 끼치겠는가."

 이성보다 감성의 글이 사람을 움직여

정조의 글은 감성이 가득하다. 감성은 이성보다 오래간다. 마음으로 신하들과 교감하려 했던 정조에게 화술보다 서신은 그래서 중요한 정치적 도구였다. 정조가 채제공에게 보낸 글에서 '용광로에 철을 부어'라는 글은 강하고 힘차다. 정조는 채제공의 개혁정치를 위해 용광로를 설치해서 계속 철을 부을 것이라고 말한다. 그러니 무엇이 두렵다고 그리 가느냐고 지금은 떠날 때가 아닌 앞으로 나가고 싸워야 할 때라는 점을 이야기하고 있다.

정조가 연암 박지원의 친구였던 유언호(兪彦鎬, 1730~1796)에 대해 각별한 애정을 보인 일들은 뒤에 자세히 언급할 것이다. 그는 정조가 총애하던 신하 다섯 손가락 안에 드는 인물이었다. 그러나 그가 정조 말년 자신의 정치적 신념과 임금의 신념이 자꾸 충돌하면서 겪는 갈등으로 인해 한때 제주도로 유배를 갔고 다시 대궐에 들어왔지만 임금과 충돌하는 것이 계속됐다.

특히 1795년 한해 동안 유언호는 정조가 제수한 좌의정 자리를 받지 않고 버티면서 두 사람 사이의 긴장은 최고조였다. 1796년 3월 19일 유언호가 숨을 거둘 때까지 1년 동안 그는 임금에게 사직상소를 30번이나 제출하며 버티고 있었다. 그러나 뜻과 의지가 굳고 높은 유언호를 알기에 정조는 그를 죽을 때까지 애타게 부르고 애타게 갈망했다.

유언호는 정조의 통치철학을 담은 『명의록』이란 책을 펴낸 인물이다. 그래서 그 책을 만든 지 20년, 또한 정조 집권 20년 차를 맞아 그와 채제공을 좌우로 보필케 하고 개혁정책을 완수하려 했다. 하지만 유언호는 건강도 좋지 못했다. 그는 죽기 전에 자신이 갖고 있던 신념과 임금의 의지가 충돌하는 것을 종종 사직상소로 토로했고 그런 뜻을 정조도 이해했다. 다음은 유언호가 정조에게 올린 글이다.

"주자가 당시의 임금에게 고한 말 가운데 '세월은 흘러만 가는데 한 번 가면 다시 되돌아오지 않습니다. 그런데 신만 얼굴이 창백해지고 머리가 희어져 이미 노년에 접어들었을 뿐 아니라 가만히 전하의 용안을 쳐다보니 역시 옛날의 모습이 아닌 것을 느끼게 됩니다'라는 내용이 있습니다. 제가 지금 전하를 보면 주자의 말이 제 말인 것을 느끼고 있습니다. 총명하던 전하를 처음 뵙고 우리가 밤을 새워 이야기를 나눈 것이 벌써 20년이 흐르고 말았습니다."

신하는 예순여섯이고 병색이 완연한 사람이다. 또 당시 임금(정조)의 나이 마흔넷이지만 신하가 보니 벌써 희끗희끗 흰머리가 나고 세월이 많이 흐른 것을 느낀 것이다. 유언호가 죽기 직전 자신의 마음을 담은 글을 사직상소 말미에 적은 것이다. 그러자 정조 역시 유언호에게 다음과 같은 글로 답을 한다. 상소문을 밤새 들여다보며 생각한 것을 적은 글이다.

"주희가 말한 '전하의 용안을 우러러 보아도 옛날과 같지 않음을 깨닫게 됩니다'라고 말한 것을 촛불을 켜놓고 낭랑히 읊어 보노

라니 그때의 분위기가 어떠했는지를 천년이 지난 뒤에 와서도 충분히 상상할 수가 있다. 스스로 처음에 다짐했던 것을 뒤돌아보면 최소한 이런 지경에까지 오리라고는 생각지도 않았는데 객관적으로 사실을 따져 보건대 만족할 만한 것은 적고 온통 불만투성이이다. 나는 경의 마음을 안다. 경이 이 글을 쓸 때 그 스산한 심정을 나는 잘 안다. 그러나 경과 내가 처음 만났을 때 우리 서로 강직함이 좋아 뭉쳤다. 우리 사이 20년의 군신 의리를 지켰는데 끝이 좋아야 하지 않겠는가?"

"주희의 글을 촛불을 켜놓고 늦은 밤에 낭랑히 읊어보노라!" 이런 구절은 정조의 자상하고 예민한 마음이 읽혀진다. 정조는 사람 사이, 군신 사이라도 복종과 충성의 감정을 강요하지 않았다. 유언호의 경우처럼 끊임없이 그 상대에게 정성을 다하고 상대를 설득하고 유혹하려 했다. 그것이 너무 자상하고 치밀한 것이 넘쳐 문제가 된 것이다.

제자 자하가 공자에게 "인(仁)은 한마디로 무엇입니까?"라고 물었다. 그러자 공자는 "사람을 사랑하는 것이다"라고 대답했다. 그러자 그 자하는 그럼 "지(知, 안다는 것)는 무엇입니까?"라고 묻자, 이번에는 "사람을 잘 아는 것이다"라고 대답했다. 인간의 역사는 사람이 만든다. 정조는 평생 사람을 그리워하고 진정한 사람을 애타게 찾아다녔다.

제3장

적에겐
강하게,
측근에겐
엄하게

개혁의 상징 인물을 배치하라

권력은 언제나 상대가 있는 법이다. 권력(權力)이란 용어에 '권(權)'이 저울추를 쓴 것은 서양과 달리 동양에서 권력은 분배를 의미했다. 정조는 권력의 속성이란 언제나 내가 가진 권력 일부를 상대에게 베푸는 것이라고 생각했다. 그는 이런 원칙을 철저히 지켰다. 그래서 항상 어느 한 정파를 특별히 두둔하지 않았다. 물론 집권 초반 노론에 기대고 소론을 멀리했으며 남인을 발탁했다. 정조가 사람을 쓸 때 이 사람은 자신의 개혁정책을 밀고 나갈 사람인가 판단하고 또 다른 사람은 반드시 견제하는 사람을 중용했다. 강력한 적이 있어야 강력한 내 편이 있을 수 있다는 정조의 특별한 인재관리 기법이다.

채제공과 김종수는 그런 면에서 아주 특별한 의미를 지닌 인물들이다. 채제공이 『정조실록』에서 약 670건의 기사가 검색됐다면 김종수는 그보다 못하지만 약 570건이 검색된다. 정조 시대를 이해하려면 두 사람을 반드시 알아야 한다. 1799년 1월 7일 김종수가 죽었다. 그리고 꼭 11일 만에 채제공이 죽었다.

　　두 사람은 물과 기름이었다. 이렇게 물과 기름인 사람을 정조는 절묘하게 배합하려 애를 썼다. 그것이 정조가 하고자 한 인재관리의 묘미이고 특별한 기술이다. 그러나 인내가 필요했고 때로는 설득하는데 고통도 따랐다. 김종수는 노론을 대표하는 정치인이며 채제공은 남인을 대표하는 정치인이다. 정조는 언제나 김종수를 채제공과 반대편에선 긴장관계의 한 축으로 놓고 정치를 편 것이다. 정조는 채제공이 강해지기 위해서는 김종수 같은 인물이 필요하다고 본 것이다. 채제공은 사도세자가 죽음의 위기에 있을 때 영조에게 눈물로 살려 달라고 호소한 인물이다. 그때 그는 도승지로 있었다. 그런 것을 아는 정조이기에 그가 남인이란 붉은 꼬리표가 부담스러웠지만 죽는 날까지 그를 가까이했다. 남인의 실력자가 임금에게 중용되자 그를 미워하는 무리들이 많았다. 당시 노론과 남인의 정치적 차이는 오늘날 극우세력과 급진개혁 세력의 차이로 이해할 수 있다. 그런데 정치적으로 극우와 극좌 세력을 한 팀으로 이끌려고 했다. 대단히 모험적이고 대단히 고통을 감내해야 하는 정치적 선택인 셈이었다.

CEO, 정조에게 경영을 묻다

162

 한 사람의 신선함이 전체를 바꾼다

1782년(정조 6) 1월, 정조는 병조판서에 채제공을 임명했다. 그러자 곧바로 영의정 서명선과 좌의정 홍낙성 그리고 우의정 이휘지(李徽之, 1715~1785) 등이 반대하면서 입궐하지 않고 있었다. 우의정을 지냈고 판중추부사였던 이휘지는 화가 나자 사직서를 조정에 제출하고 고향으로 내려가 버렸다. 이조판서였던 김종수도 정조에게 반대의 뜻을 분명히 하며 사임을 청했다. 승지들도 반대했다.

정조는 김종수를 대제학으로 임명했지만 그는 받지 않았다. 채제공의 병조판서 임명은 한해 내내 임금과 신하의 갈등을 야기했다. 결국 정조는 그해 10월 채제공을 한성판윤으로 돌리면서 자기 뜻을 거두었다. 정조의 집권 24년 동안 채제공은 항상 화약고 같은 인물이었다. 1755년(영조 31) 일어난 나주벽서 사건으로 귀양을 가거나 정계에서 은퇴한 사람들이 많은 상황이었고 소론 정치인들은 정계에 밀려난 상태였다. 그래서 조정은 노론 일색이었다. 그럼에도 임금이 탕평이란 이름으로 그 몇 명 안 되는 소론과 남인을 기용하면 노론은 시끄럽게 임금의 인사가 옳지 못하다고 불만을 토로했다.

1782년(정조 6) 채제공을 병조판서에 임명하면서 한해 내내 신하들과 대립관계 있던 정조는 "죄가 있으면 벌을 주되, 죄를 면한 사람을 의심하지 말아야 한다. 오늘날 공신이고 역적이고 연좌하면 걸리지 않는 집안이 있는가? 그들을 한통속으로 몰면 살아남을 집안이 얼마나 되나?" 그러면서 스스로 실천하는 의미에서 정순왕후의 가족들을 사면했다. "김한기(金漢耆, 1728~?)를 지중추에 제수하고 김한로(金漢老)는 거듭 이조에 주의시켜 서반으로 보내어 군직을 주도록 하라." 김한기와 김한로 모두 대비 정순왕후의 숙부들이었다. 정조가 집권하고 홍봉한을 비롯해 풍산 홍씨와 대립하면서 임금의 시해사건에도 연루돼 도성 출입이 금지돼 있었던 인물들이다. 거듭 정조는 인재가 조선 팔도에서 고루 등용되지 않음을 한탄하며 특히 서북지역에는 훌륭한 무사들이 많이 있으므로 그들을 중히 쓸 것이라고 천명했다. 그러면서 채제공을 병조판서로 임명한 이유도 그런 이유 때문이라고 설명했다.

다시 2년 뒤인 1784년 채제공을 공조판서에 임명했다. 그해 윤 3월에 이런 채제공의 발탁에 항의하던 이조참판 김하재를 파직시켰다. 1784년 6월 20일, 영의정 정존겸, 좌의정 이복원, 우의정 김익이 연명으로 채제공을 탄핵했다. "반나절 동안 경들과 실랑이를 벌이니 더위를 먹은 듯하다. 이제 약을 먹고 기운을 차려야 또 싸움을 할 수 있으니 다들 물러나라!"

정조는 싸움을 즐긴 군주일까? 그건 아니다. 그러나 필요하다면 하루에 100번은 싸울 수 있다고 정조는 공개적으로 발언했다. 정조는 노론이 전부가 아니면 전부 물러나겠다는 일당독재 의식에 깊은 반감을 갖고 있었다. 그래서 그들을 길들이기 위해 채제공 카드를 자주 쓴 것이다. 물론 1784년 채제공을 공조판서로 임명한 것은 1791년에 이룬 '신해통공(辛亥通共)'의 개혁 전초 작업 일환이었다. 그러나 채제공의 발탁은 뜻을 이룰 수 없었다.

🏵 은둔하던 채제공, 효창공원에서 발탁

1786년 9월 7일, 정조는 이날 채제공을 특별하게 발탁한다. 실록은 마치 만날 약속도 없었는데 우연히 만난 것처럼 묘사하고 있다. 이날 정조는 문효세자(文孝世子, 1782~1786)가 묻혀 있는 효창원(지금의 효창공원)을 찾았다. 그리고 돌아오면서 청파 네거리에서 왼편에 누군가 임금을 우러러 보는 사람이 있다고 하자 어가를 멈추라고 지시한다. 그곳에 있던 사람이 채제공이었다. 정조는 승지를 시켜 채제공을 행렬 안으로 들어오게 했다.

"누차 불렀는데도 불구하고 나오지 않아 내가 오히려 무안하다." 이렇게 말하고 이어 곧바로 채제공에게 평안도 절도사라는 임명장을 제수했다. 우연을 가장한 계획적인 행동이란 것이 다분히 보인다. 그리고 정조는 선전관에게 명해 어가 뒤를 지키게 하고 승지나 병조판서 입궐을 하지 못하게 했다. 그리고 채제공에게는 서둘러 평안도로 부임하라 지시했다. 이런 조치도 역사상 없는 조치이지만 또한 실록에 보면 정조는 사뭇 유머 있는 말로 긴장된 상황을 풀어간다.

경희궁에 들어가자, 병조판서 이명식(李命植)이 허겁지겁 임금의 행차를 뒤따르고 있었다. 그 모습을 보고 정조가 웃으며 말하기를, "경은 늙었어도 발이 매우 빠르다"라며 웃었다. 그런데 승지들이 임금의 명을 정지해 달라고 청하자 그들 모두를 교체하라 지시했다.

정조는 이렇게 8년 동안 서울 근교에서 칩거생활을 하던 채제공을 변칙으로 발탁시켜 근무지로 곧장 가게 했다. 좌의정 이복원이 다음 날 곧바로 채제공의 평안도 병마절도사 제수를 철회해 달라고 요구했다. 좌의정 이복원과 우의정 김익이 채제공의 파직을 주장하며 대궐에 들어서지 않는 날이 계속되고 있었다. 정조는 두 사람을 모두 파직시켰다. 또한 채제공을 파직해야 한다고 주장하는 승지들도 모두 내쫓았다.

이제 동덕회 회원이자 정조 등극에 공이 가장 많은 판부사 서명선이 정조에게 글을 올렸다. "요즈음 듣건대, 조정에서 채제공의 일로 임금과 신하가 서로 버티다가 신하들에게 대놓고 무고한 사람을 죄 준다고 말씀하신 바람에 대신들과 승지들이 허둥지둥 나가 처분을 기다렸다고 합니다. 그런데 신은 맨 먼저 이 논의를 제기한 사람인데 어떻게 조정의 일에 참여하지 않았다고 핑계 댄 채 묵묵히 있을 수 있겠습니까? 글 속에 그는 자기가 저항하는 세력의 우두머리라는 것을 드러냈습니다. 대체로 채제공이 뚜렷하게 드러낸 역적 행위의 하나는 요망한 내시와 결탁해 스스로 소굴을 만든 것이고, 다른 하나는 흉악한 말을 지껄여 임금을 욕한 것이고, 하나는 멀리 역적의 무리와 연락하면서 주선하고 내통한 것입니다."

그러나 정조는 곧바로 비답을 내렸다. "경이 말한 채제공이 범한 세 가지 잘못은 모두 거짓이다. 우선 하나는 내가 집권한 초기 3월에 아버지의 일로 선왕을 업신여긴 사건이라 하지만 그때 이들 역적들은 모두 죽었다. 확인할 길이 없다. 그리고 두 번째는 나에 대해 욕설을 했다는데 이것 역시 풍문이다. 또 마지막으로 홍국영의 아버지 홍낙춘과 무언가를 꾸몄다는 것인데 이 역시 풍문이다. 임금이 대신을 쓰려고 하면 저마다 확실하지 않은 풍문으로 탄핵해서 쓰지 못하게 하는 못된 버릇은 언제 고쳐질 것인가?"

대사간 이태영(李泰永, 1744~1803)도 반발했다. 그러자 정조는 이렇게 말했다. "내 방금 안색을 부드럽게 하였더니만 지금 자네에게 모욕을 당하고 있다. 임금에게 저런 낯빛을 보이는 대사간을 파직하라." 이날 대사간과 대사헌을 모두 파직시켰다. 1786년 가을 정국은 혼란한 상황이었다. 9월 14일 정조에게 가장 많은 사랑을 받은 의빈 성씨(宜嬪 成氏, 1753~1786)가 죽었고 대궐 안팎에서는 그녀가 독살됐을 것이란 소문이 자자했다. 그런 상황에서 정조는 다시 논란의 중심에 있던 인물 채제공을 발탁한 것이다. 1782년 병조판서, 1784년 공조판서 등 채제공의 발탁은 약 2년 마다 조정을 긴장상태로 몰아넣었다.

1786년은 정조가 집권한 지 10년이었다. 하지만 개혁은 더디었고 모든 일은 제자리를 맴돌았다. 정조의 머리에는 굶주린 백성들이 항상 떠나지 않았다. 근본적으로 토지를 개혁하고 서얼들을 정치에 참여시키고 과거제도를 정비하고 공사노비 제도를 혁파해서 상하좌우가 꽉 막힌 기운을 돌게 해서 조선이란 나라를 부국으로 만들고자 하는 일념 가득했지만 정치권은 여전히 당쟁에 몰두했다.

지휘자처럼, 때론 조각가처럼

정조는 훌륭한 재상들이 나라를 다스리는 정치를 원했다. 정조가 가장 이상적으로 생각한 구도는 영의정 김종수, 우의정 유언호 그리고 좌의정에 채제공을 배치하는 것이었다. 정조는 면밀히 준비했다. 채제공을 1786년 가을 파격적으로 발탁한 것도 그런 복안에서 시작된 것이다. 채제공을 보면 정조의 개혁 정치가 어떤 방향으로 가는지를 가늠할 수 있다. 그는 정조의 복심이었다. 아버지 사도세자 묘를 수원으로 옮긴 뒤 수원을 수도권 중심 도시로 만드는 일을 그가 했다. 또한 1791년 독점적 거대 상인인 육의전을 철폐하는 개혁 작업도 그의 손에서 나왔다.

개혁의 칼은 좌의정 채제공에게 주고 그것을 끊임없이 견제하는 역할은 영의정 김종수에게 맡기려는 정조의 치밀한 복안은 오랜 꿈이기도 했다. 1776년 11월 정조가 김종수에게 『존현각일기』를 보여준 것은 그를 확실히 자기 사람으로 만들기 위한 치밀함의 시작이었다. 그러나 정치적으로 보면 사도세자 죽음에 김종수가 그렇게 자유로울 수 없었다. 그의 형 김종후는 김상로(金尙魯, 1702~?), 홍계희와 함께 사도세자를 죽음으로 몰아넣은 주범으로 알려진 인물이다. 정조의 입장에서 보면 아버지를 해치는데 앞장 선 김종후, 그리고 그의 동생 김종수는 가까이하기엔 너무 먼 사람이었다. 그러나 정조는 "경은 내가 동궁 시절 나를 10년 동안 가르친 스승이다. 내가 정치적으로 성공하면 경도 성공한 것이다. 우린 같은 배를 탄 동지다." 이런 주장으로 김종수를 끌어들였다. 정조는 조선이란 작은 나라에서 역사적으로 거슬러 올라가면 충신이 아닌 집안이 없고 역적이 아닌 집안이 없다고도 했다. 그래서 필요한 사람에게는 교목세가의 의리를 내세웠다. 정조는 김종수를 항상 주변에 있게 하면서 자신의 통치 행위에 불편부당함이 없어야 함을 그를 통해 감시하게 했다. 그런 역할을 김종수는 곧잘 수행했다.

✿ 권태와 태만이 가장 큰 적이다

정조는 강한 적이 있어야 내가 강할 수 있다는 신념을 갖고 있었다. 그래서 언제나 자신에게 반대되는 세력, 그것도 강한 적을 그리워했다. 정조는 신하들을 길들이는 일로 재위 기간 대부분을 보냈다. 마치 오케스트라의 지휘자처럼 신하들을 하나하나 지도했다. 지휘자는 전체 선율을 중시한다. 그래서 어느 한 악기가 튀거나 소리가 마음에 들지 않으면 그것을 금방 지적할 줄 알았다.

정조는 피곤하고 스트레스 많이 받는 군주라는 자리에서 스스로 오케스트라 지휘자라는 생각으로 임했던 것 같다. 그래서 끊임없이 아름다운 선율을 내기 위해 튀는 사람은 주의를 주고 너무 소리가 작은 인물은 불러다 자신감을 불어넣어 주었다. 사악한 마음만 갖지 않는 자라면 모두 다 쓰려 했다. 음흉하거나 그냥 녹봉이나 받으며 대충대충 지내려고 하는 자들을 가장 경멸했다. 소신이 뚜렷해서 임금에게 거침없이 항의하고 자기 뜻을 관철시키려는 그런 인물들을 정조는 좋아했다. 방향이 다르면 토론을 하고 설득해서 한 방향으로 갈 수 있지만 애초 의지나 열정도 없는 것들은 어떻게 할 수 없다는 것이 정조의 생각이었다. 그래서 느슨한 안정감보다 팽팽한 긴장감을 더 즐긴 정조였다.

🌀 느슨할 때마다 꺼내든 채제공 카드

대개 사람들은 정조가 노론의 공격에 허물어진 임금으로 표현하지만 그는 어느 한 정치권을 대표하는 임금이 아니었다. 그러나 자신이 꼭 필요한 인물에 대해선 양보가 없었다. 특히 채제공이 그렇다. 채제공이 노론이나 소론 전체에서 극도로 기피하는 인물이지만 정조는 개혁을 화두로 내세울 때 그를 발탁했다. 사실 채제공을 기피하는 세력들은 그가 남인이라 싫은 것이 아니었다. 자기가 가진 기득권에 손해가 난다고 보기 때문이었다.

채제공을 병조판서, 혹은 평안도 병마절도사로 임명한 것은 서북지역 무사들을 중용하고 한양을 중심으로 한 구씨 일가의 병권을 분산시키려 했던 것이다. 그러나 정순왕후와 구선복(具善復, ?~1786)의 결탁으로 벽에 부딪쳤다. 공조판서 기용에도 그들은 신해통공 같은 혁신적인 개혁에 두려움을 갖고 있었기 때문에 결사적으로 반대했다. 정조가 볼 때, 당시 조선이란 나라가 상업이 비약적으로 발전하면서 빈부격차가 극심한 상황인데 그 문제를 가장 잘 해결할 수 있는 인물이 채제공이라 본 것이다.

집권 초반 채제공의 발탁에 신하들이 극도로 꺼려하자 정조는 그를 중국에 진주사로 보냈다. 그것 역시 치밀한 전략에 의한 조치였다. 집권 4년 이후, 그러니까 1779년 정조는 그를 규장각의 인재양성의 중책을 맡겼다. 자신의 후반부 집권 청사진을 그려달란 뜻도 있고 싸움판인 대궐에서 다소 떨어진 곳에서 기회를 엿보게 하려 한 것이다. 그러다 1780년 4월 신하들을 시험하기 위해 그를 호조판서로 슬쩍 임명했다. 그러자 반대 세력들이 또 벌떼처럼 들고 일어났다. 채제공을 집권 8년 만인 1784년 병조판서에, 그리고 다시 1786년 평안도 병마절도사 발탁으로 반대를 무릅 쓰고 그를 중용한 것은 그가 반드시 그 자리에 필요했기 때문이다. 채제공이 임금의 개혁 정치의 칼로 등장할 때, 반대 세력은 정치적 음모를 준비했다. 1786년 5월 문효세자가 죽고, 9월 의빈 성씨의 죽음이 잇따라 일어나자 독살이란 유언비어들이 나돌고 있었다. 정조 역시 그런 소문을 듣고 있었다. 소문에는 정순왕후가 관련됐다는 이야기도 돌고 있었다.

그때 조용히 수정궁 깊은 뜰에서 숨을 죽이고 있던 정순왕후가 갑자기 이 두 사람의 죽음이 여러 가지 이상하다며 조사하자고 언문교서를 정조에게 내밀었다. 자신에게 쏠린 의심도 걷어내고 정국을 자기 주도로 이끌 절호의 기회라고 생각한 것이다. 그러나 이 언문교서로 시작된 사건수사 결과, 대비 정순왕후의 오른팔 격인 구선복 일가가 일망타진됐다. 당시 정쟁은 어디로 튈지 모르는 럭비공과 같았다. 한 가지 문제를 건드리면 호박넝쿨처럼 걸려 들어오고 그러다보면 예기치 않은 사건으로 번지곤 했다.

적은 항상
앞에 두고 싸워라!

분노라는 감정을 잘 다스린 군주로 정조를 꼽을 수 있다. 늘 긴장 상태에서 살아야 했던 정조는 자기 자신의 마음을 좀처럼 드러내지 않았다. 아니 많은 면을 드러낸 것 같지만 결국 신하들은 정조의 마음을 잘 몰랐다. 존경심이나 위엄이란 것은 그 바닥을 알수 없을 때 샘물 솟듯 생겨난다. 특히 상하 수직관계는 그런 미묘한 감정들이 중요하다. 정조는 감정 통제 기술에 있어 놀라울 만큼차가운 열정을 지닌 사람이다.

특히 구선복이란 인물을 대하는 정조를 보면 한편으론 '적과의 동침'을 즐긴 것처럼 보인다. 실록에 보면 구선복에 대한 기록이 심심치 않게 등장한다. 대개가 '훈련대장 구선복을 파직했다가 바로 다시 발탁했다'는 내용이 대부분이다. 1776년 6월에 구선복이 입시하라는 명을 어겨 파직했다가 다시 서용했다는 기록을 시작으로 1778년 7월에는 임금의 제를 지내는 의식이 있었는데 그것을 알리지 않은 죄로 꾸지람을 받은 일도 있다.

🌸 통쾌한 복수는 쓴 인내에서 나온다

황당한 것은 1783년 7월 12일 실록의 기록이다. "훈련대장 구선복이 임금이 들어왔는데도 사모를 비틀어 쓰고 신하들과 잡담을 나누며 웃다가 혼이 났다." 이런 일도 기록돼 있다. 그 다음 해 11월 25일에는 성균관 유생들 가운데 시험에 합격해 늦은 시각까지 종로를 돌아다니다 훈련대장 구선복이 이들 유생들을 감금하여 다음 날 성균관 유생들이 항의하며 집단으로 수업을 거부한 일도 있었다. 그는 거의 매년 임금에게 혼이 났으며 그리고 얼마 뒤에는 잃어버린 관직을 도로 찾았다. 어느 때는 원래 있던 관직보다 높은 벼슬을 얻었다. 이런 정조의 배려 때문인지 점점 구선복을 비롯해 그들 일가의 횡포는 날로 극심했다. 1786년 4월 27일 예조판서 유언호는 구선복의 횡포를 다음과 같이 열거했다.

"이달 초 임금이 관왕묘를 들리시고 군사들이 길에 주둔하고 있을 때 훈련대장 구선복이 말에서 내려 어의동 동쪽에 앉아 있었습니다. 그때 병조정랑 유경이 앞으로 나가 임금을 호위하는 군사

앞으로 지나가자 훈련도감의 군사들이 그 앞에 나타나 유경의 부하를 욕하고 그것도 부족하여 뺨까지 때렸습니다. 그리고도 부족해서 그 다음 날 아침 조회에 구선복은 유경에게 욕설을 퍼부으며 해괴망측한 짓을 서슴없이 했습니다. 이에 분한 유경은 모욕을 참지 못하고 그날 퇴궐해서 다시는 나오지 않았습니다. 구선복을 서둘러 파직시켜 주소서." 그러자 구선복의 위세에 눌린 병조판서는 그를 때린 일은 없고 욕설한 일도 없다고 유언호의 주장을 뒤집었다. 정조는 논쟁이 격화되자 논의를 중단시키고 없던 일로 처리했다.

원수를 친구로 만들려는 정조의 부단한 노력은 웃음거리가 되기 일쑤였다. 그러면서 시간이 갈수록 구선복의 거만함은 하늘을 찌를 듯했다. 정조 스스로 긴장감을 유지하기 위해 구선복이란 인물을 옆에 두고 있었지만 이제 그들이 내뿜는 독기가 치명적인 위협으로 다가오고 있었다.

결국 1786년(정조 10) 12월 9일, 상계군 이담(常溪君 李湛, 1769~1786)의 역모사건으로 연루된 구선복은 남대문 밖에서 효수됐다. 그는 죽으면서 다음과 같이 자기 잘못을 시인했다. "제가 모년(某年, 사도세자가 죽은 해) 이후로 용납 받지 못할 죄를 지은 것을 스스로 알고 항상 원망하는 마음 갖고 있었습니다. 그런데 10년 동안 많은 은혜가 있었지만 욕심이 끝없이 일어나 군사를 장악했다는 이유로 불량한 무리들을 불러 여러 곳에 배치했습니다. 그리고 재화를 긁어 모았고 뇌물들을 받았습니다. 구이겸과 구명겸도 저를 닮아 이리 저리 날뛰고 하다 역적 담을 보았을 때 귀한 기운이 느껴져 이러저 러한 정황을 살피다가 정승을 시켜준다는 것에 혹해 5월과 9월 여 러 유언비어를 살포하고 드디어 반정을 일으키려 했습니다." 그렇 게 해서 구선복과 그의 아들 구이겸(具以謙), 조카 구명겸(具明謙)을 모두 효시했다. 두 사람을 죽일 때는 그를 따르는 자들의 반란을 염려해서 과천에서 형을 집행했다.

🌀 그를 생각하면 자다가도 치를 떨었다

그런데 흥미로운 것은 정조 연간 역모 사건들은 대개 적과 아 가 혼재된 양상을 보인다. 즉, 기획으로 역모 사건을 정조가 꾸민 것은 없지만 이를테면 '구선복 일가 사건' 역시 병권을 쥐고 흔드 는 그들을 제거했지만 정조는 그의 혈육 은언군 이인을 강화도로 귀양 보내야 했다. 물론 정조의 조카이자 은언군 이인의 아들 상계 군 이담도 자살로 끝을 맺었다. 이 사건은 결국 정조와 정순왕후의 정치적 갈등으로 비화됐다. 정순왕후는 정조가 병권을 움켜쥐기 위해 이 사건을 역이용했다고 판단하고 은언군 이인에 대한 처벌 에 집착했다. 정조는 그런 대비의 의중이 불쾌하고 화가 났다. 그 래서 1786년 12월 11일부터 정조는 4일 동안 단식을 했다. 정순왕 후가 은언군 이인을 죽여야 한다고 신하들을 충동질하고 있다고 본 것이다. "1786년 12월 14일, 합문을 닫고 수라를 물린다는 전교를 정지하라고 명하였다. 영의정 김치인을 비롯한 시임 대신과 원임 대신들이 은언군 이인의 형벌을 사형이 아닌 유배하는 선에서 결정해서 임금에게 보고했다." 정조는 단식을 통해 은언군을 죽이지 않고 강화도로 유배 보내는 선에서 마무리한 것이다.

한편 정조가 구선복을 얼마나 미워했는지 자신의 마음을 언급한 것은 구선복을 죽이고도 한참 뒤였다. "그를 생각하면 자다가도 벌떡 일어나 치를 떨었다. 내가 매번 경연에 오를 적마다 그 자의 얼굴을 보면 심장과 뼈가 모두 떨려 차마 하루라도 얼굴을 대하고 싶지 않았지만 그가 병권을 움켜쥐고 따르는 무리가 많아 갑자기 처치할 수 없어 오랫동안 괴로움을 참고 견디었고 드디어 나쁜 짓이 발각돼 법으로 처결했다. 전후 흉악한 역적들을 끝내 성토하고 처벌하지 못한 것은 실로 선왕 시대에 있었던 일이라서 말하기 곤란하기 때문이었는데 의리가 이로 인하여 어두워질까 나름대로 염려해 왔다."

이런 말을 정조는 1792년 영남 유생들 1만 명이 사도세자의 억울한 죽음을 풀어달라는 상소를 접하고 처음 내뱉었다. 정조가 이런 말을 구선복을 죽인 뒤 곧바로 하지 않은 것은 끝에 언급한 것처럼 그 일로 인해 다시 대궐에서 복수의 칼바람이 일어날까 염려해서였다고 한다. 참으로 지독한 인내심이고 치밀한 성격이 잘 드러난다. 만약 감정이 격해 구선복 일가를 소탕하면서 이 이야기를 털어놓았다면 1786년 정국은 끝없이 혼돈으로 빠져들었을 것이다.

구선복은 사도세자가 죽을 당시 포도대장이었다. 그는 별명이 '뒤주대장'이었다. 죽어가는 사도세자를 놀리거나 핍박했다는 소문은 대궐 안팎에 자자했다. 그런 소문을 정조는 모를 리 없었다. 그러나 정조는 소문만 가지고 그를 죽일 수는 없었다. 그저 때를 기다린 것이다. 그리고 24년 만에 아버지의 원수를 제거한 것이다. 구선복의 집안은 능성 구씨로 위로는 인조반정에 중심인물이었던 구굉(具宏, 1577~1642)과 구인후(具仁?, 1578~1658)가 모두 한 집안이며 김장생(金長生, 1548~1631)의 후학들이었다. 이런 공적으로 능성 구씨는 오랫동안 조선의 병권을 장악하고 있다가 정조 10년, 1786년 상계군 이담의 역모사건에 연루돼 제거된 것이다. 그러나 같은 능성 구씨이지만 구윤명(具允明, 1711~1797) 같은 인물은 정조의 명으로 1791년 각종 사망사건의 검안 기록물인 『무원록(無寃錄)』을 언해하고 예조판서로 있다가 봉조하로 말년을 편안히 보낸 사람도 있다.

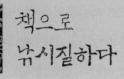

책으로
낚시질하다

1781년 3월, 화성유수로 임명됐지만 규장각 일까지 맡아 보던 유언호가 약간 태만한 기운을 보이자 정조는 다음과 같은 따끔한 글을 남겼다.

"활에는 느슨함과 팽팽함의 뜻이 있고, 화살에는 굳세고 곧은 성질이 있다. 내가 지금 이 활과 화살을 경에게 주는 뜻은 그 물건이 갖는 의미 때문이다. 경은 아무쪼록 규장각 각신들을 양성하는 일에 한 치의 소홀함도 없이 이 활과 화살처럼 해야 할 것이다."

정조는 춘당대에서 활을 자주 쏘았다. 50발을 쏘면 49발은 정중앙에 명중시키고 나머지 한 발은 쏘지 않았다. 태조 이성계의 활솜씨가 신의 경지까지 올랐다고 하는데 정조는 조선의 임금 가운데 태조 다음으로 명궁이란 소리를 들었다. 그렇게 활쏘기를 즐긴 정조는 그것을 다분히 스포츠로 즐긴 것이 아니라 정신 수양으로 생각했던 듯하다. 규장각 제학으로 있던 유언호가 화성유수까지 보면서 두 가지 일을 처리하는데 버거워 하자 정조는 유언호에게 활과 화살을 주면서 한 말이다. 일에 있어 느슨함과 팽팽함을 잘 조화시키라는 의미였다.

정조는 이렇게 따끔한 충고와 함께 전복죽 50상자를 규장각에 보내 그들을 격려했다. 정조는 이렇게 신하들에게 자주 자기 마음이 담긴 선물들을 자주했다. 정조는 더위가 시작되면 신하들에게 부채를 선물했다. 선물의 대상도 정승 반열의 대신들에서부터 저 아래 규장각의 검서 이덕무 같은 인물까지 챙겼다. 5월, 공물로 게가 많이 들어오면 그것도 역시 잘 포장해서 돌렸다. 아픈 신하들에게는 스스로 지은 약제들을 선물했다. 책을 좋아하는 정약용 같은 인물들에게 죽기 불과 한 달 전까지 책을 선물했다고 한다.

다산 정약용은 회고록에서 "노론 벽파들의 모함에 걸려 형조 참의 관직에서 물러나 고향 광주에 은둔하고 있었는데 달이 훤한 5월 어느 날 사립문을 두드리는 소리를 듣고 문을 여니 주상의 당직 내관이 보자기를 풀면서 『한서(漢書)』(중국 후한시대의 역사가 반고가 저술한 기전체의 역사서) 5권짜리 두 질을 보이며 한 질은 집안에 보관하고 다른 한 질은 다시 편집해 올리라는 어명을 건네고 황급히 돌아갔다"고 회고하고 있다.

측근에게 더욱 엄한 잣대를 들이대다

정조는 측근에게는 엄격한 잣대를 들이댔다. 작은 잘못도 아주 엄격하게 법을 적용시켰다. 1780년 11월 무렵이었다. 검열 이집두(李集斗, 1744~1820)가 임금에게 상소를 올렸다. 그 내용은 이렇다. "신이 분부를 받들고 실록청에 달려가 당상 채제공을 만났는데 그가 급한 마음에 관대를 빌려 착용했는데 서대(犀帶)가 아닌 금대(金帶)를 차고 있었습니다. 이는 조정의 체통을 무너뜨리는 일입니다. 그를 처벌하여 주소서."

정조는 이 상소를 접하고 "금대를 빌려 착용한 것은 매우 중한 일이다. 그를 파직시켜라!"라고 명을 내린 것이다. 혁대는 관직의 높낮이를 구분했다. 서대는 1품 이상 벼슬한 자가 금대는 2품 이상 벼슬한 사람이 대는 것이다. 색깔이야 급하다 보면 잘못 차고 입실할 수도 있다. 하지만 정조는 이런 사소한 실수를 채제공이라고 용납하지 않았다. 아니 채제공이기 때문에 용납하지 않은 것이다. 그리고 채제공의 이름을 관리 명단에서 빼라고 했다. 한동안 쓰지 않겠다는 뜻이었다. 항상 긴장하고 조심해야 할 임금의 최측근 인물이 정신을 놓았다는 이유로 엄하게 처벌한 것이다.

정조는 또한 김종수를 비롯해 자신과 반대편에 있는 세력들이 더 강해지길 원했다. 영조 시대 영의정까지 지냈고 사도세자를 위기에서 구하려 했던 유척기의 사위가 윤시동이라 그런 것보다 윤시동은 정조가 원하는 강직한 인물이었다. 뜻이 강하니 시류에 편승하지 않고 그래서 믿을 만하다고 본 것이다. 그러나 정조 집권 초반 두 사람은 팽팽한 긴장감을 갖고 서로를 대했다.

정조가 집권한 뒤 윤시동은 곧바로 남해로 유배됐다. 당파 갈등의 주범이라며 보낸 귀양이다. 정조의 윤시동 다듬기가 시작된 것이다. 그리고 몇 개월 뒤 그는 석방됐다. 석방된 후 4년 만에 윤시동을 공조참판으로 제수했지만 아직은 거친 면이 강한 그는 바로 정조의 뜻을 거부했다. 여러 번 불러도 나오지 않았다. 그러자 1782년에는 이번에는 대사간 자리를 제수했다. 그러나 그 역시도 거절했다. 그러자 1785년에는 비변사 제조 자리를 수여했다. 그래도 나서지 않자 정조는 1786년 2월 그를 특별히 불러 책자 하나를 주었다.

그것이 바로 『갱장록(羹墻錄)』이다. 정조는 마음에 드는 신하들을 유인할 때 책으로 낚시질을 했다. 선비들에게 책을 선물한다는 것은 큰 의미를 지닌다. 특히 임금이 신하에게 책을 선물한다는 것은 나와 뜻을 함께하자는 의미다.

정조는 그 책을 주며 다시 편찬하자고 한 것이다. '갱장(羹墻)'은 선왕을 추모한다는 뜻이며, 요임금이 죽은 뒤 순임금이 그를 생각하며 지은 것 때문에 그렇게 불렀다. 정조는 선왕 영조 이전 임금들의 언로·인재 등용·민생·각종 제도·국방·풍속 순화·경제정책 등이 수록된 그 책을 주면서 윤시동을 크게 쓰고자 함을 암시했다. 8권의 그 책을 받아들고 윤시동은 정조가 가고자 하는 세상을 본 것이다. 그래서 정조는 그 책을 통해 윤시동의 자기 사람 만들기가 성공한 것이다.

🌀 책을 통해 유혹하다

정조는 유언호와 김종수를 끌어들일 때도 『명의록』 편찬을 제의했다. 그것은 집권 초반 선왕의 유지를 받들어 '탕평정책'을 지속하겠다는 의지이며 함께하자는 제의였다. 내용은 정조 열아홉 살 때 선왕 영조의 치세를 스스로 꼼꼼하게 기록한 것들이다. 세손 시절 아버지 사도세자가 죽자 14년 동궁으로 있으면서 환관과 정후겸 같은 자들에게 핍박을 받으면서 마음을 다스리기 위해 일기를 썼고 그 일기에는 자신의 집권 후 구상과 탕평에 대한 생각이 담겨 있었다. 김종수와 유언호에게 『명의록』이란 책을 편찬하게 한 것은 자신의 삶이 어떠했는지, 그리고 앞으로 정치를 어떻게 하겠다는 것인지를 드러내 자기 사람 만들기 위함이었다.

『갱장록』이란 책을 편찬하면서 윤시동은 처음 가졌던 임금 정조에 대한 서운함과 오해 그리고 적대감을 버렸다. 그리고 그해 대사헌 자리도 맡았다. 1786년 4월 어느 날에는 윤시동과 정조가 숙종 시절 정치에 대해 잠시 토론을 가졌다. 의견은 달랐지만 두 사람 사이 과거처럼 불신의 벽은 없었다. 그렇게 윤시동을 끌어들인 정조, 『갱장록』이란 책이 완성되자 윤시동에게 대사헌 자리를 주었다. 책을 완성했으니 공이 있다고 관직을 제수한 것이다. 이에 윤시동도 임금에게 상소로 화답했다.

"보잘것없는 신이 감히 『갱장록』을 편찬 교정하라는 명을 받고 날을 가려 올렸습니다. 이로 말미암아 축원할 것이 있습니다. 선대왕께서 50년 동안의 태평한 치세를 이룩하고 억만년 동안 자손에게 남길 계책을 세웠습니다. 신이 크게 바라는 정성과 예상하는 축원이 실로 다른 사람보다 배나 되고 다른 때보다도 더욱 간절합니다. 아! 세월은 빠르고 하늘이 준 자리는 어렵습니다. 성상의 학문이 이미 무르익은 데에 이르렀다 여기지 말고 시종여일할 도리를 더욱 생각하며, 매사마다 선왕의 뜻을 따르고 법을 깍듯이 지키소서." 정조는 윤시동의 글에 유념하겠다는 말을 남겼다. 이렇게 해서 두 사람 사이 책을 통한 의리가 시작된 것이다.

산림 영수와
고집 대결

정조는 필요한 인재를 깎고 다듬어 쓰는 방식을 고수했지만 그렇다고 모두를 그렇게 깎고 다듬지는 않았다. 이른바 선비들의 우상인 산림 영수에게는 그만한 대우를 했다. 정조 시대 산림으로 추앙받던 송환기(宋煥箕, 1728~1807)는 정조가 공을 많이 들인 인물이다. 그러나 그는 끝까지 관직을 맡지 않았다. 그가 정조에게 서운해서 관직을 마다한 것보다 산림 영수의 지존이나 혹은 자존심을 지키기 위해서 그런 것이다.

산림의 영수란 비판은 잘해도 개혁에 앞장서다 보면 누리던 인기를 날리기 쉬웠다. 적은 많이 생기고 우군은 사라지는 상황이 당시 정국이었다. 송환기는 송시열의 5대 손이다. 집권 10년을 맞은 정조는 일찍부터 여러 인물들을 찾고 있었다. 1787년 4월 9일 영의정 김치인을 비롯해 노론의 다수가 송환기를 천거했다. 정조는 그날 곧바로 그를 사헌부 지평으로 삼았다.

🌸 송환기와 집요한 고집 대결

그러자 송환기는 5월 12일 상소를 올렸다. "신은 일찍이 과거 공부를 그만두었기에 무식하고 거칠어 성취한 바가 없습니다." 그러면서 그는 세상 물정도 모르고 그런 자가 사헌부 지평이란 화려한 벼슬을 가질 수 없다며 사임 상소를 올렸다. "신처럼 누추하고 천한 자가 명령에 응한다면 비록 원숭이에게 관(冠)을 쓰고 옷을 입은 뒤 날다람쥐 모양 앉아 있는 것이 참으로 송구할 따름입니다." 원숭이가 관을 쓰고 날다람쥐들 마냥 앉아 있는 것이 보기 흉하다는 그의 상소를 읽으면 마음에 가득 꽁한 것을 담고 있는 것이 보였다. 송환기는 당시 벼슬을 하고 있는 노론 시파(노론이지만 정조의 정치를 지지하는 세력, 이들의 반대세력은 벽파라 했다)들을 그렇게 원숭이나 날다람쥐로 비꼰 것이다. 정조는 차분하게 다시 답장을 썼다.

"그대가 송시열(송자)의 손자로서 도를 배워 10년 동안 산림으로 이름이 자자하니, 아! 내가 선정을 하려 하는 참에 많은 사람들이 경을 추천하는데 모름지기 모른 체 물러나지 말고 내가 스승으로 삼고자 하니 다가와 내 곁에 있으라."

그렇지만 송환기는 답장도 없었고 출사도 하지 않았다. 정조는 그해 5월 13일 사도세자 기일 이후 약 열흘 동안 긴 칩거에 들어갔다. 송환기에 대한 섭섭함 때문도 한몫했을 터이다. 송환기를 부르는 정조의 손짓은 그 이후로도 계속됐다. 1791년 12월 진산현감 제수했으나 대답이 없었다. 1795년 가을부터 정조는 유난히 송환기를 애타게 찾고 있었다. 8월에는 예조참의, 9월에는 이조참의를 제수했다. 그러나 여전히 요지부동이었다.

정조는 1795년 10월 12일, 송시열과 정치적 반대 노선의 대표적인 중심인물, 남인의 영수 허적(許積, 1610~1680)을 역사적으로 재평가한다며 그의 관직을 회복시켰다. 효종의 비인 인선왕후(仁宣王后, 1618~1674)의 상복문제로 송시열과 두 차례 격렬한 논쟁을 벌였던 허적을 이제 120년이나 지난 해묵은 감정이니 서로 화해하라는 조치였다.

그러자 당장 영의정 김치인을 비롯해 노론 전체가 격렬하게 일어났다. 그 예민한 문제를 왜 그때 하필 결정했을까? 정조의 허적이란 인물을 복권한 카드는 역시 여러 포석이 있는 행동이었다.

우선 남인 계열을 중용하기 위해 그들 영수였던 허적을 역사적으로 부활시켰고, 또한 정조의 정치참여 요청을 계속 거부하는 노론의 우상 송환기를 자극하기 위함이었다. 정조의 의도는 적중했다. 정조의 부름에 침묵하던 송환기가 드디어 그날 그 사건(송시열과 허적의 논쟁)에 대해 다시 토론회를 갖자며 직접 올라오겠다는 통보가 왔다.

정조는 송환기에게 이렇게 말했다. "올해가 송시열, 허적으로 인해 조선 정치가 갈라진 지 120년이 지났다. 이제 화합할 때가 아닌가?" 1795년 11월 17일 송환기는 정조를 만났다. 심각한 토론을 기대한 사람들은 실망했다. 정조는 송환기를 보자 송시열의 뜻이 분명 옳았다고 말했다. 그러면서 과거 논쟁 속에 새로운 오늘을 찾아야지 과거에 머물러서 내일을 망각해서는 안 된다고 강조했다.

"고상함이 원통함을 씻는다면 지하에서 허적 역시 땀을 뻘뻘 흘리면서 부끄러워할 것이다. 그러니 이 시간이 지나면 할 수 없는 일이니 경은 서둘러 빨리 올라와 큰일을 도모하자."

사람을 유혹하는 정조의 낚시 글을 읽다보면 저절로 웃음이 나온다. "지하에서 허적도 땀을 뻘뻘 흘리며 부끄러워"라는 표현은 다른 실록에는 찾아보기 어려운 구절이다. 이 글에서 허적 복관의 문제가 송환기를 유인하려는 정조의 정치적 기획임이 살짝 엿보인다. 그러나 송환기는 정조의 뜻을 이번에도 거역했다. 정조의 집요함이 또 시작된 것이다. 1796년 7월에는 파격적으로 송환기를 대사헌에 임명했다. 그리고 또 한 해가 지났다. "그렇다면 내가 그리

싫다면 내 뒤를 잇는 세자에게 마음을 써 달라"며 정조는 세자의 사부 자리를 그에게 맡겼다.

🌀 학문의 깊이를 저울질하다

정조는 송시열 이후 조선의 주자학을 완성시킨 인물이라고 해도 과언이다. 주자 성리학에 대한 치밀한 공부는 어느 누구에게도 뒤지지 않는다. 학문적으로 노론의 영수라 해도 틀린 말이 아니었다. 1797년 4월 19일, 그토록 기다리던 송환기가 올라온다고 했다. 정조는 먼 곳에서 산림이 한성에 올라오니 과거 산림을 맞는 예로 맞이하라고 내각에 당부했다. "내일 경연에 나아가겠다. 시골에서 올라온 사람도 함께 강연에 참석할 터이니 유익한 자리가 될 것이다." 4월 20일, 낮 강연이 있었다. 송환기가 강연장에 들어오자 정조는 반가움 가득한 표정으로 이렇게 말했다. "경과 같이 산림에서 독서한 선비를 가까이 경서(經書)를 펴 놓고 강독하는 자리를 함께하니 기쁘다."

이날 강연은 여러 신하들도 함께했으며 송환기 학문의 깊이를 가늠하기 위해 정조는 어려운 질문을 했다. 강의 과목은 『중용』과 『주역』이었다.

"관유강의(寬裕剛毅) 등 네 가지를 인의예지(仁義禮智) 네 가지 덕(德)으로 나누어 설명했는데, 첫 단락의 총명예지(聰明睿智) 네 글자는 네 가지 덕의 조목에 끼이지 않았다. 언해(諺解)를 가지고 관찰하면 그것을 네 가지 밖에다 별도로 세웠음을 알 수 있다. 그렇다면 총명예지는 어느 지위에 소속되어야 하는가?"

그러자 강연관 김근순(金近淳, 1772~?)이 대답했다. "총명예지는 모두 태어나면서부터 아는 자질을 말하는 것입니다" 하니, 정조가 이르기를, "용납함이 있으며 잡음이 있고 공경함이 있으며 분별함이 있는 것이 비록 네 가지 덕의 작용에 속하지만 관유(寬裕)와 강의(剛毅)와 제장(齊莊)과 문리(文理)는 일찍이 자질 아님이 없다. 그렇다면 총명예지를 어떻게 전적으로 자질에다 속하게 할 수 있겠는가" 하였는데, 김근순이 정조의 말을 이해하지 못했다.

그러자 정조가 이르기를, "하늘에 있어서는 원형이정(元亨利貞)이 되고 사람에게 있어서는 인의예지(仁義禮智)가 되며, 봄에 나서 여름에 자라고 가을에 결실을 맺고 겨울에 갈무리하는 데서부터 일월(日月)이 밝혀주고 상로(霜露)가 적셔주는 데에 이르기까지 하늘에서 하는 바가 아님이 없으며 태화원기(太和元氣)가 유행하고 발육하는 것이다. 그렇다면 성인은 하늘과 같고 총명예지는 태화원기와 같고 관유(寬裕) 강의(剛毅) 제장(齊莊) 문리(文理)는 나서 자라고 맺고 갈무리하는 것과 같으니, 이와 같이 취하였다 비유하고 이와 같이 나누어 소속시킨다면 이 장에서 이른바 다섯 가지 덕이 거의 각각 단락과 경계가 있게 된다. '발강(發强)'이란 '발' 자에 대하여 문장에 대한 분명한 해석이 없는데 그것을 어떻게 해석해야 하는가?"

여러 신하들이 정조의 말에 대답하지 못하였다. 그러자 정조가 송환기에게 물었는데, 송환기가 '발양(發揚)한다'는 '발' 자로 해석하는 것이 적당하다고 대답하니, 정조가 이르기를, "그렇다. 『악기(樂記)』에도 발양(發揚)하여 분발해서 힘써야 한다는 글이 있다. 경은 지나치게 겸손하지 말고 소견이 있으면 모두 진달하라." 정조가 다시 이르기를, "조금 전에 논한 총명예지에 대한 해설은 과연 어떠한가?" 하니, 송환기가 아뢰기를, "총명예지는 그 기품(氣稟)을 말한 것으로 네 가지 덕의 강령(綱領)이 되어야 합니다. 수장(首章)의 장구에 이른바 기(氣)로써 형체를 이루며 이치 또한 부여한다는 뜻과 서로 가까운 듯합니다"라고 말했다.

정조가 말했다. "이 말은 매우 훌륭하다. 바로 이 한마디 말로 경이 지닌 학문을 알 만하다." 송환기가 정조에게 이렇게 말했다. "신이 도성에 들어온 뒤로 호조에서 날마다 쌀과 고기 그리고 땔나무와 숯을 지급하는데, 신이 감히 받지 못하겠으니 더욱 황공하고 두렵습니다." 정조가 다음과 같이 답했다. "옛날 사람이 말하기를 '요리사는 고기를 계속 대고 창고지기는 곡식을 계속 댄다'고 하였으니, 나는 옛날의 법을 따른 데 불과하다. 어찌 사양할 까닭이 있는가. 경은 산림의 덕을 완비한 인물로 예를 갖춘 부름을 받고 나왔으니, 내가 도움을 구하는 것은 오로지 세자 사부의 직임만 있는 것이 아니다. 그리고 또 경은 올해 나이가 이미 일흔이니 그

황발(黃髮, 노인의 머리카락)에게 묻는 의리상 마땅히 당연한 일을 하고 있다. 더구나 경은 바로 재상 집안의 사람으로 집안에 전해오는 구문(舊聞)이 있어서 반드시 개발하고 도와줄 길이 많을 것이다. 내일 의식을 행한 뒤에 마음에 쌓인 바를 모두 진달하도록 하라."

이 강연이 있고 며칠 뒤 송환기는 세자의 사부 자리를 사퇴하고 도성을 빠져 나갔다. 정조가 놀라 승지를 보내 그의 옷소매를 잡았지만 그는 끝내 거부했다. 너무 부담스럽다는 것이 이유다. 과천에서 승지에게 붙들린 송환기는 돌아갈 마음이 없었다. 성균관 유생 140명이 연명으로 상소를 올려 그의 가는 길을 막아 세워야 한다고 정조에게 청했지만 그는 돌아오지 않았다. 송환기는 순조 시절 정순왕후와 심환지의 간곡한 청에도 간혹 올라와 몇 번의 강연을 참석했을 뿐 정치권으로는 들어오지 않았다.

정조가 송환기에게 말한 큰일이란 무엇일까? 그것은 주자학 종주국의 위상을 살리자는 이야기다. 1800년 집권 24년, 정조는 주자 서거 600주년을 맞아 '주자'의 여러 책들을 편찬한다. 1799년 펴낸 20권의 정조 필사본 『대학류의(大學類義)』라는 책은 그의 정치 이념이 그대로 녹아 있었다. 이처럼 주자학에 심혈을 기울인 것은 서학(천주교)이란 이단 학문이 밀려오는 것에 불안감을 느끼며 사상적으로 그들보다 한 수 위에 있다는 것을 보여주기 위한 정조의 자신감이며 그 대업을 송환기와 함께하기 위함이었다. 그러나 송환기는 정조의 뜻을 따르지 않았다.

이미 세손 시절 할아버지 영조 앞에서 동몽교관들에게 한 수 가르치던 정조였다. 정조는 송환기의 학문적 깊이를 가늠하고 판단할 수 있을 만큼 깊은 공부를 하고 있었다. 상대를 가늠하기 위해서는 상대보다 긴 자가 있어야 한다. 그래서 노론 세력들 가운데 공부를 좀한 학자들은 정조가 너무 거만하고 아는 체를 많이 한다고 아예 접근을 꺼려했다. 아는 체를 하는 것과 알고 있는 것은 다른데 그들은 너무 해박한 정조가 싫었던 것이다. 1800년 11월, 송환기는 정조를 회상하며 "학문의 깊이는 주자를 뛰어넘었고 문장 또한 그 수려함이 따를 군신이 없으니, 신이 아무리 마음을 기울여 선왕의 업적을 말한다 하더라도 그 깊은 뜻을 다 헤아릴 수 없습니다. 선왕의 유일한 적자이신 전하는 선왕의 글을 틈틈이 꺼내 읽으면서 광명을 깨우침이 가장 효과적인 공부일 것입니다"라고 순조에게 글을 올렸다. 그러나 순조가 20번이나 부름을 청했지만 그는 정치의 세계로는 들어오지 않았다. 그는 1807년 8월 5일 순조가 보낸 어의를 물리치고 조용히 숨을 거두었다.

🌸 팽팽한 긴장감이 느슨한 편안함보다 낫다

정조는 정치적 성향이 다르더라도 그 신념과 의리를 굳건하게 지키던 지조 있는 인물들을 중용했다. 사사로이 자신의 이익, 대개 이럴 때 이익이란 작은 이익 앞에 큰 뜻을 접는 졸렬한 인물들을 가리키는데 그런 자들을 정조는 가장 경멸했다. 권력의 속성이란 항상 교활한 여우와 같다. 그래서 정조는 야만이 판을 치던 18세기 정치판을 정확히 통찰하고 있었다. 그리고 제일 중요한 것을 '의리'로 보았다.

의리에도 종류가 있다. 조폭들의 의리는 사사로운 의리다. 대의(大義)는 그것이 아니다. 정치인 가운데 대의를 실천하는 사람이 많은 시대가 올바른 사회를 만들었다. 혼란한 시대는 대의는 실종되고 사사로운 이익에 의해 움직이기 때문이다. 정조가 집권하던 시절 『정조실록』이나 『홍재전서』에 가장 많이 등장하는 단어는 바로 '의리'와 '백성'이다. 그만큼 정조에게는 가장 중요한 화두였던 셈이다. 특히 의리는 적이나 혹은 아에게 공통적으로 설득하는 용어였다. 끊임없이 대의를 이야기했다.

한편 정조가 끝없이 송환기에게 손을 뻗어 함께하자는 뜻을 피력하면서 그를 끌어들이지 못하자 그를 대신할 인물로 윤득부를 면밀히 관찰했다. 그러나 두 사람의 처음 만남은 팽팽한 긴장감에서 시작됐다. 인간관계에서 정조는 느슨한 친구 사이보다 오히려 팽팽한 긴장관계를 즐긴 듯하다.

윤득부는 쉰하나의 늦은 나이에 출사했다. 1774년(영조 50)에 식년문과 병과에 합격해서 조정에 등장한 윤득부는 해평 윤씨로 가문은 그렇게 영화로운 집안이 아니었다. 가난했지만 청렴결백한 인물로 소문나 있었고, 조정에 출사한 뒤 주로 사헌부나 사간원 대간으로 활동했다. 1778년 윤득부는 왕실의 외척들이 정치에 참여하는 것을 극력 반대했으며 1780년에는 홍낙순과 홍국영을 과격하게 탄핵하는 바람에 정조의 심기를 불편하게 했다. 정조는 그의 기개를 인정했지만 당파 갈등을 조장한다며 경고하는 선에서 상소 내용을 받지 않았다.

그러자 윤득부는 곧바로 퇴궐한 뒤 한강변 허름한 초가에서 물고기를 잡으며 세월을 기다리고 있었다. 정조의 줄기찬 부름에 응하지 않던 그는 4년 뒤인 1784년 6월 5일, 대궐에 들어서자 곧바로 임금을 향해 마음에 담아둔 직언들을 쏟아냈다. 산속에 은둔한 처지도 아니고 한양의 한강변에서 기거했으니 바닥의 민심들을 훤히 알고 있었다. "홍국영은 임금의 사사로운 정을 이용해 나라를 자기 손안에 넣으려 했고, 채제공 역시 그와 같은 길을 가고 있는 상황입니다. 서명선 역시 1775년 12월 공을 세웠다는 이유로 또 다른 세력을 형성하고 있습니다."

윤득부는 정조의 측근들을 모두 싸잡아 공격했다. 그러자 정조는 그를 금갑도(전라도 진도)로 유배 보냈다. 한양에서 멀리 떨어져 머리를 좀 식히라는 의미다. 그리고 두 달 만인 1784년 8월 석방시켰다. 그리고 다시 6년 동안 시선을 두지 않던 정조는 1790년 7월, 윤득부를 경상도 도사로 임명했다. 지방의 민심을 살피고 관리들을 탄핵하는 일을 맡겼다. 그리고 다시 5년 동안 묵힌 뒤인 1795년 11월, 사간원 대사간을 맡긴 것이다. 1796년 4월에는 성균관 대사성을 맡겼다. 그때 그는 여전히 한양에 집 한 칸을 얻지 못해 강변 허름한 초가에서 지내고 있음을 정조가 알게 됐다. 그래서 어명으로 반궁(성균관 근처)에 집을 사주었지만 그는 끝내 임금이 하사한 집에 들어가지 않았다. 작은 물건들을 신하들에게 선물하던 정조이지만 집을 선물한 경우는 아주 드문 사례였다. 그만큼 윤득부의 청렴함을 정조는 높이 산 것이다.

1797년 1월에는 세자(순조)의 사부로 임명했다. 그의 나이 일흔일곱이었다. 그는 세자의 사부로 2년을 일하다 1799년 10월 숨을 거두었다. 그러나 그의 집은 여전히 강가의 허름한 초가 움막에서 머물렀으며 한양 사람들은 그의 그런 청렴함을 높이 칭송했다. 그의 아들 윤구동(尹久東, 1754~1823)은 1801년 식년문과 병과에 급제하여 조정에 출사했다. 정조는 윤득부처럼 청렴결백하고 강직하지만 자신과 뜻이 맞지 않은 인물들을 때로는 채찍으로 때로는 당근을 가미하면서 다듬고 조각하여 필요한 인물로 주변에 두었다.

제4장

치열하게
길들이기

24년을 기다린 여인의 원한

정조는 집권 기간 내내 적어도 두 사람에 대해서는 양보가 없었다. 한 사람은 채제공이었고 또 한 사람은 은언군 이인이었다. 채제공은 개혁을 상징하는 인물이었고, 은언군 이인은 정치인이기 앞서 한 인간으로 아버지 사도세자의 마지막 남은 혈육을 지켜야 한다는 강한 의지를 갖고 있었다. 이 부분에서 가장 많이 부딪힌 사람이 바로 자신보다 겨우 일곱 살 많은 할머니 정순왕후였다.

정순왕후는 개혁군주 정조와 정반대에 있던 인물이다. 조선 역사에서 그녀처럼 카리스마 넘치는 여인도 드물다. 조선 역대 27명의 군주 가운데 가장 뛰어났던 정조, 그와 대척점에서 긴장의 끈을 이어갔던 여인이니 보통이 아니었다. 24년 동안 수정궁 그 깊은 곳에 정치와는 동떨어진 듯 자신을 숨기고 있던 여인이지만 언제나 결정적인 순간에 정조의 개혁에 발목을 잡는 여인이기도 했다.

🌸 작은 것에도 민감한 여인

정순왕후의 본색은 정조가 죽고 1800년 7월 14일 발을 치고 나타나 전날 한 말을 뒤집는 데서 그 치밀함을 엿볼 수 있다.

"전날 '나는 발을 드리고 세자는 옆에서 시좌한다'는 말을 수정하고 '나는 발을 드리우고 주상이 정좌한다'고 사관은 수정해서 기술하라!"

작은 차이다. 보통 사람들은 전혀 이상함이 없는 언문교서였지만 정순왕후는 밤새 생각한 끝에 몇 구절을 고치게 한 것이다. '세자는 시좌한다는 말 대신 정좌한다는 말'로 고친 것이다. 자기가 정치를 독단했다는 오명을 듣고 싶지 않아서다. 자기는 발 뒤에서 임금을 보좌하는 정치를 하겠다는 것이다. 그러나 보좌하지는 않고 3년 반 동안 그녀는 자기 생각대로 정국을 운영했다. 그녀는 노론의 대표 정치인 심환지를 영의정에 앉히고 소론의 대표 정치인 이시수(李時秀, 1745~1821)를 좌의정에 앉혔다. 그리고 정조의 탕평을 계속 이어가겠다는 의지를 피력한다. 그러나 노회한 정치인 심환지는 주로 어린 세자를 지킨다는 명목으로 김조순(金祖淳, 1765~1832)을 비롯해 주로 외척 세력들을 대거 포진시킨다. 왕권 상징인 정조가 허망하게 죽은 뒤 조선을 이끄는 것은 화려한 문벌가문들이었다. 정순왕후는 자신의 집안, 특히 자기가 아이를 낳지 못한 왕실의 어른이란 점에서 경주 김씨에 대한 애착이 지나쳤다.

정순왕후는 수렴청정 기간 동안 항상 자신의 수렴정치는 정조의 의리정치를 기본으로 한다고 강조했다. 그래서 적어도 겉으로는 노론과 소론을 균등히 배분하는 정책들을 편다. 그리고 정조가 집권 기간 내내 강조했던 공사노비 혁파를 1801년 1월 28일 실시한다. 이날 대비와 영의정 심환지는 많은 대소신료들을 돈화문 앞에 집결시킨 뒤 선왕 정조가 그토록 소원했던 정책을 완수한다고 발표했다. 그것이 바로 조선 역사뿐 아니라 세계사적으로 의미가 있는 '공노비 석방'이란 이벤트다.

보수정권에서 이렇게 획기적인 개혁 조치가 등장한 것은 이후 많은 일들을 저들 뜻대로 하겠다는 당근의 하나이기도 하다. 아무튼 1801년 1월 28일 돈화문에서 조선 각 관청에서 갖고 있던 1209권의 노비 명단을 모두 불태웠다. 정조는 집권 기간 내내 공자가 살던 시대에도 공자는 노비가 없는 세상, 평등한 세상을 외쳤다며 신분상 노비제도를 이제 그만 거둘 때가 됐다고 신하들을 설득했다. 그러나 그 일을 끝내 완수하지 못하고 죽었다. 정순왕후와 심환지가 정조의 개혁정치를 완수한 일은 딱 그 한가지다. 그렇게 해서 이날 그 명단에 기록된 왕실이 관리하던 내수사 노비 3만 6974명과 다른 관청 노비 2만 9093명을 모두 해방시켜 주었다.

모두 공공기관 노비들 6만 6067명을 그날로 노비 신분에서 해방시킨 것이다. 정조를 가장 존경했던 고종은 1886년(고종 26) 1월 2일 공노비 해방 85년 만에 개인노비의 세습을 철폐한다는 개혁 조치를 취한 것이다. 이렇게 해서 사실상 조선이란 나라는 정조가 그토록 이야기하고 주장했던 신분 차별 없는, 노비가 없는 평등한 세상을 비로소 실천한 것이다. 공공노비를 해방시킨 것은 링컨의 1863년 1월 '노예해방선언'보다 한참 앞서 있었다.

🏵 3년 반 만에 정조 24년 치적을 모두 무너뜨린 여인

그러나 정순왕후는 노비개혁 문제의 당근을 던지고 그 나머지 일들을 서둘러 자기 원안대로 성사시킨다. 노비 폐지가 개혁의 상징이라면 정조의 개혁정책에 가장 획기적인 것이 채제공이 주도했던 '신해통공'이다. 그런데 이 획기적인 개혁을 1800년 8월 1일 실록은 아주 작은 기사로 처리하고 만다. "공공상인들은 과거대로 물품을 관공서에 들이게 하라!" 바로 신해통공을 폐지한 정책이다. 정조의 개혁정책을 대표하는 신해통공을 이렇게 정조가 죽은 지 고작 2개월 만에 뒤집은 이유는 뭘까?

노론의 강경파 지지를 얻고 있던 정순왕후, 그녀는 자기 지지기반의 경제적 혜택을 가로막는 그 정책을 곧바로 폐지하면서 정조가 펼치려던 시장개혁을 거꾸로 돌려버렸다. 역대 어느 왕도 선왕의 정책을 3년 안에는 수정하지 않는 법이다. 그것은 유교국가의 법전이나 마찬가지인 공자의 말씀이 기록된『논어』'학이편'에 "아버지 살아계실 때 그 뜻을 보고, 돌아가신 뒤에는 그 행실을 보라"라는 구절 때문이다. 이 구절을 조선의 정치인들은 선왕이 유고된 뒤 3년 안에는 선왕의 정책을 바꾸지 않는다는 것을 불문율처럼 갖고 있었다. 그런데 '신해통공' 같은 예민한 경제문제를 이렇게 불문율을 어겨가면서 서둘러 바꾼 것은 정순왕후를 주변으로 한 기득권 세력들이 하나같이 자신들의 이익에 반한 정책이란 생각에 그렇게 처리한 것이다.

정순왕후가 또 3년 상복을 갈아입기 전에는 선왕의 유지를 따른다는 불문율을 어긴 것은 바로 은언군 이인을 제거한 일이었다. 죽은 정조의 유신들 홍국영과 채제공도 생전에 누렸던 관직을 모두 거두었다. 관직을 회수한 것 뿐 아니라 역적의 이름을 붙였다. 그리고 집안사람들은 연좌제로 걸어 빛을 보지 못하게 했다.

여인의 복수심은 인내가 필요하지 않았다. 1801년 5월 29일 제주도에 귀양 가 있던 홍낙임(洪樂任, 혜경궁 홍씨의 남동생)을 사사시켰다. 자기 오빠 김귀주가 흑산도에서 나오지 못하고 죽은 것에 대한 원한을 푼 것이다. 그리고 정조가 그토록 살리려고 했던 마지막 피붙이 은언군 이인을 같은 날 사사시켰다. 양사(사헌부 사간원)에서 은언군의 자식들과 홍낙임의 아들들까지 연좌제에 걸어 모두 죽이자고 했지만 혜경궁 홍씨의 완강한 반발과 규장각 각신들 출신인 정조가 길러낸 몇몇 의리를 가진 신하들 덕분에 그것까지는 하지 못했다. 만약 그때 은언군의 아들들을 모두 죽였다면 조선 25대 임금 철종은 역사에 등장하지 못했을 것이다. 『정조실록』은 유난히 정조와 정순왕후의 은언군 이인을 놓고 벌인 전쟁 같은 대립 상황을 소상하게 기록하고 있다.

그 이유는 은언군 이인을 살리기 위해 정조가 무리하게 왕실의 어른인 대비에게 대들었다는 것을 강조하기 위함일 것이고 그래서 1801년 은언군 이인을 죽인 것이라는 사실을 정당화하기 위해서다. 『정조실록』은 1800년 12월에 착수해 1805년 8월에 완성한다. 이병모 · 이시수 · 이만수(李晩秀, 1752~1820) 등이 편찬의 책임을 맡았다. 하지만 중도에 이만수가 사퇴하려 했다. 그리고 특히 1802년 한 해 동안 실록 편찬의 핵심 관리인 실록당상이 8번이나 교체됐다. 그들 가운데 김관주(金觀柱, 1743~1806)와 이노춘은 정조에게 역적이란 소리를 듣던 자들이 자리를 차지했다. 그렇다고 『정조실록』이 왜곡됐다는 말은 아니지만 편찬 담당자가 수시로 바뀌었다는 것은 정순왕후에게 유리한 부분, 즉 은언군 이인을 놓고 정조와 정순왕후가 벌인 대결이 상당 부분 대비에게 유리하게 편집돼 있을 거라는 추측은 가능하다.

장막을 걷고 나타난 정순왕후

앞서 이야기한 것처럼 1789년 10월 2일 죽은 지 27년 만에 사도 세자의 묘가 수원으로 이장하는 날이고 그것을 일주일 앞으로 남겨 둔 9월 26일 오전, 강화유수 윤승렬(尹承烈)이 허겁지겁 대궐에 나타났다. 그는 대궐에서 들어서자 정조에게 섬에 안치된 죄인 은 언군 이인이 지키는 군사들과 함께 강화 나루를 건너 한양으로 들어왔다는 보고를 했다. 그러면서 윤승렬은 "전하의 은밀한 지시가 있었습니까?"라고 물었다. 그러자 정조는 태연하게 "경은 무슨 말을 그리하는가?" 무슨 말인지 모르겠다는 표정이다.

이 사건을 전해 들은 정순왕후는 13년 동안 참았던 정치적 행동을 단행한다. 그리고 수정궁을 나선다. 나가기 전에 수정궁 내관에게 언문교서를 적어 정조에게 갖다 주라 이른다. "미망인이 오늘날까지 목숨을 끊지 않고 살아있는 이유는 종묘사직을 지키기 위함이다." 대비의 분노는 3년 전 문효세자의 갑작스런 죽음과 성빈의 죽음이 고도로 기획된 독살일 가능성을 언급하며 언문교서를 내리고 임금에게 조사를 부탁한 뒤 나온 두 번째 정치적 행동이다. 당시 정순왕후는 오히려 병권을 쥐고 있던 측근 구선복이 법망에 걸려들어 희생당하는 아픔을 당한다. 또한 사건 내막을 잘 알던 궁녀 연애(連愛)라는 여인은 포도청에서 의문의 죽음을 당했다. 또한 상계군 이담도 독약을 먹고 죽었다.

그래서 그녀가 거둔 정치적 이익은 고작해야 은언군이 역모에 가담됐다는 이유로 강화도로 유배를 보낸 것이 전부다. 이익보다 피해가 많은 싸움이었다. 정순왕후는 이인이 도망쳤다는 소식에 "이러고도 당신들은 이 나라의 신하인가? 나의 모진 목숨 때문에 이런 일을 차마 보니 나는 종묘사직의 죄인이 되지 않고 차라리 죽을 일 밖에 남지 않았다. 역적 윤승렬의 목을 베지 않고 죄인 이인을 당장 섬으로 보내지 않는다면, 내 어찌 밥을 먹을 수 있겠는가"라며 단식을 결정했다.

정조는 시치미를 뗐지만 이미 은언군 이인이 그의 집에 거처한 사실이 다 발각됐다. 그래서 포도청 관리들이 역적을 다시 잡아 가려고 그의 집을 들이닥쳤지만 집 주위로 왕의 친위대가 지키고 있었다. 대비의 명을 받은 포도청 군사와 왕의 친위부대 장용영 사이 팽팽한 긴장감이 흐르고 있었다. 김치인과 김종수가 곧바로 정조에게 은언군 이인을 잡아 서둘러 논란의 불길을 잠재워야 한다고 상소를 올렸다. 하지만 정조는 묵묵부답 아무 말을 하지 않았다. 그리고 대소신료들이 모두 입궐에서 대명 뜰에서 눈물로 호소를 하자 정조는 마지못해 이런 글을 남겼다.

"금일의 일은 전부터 짐작을 하고 있었다. 강화유수의 죄를 청하는 일은 부당한 일이다." 정조는 자신의 명령에 움직인 것임을 내비친다. 그러자 곧바로 정순왕후 두 번째 언문교서가 대비전에서 날아왔다. "역적을 처단하지 않으면 좌시하지 않겠다." 강하고 분명한 글이었다. 13년 동안 침묵이 몇 개의 언문에 고스란히 녹아 있었다. 그리고 조금 있으니 정순왕후가 대궐문을 흔들고 있었다. 궁문을 닫아걸라는 정조의 지시가 이미 있었다. 세 명의 정승과 삼사 관리들이 선화문 밖에 모자를 벗고 석고대죄를 하기 시작했다. 겨울 찬바람처럼 날카로운 여인의 목소리가 들렸다. "문을 열라!" 짧고 강한 목소리에 궁문을 지키던 관리가 문을 덜컥 열었다.

🌸 종로에서 벌어진 가마 쟁탈전

정순왕후는 정조와 눈도 마주치지 않고 선정전 계단 맨 위에 올라섰다. 대비는 계단에서 신하들을 앞에 놓고 명을 내린다. 조선 역사 이래 처음 있는 일이었다. "궁문을 밀치고 들어오려 하였으나 반나절이나 궁문을 열지 않는 바람에 이렇게 할 수밖에 없었다." 여인은 자신의 무리한 행동이 다 이유가 있음을 변명하고 있었다. "삼사의 관리들은 전부 문외출송 하라! 그리고 지금 즉시 이인의 집으로 달려가 그를 잡아 강화도로 압송하라! 그것도 배소(配所, 보통 걸음보다 두 배나 빠른 걸음으로)로 압송하라!" 이런 형벌은 이미 반인권적인 법이라 폐지하였지만 정순왕후는 그런 사실도 망각했다. 그녀의 노기 가득한 목소리가 창덕궁 경내에 울려 퍼졌다. 마흔다섯의 대비는 강력한 카리스마를 내뿜고 있었다.

이 말을 들은 정조는 "어찌 이와 같은 변괴가 있단 말인가"라고 하며 호위 중사 한 명에게 상방검을 주었다. 상방검은 군 통수권을 상징하는 칼이다. "너는 지금 즉시 가서 이인을 호위하라! 길을 막는 자는 이 칼로 그의 목을 쳐라! 누구든 어느 누구도 상관하지 말라!" 그러나 이미 늦었다. 은언군 이인은 대비의 지시를 받은 군사들에 의해 강화도로 압송되고 있다는 보고를 받았다. 정조는 가마를 타고 창덕궁 협양문을 나서고 있었다. 석고대죄하고 있던 대신들은 관을 벗은 채 놀라 임금의 가마 뒤를 졸졸 무릎걸음을 쫓아 가마를 막으려 했다. 그러나 이미 가마는 돈화문을 나서고 있었다. 대비는 중사를 보내 정조의 가마가 어디로 가는지 확인하고 오라 명했다. "임금이 돌아올 때까지 난 이 뜰에서 한발도 움직이지 않겠다."

영의정 김익과 신하들이 관을 벗은 채 급히 달려가 정조의 가마를 막았다. 그곳이 창덕궁 정문 돈화문 앞길이었다. "제발! 가마를 돌리소서! 제발." 그러나 정조의 목소리는 비장감이 묻어 있었다. "나의 오늘 심정을 누가 알겠는가? 내 앞을 가로막지 마라. 나로 하여금 윤리를 손상시키는 일을 저지르게 할 셈인가? 나는 이 길로 그(이인)가 간 길 끝까지 따라 갈 것이다."

영중추부사 정존겸이 울면서 말했다. "지금 대비께서 전하의 입궐을 손꼽아 기다리고 있습니다. "이 판국에 대왕대비의 전교를 내가 받들 수 없다." 채제공이 나섰다. 흥분한 다른 사람들과 달리 그는 착 가라앉았다. "신들이 아무리 형편없다 하더라도 그 직임을 돌아보면 대신입니다. 만약 가마 앞에 늘어서 엎드리게 되면, 전하께서는 필시 가마를 타신 채 짓밟고 지나갈 수 없을 것입니다."

채제공의 말처럼 가마 앞을 영의정 김익을 비롯한 대신들이 엎드려 있어 막고 있었다. "내가 지나갈 때 경들이 만약 수레를 부여잡고 떨어지지 않을 경우, 나는 가마에서 내려 걸어서 가겠으니, 경들은 제발 갈라서기 바란다." 그러자 대신들이 일제히 나아가 가마를 부여잡고 있었다. 그때 정순왕후 대왕대비 세 번째 언문교서가 정조에게 전달됐다. 승지가 대비의 글을 읽었다. "이 일은 국가와 종사를 위한 것인데도 주상께서 이러하시니, 나는 사제로 물러가 살겠다."

정조는 가슴을 여러 번 치고 가마를 돌리라 명했다. 그러나 그 명령은 무시됐고 가마는 서둘러 대궐 안으로 들어섰다. 임금이 탄

가마가 임금의 뜻과 반대로 움직였다. 정조는 화가 나서 대궐 문을 모두 닫아걸게 했다. 신하들을 들어오지 못하게 하기 위해서다. 그날 이인은 결국 강화도로 압송됐다.

정조는 이날 대왕대비의 명령을 따른 자들을 모두 임금의 명령 불복종 죄로 다스리라 명했다. 특히 궁궐 문을 닫는 중표를 갖고 있던 중사를 혁대와 허리로 끌어당겨 물리치고 대궐문을 억지로 열게 했던 금부당상을 유배 보내라 명한 것이다. 그가 아무도 대궐에 들이지 말라는 정조의 명령을 어기고 정순왕후의 등장을 앞장서서 수행케 한 인물이기 때문이다.

"대왕대비의 체면이 중하고 임금의 권위는 안중에도 없는가? 금부당상 일은 가증스럽다. 포도대장까지 명령을 받지 않고 일을 수행했으니 두 포도대장을 당장 유배 보내라! 승지 이조승과 이서구(李書九, 1754~1825), 홍인호도 모두 유배 보내라!" 그리고 이 명령을 즉시 거행하지 않고 머뭇거리고 있자 승지 조윤대 역시 파직하라 명했다. 또 정대용이 화급히 들어오니 "너는 승지가 아니더냐?"라고 소리를 치며 유배 보내라 명한 것이다.

🏵 김종수에게 6개의 병권을 맡기다

그날 남한산성에 있던 수어사 김종수를 급히 대궐로 들어오게 했다. 그리고 그에게 곧바로 훈련도감·어영청·금위영·총융청을 장악하라 명하고, 좌우 양 포도청의 지휘권도 모두 차지하라 지시했다. 이날 대비의 명을 따른 장수들을 모두 해임했기 때문이었다. 김종수는 영문도 모른 채 말을 타고 도성에 들어섰다. 다음 날 아침, 김종수는 대궐에 들어와 정조 앞에 엎드려 있었다. "이 무슨 일입니까? 전하! 전날 어가가 궐문을 나선 일부터 차마 신하가 들을 수 없는 광경들이 벌어졌습니다. 이 무슨 일입니까? 전하 대왕대비는 종묘사직을 위하는 마음으로 언문교서를 내린 것입니다. 서둘러 대왕대비의 언문교서를 따르소서. 강화유수 윤승렬을 법대로 빨리 처리하소서."

정조는 말했다. "어제 궁문을 나섰으나 결국 돌아섰다. 내 행동이 엉망이어서 놀란 사람이 많을 것이다. 나는 밤새도록 뜬 눈으로 지새웠다. 경은 왜 내 잘못만 지적하는가? 자전의 하교는 받들기 어렵다." 정조는 정순왕후의 공격을 예상하지 못했던 것이다. 울컥 치미는 감정을 참느라고 밤새 뜬 눈으로 지샌 정조는 다음 날 동덕회원들을 모두 불러 모은다.

1789년 9월 27일 김종수에게 "어제의 일은 말하자면 얘기가 길다. 노력을 많이 들여 빼왔는데 결국에는 다시 배소로 돌아가게 하였으니, 나의 심회가 어떻겠는가. 대비는 아직까지 단식을 하고 있으니 가슴이 타고 경황이 없음을 어찌 말로 형용할 수 있겠는가. 내가 믿고 의지하는 바는 경 한 사람뿐이다. 어제 여러 대신들이 합문에 지켜 서서 접견을 청한 것은, 조금도 내 입장은 고려하지 않은 일이었으므로 부득불 문을 닫아걸고 들어오지 못하도록 막았다. 어제와 오늘 심신이 지치고 힘들어 무슨 일이 일어났는지 기억조차 하지 못하겠다." 그리고 정조는 김종수를 우의정으로 삼고, 이재협을 영의정에 승진시키고, 채제공을 좌의정에 임명했다.

1789년 10월 2일 아버지 사도세자의 묘를 수원으로 이장하는 날이다. 그 일을 1주일 앞에 두고 정조가 강화도 이인을 몰래 빼내 수원으로 가는 아버지 재궁에 술이라도 올리려 했던 바람은 사나운 일로 변해버린 것이다. 대비의 무서운 공격을 전혀 예상하지 못한 정조는 한동안 허탈한 상태였다. 13년 동안 정조의 정치적 행위에 침묵하던 여인, 혈육인 오빠 김귀주가 흑산도에서 죽었을 때 울음을 참으며 복수의 칼을 갈았다. 그 복수의 칼이 1789년 9월 26일 그날 대궐 이곳저곳에 쩌렁쩌렁 울려 퍼졌다. 한을 토해내듯 그렇게 며칠 동안 임금과 종로 한복판에서 대결을 벌인 여인은 분이 다 풀리지 않은 듯 또 며칠을 단식했다.

정순왕후와 벌인 10년 대결

조선의 여인 가운데 카리스마 넘치는 여인들이 몇 명 있다. 그러나 정순왕후의 카리스마는 그리 잘 알려지지 않았다. 그녀는 오랫동안 수정궁에서 세상과 담을 쌓고 산 것처럼 보였지만 아니었다. 움직이지 않고 보이지 않게 노론 강경파 몇 명을 통해 정조를 반대하는 사람들을 모두 장악했다. 정조가 놀란 것은 임금의 명령을 거부하고 대비의 명령에 따라 움직이는 신하들과 병권을 장악한 장교들 때문이었다. 정조는 속으로 탄식했다.

'13년을 통치한 나는 한낱 껍데기인가? 대비는 저 깊은 수정궁에서 수렴청정을 하고 있었다는 말인가?' 1786년 구씨 일가를 숙청하면서 장악했다고 생각한 병권이었다. 그러나 그것은 정조의 착각이었다. 장님은 눈을 감고 세상 천리를 다 알고 있다는 말이 있다. 정순왕후가 그런 여인이었다. 조선의 역사에서 가장 무서운 여인이 그녀였다.

🌀 1790년 또 벌어진 싸움

1789년 9월에 벌어진 대비와 임금의 시가전은 정조에게는 상처뿐이었다. 정조가 카리스마는 대비에게 뒤질지 몰라도 집요함에 있어서는 뒤질 일이 없었다. 다음 해 또 싸움이 벌어졌다. 1790년 11월 18일 오전 7시, 정조는 군복 차림으로 가마를 타고 선화문을 나섰다. 그러자 여러 신하들이 가마를 잡고 눈물로 길을 막았다. 정조는 "길을 막는 대신들을 모두 파직시켜라!" 그렇게 소리쳤다. 우선 승지들을 파직시켰다. 숭례문을 지나 염천교로 가마 행렬이 지나가자 병조판서 김문순이 길을 막았다. "어느 곳으로 가시려는 것입니까? 가시는 곳을 알고 싶습니다." 그러자 정조는 그를 물리치라고 명하였다.

사관의 기록에 따르면 강화도에 유배된 은언군을 한양으로 데려오기 위해 교자 3채를 위장해서 강화로 먼저 보낸 것이다. 그 교자는 내수사에서 용맹한 자들을 뽑아 수행케 한 것이다. 강화도 성을 지키는 자들은 임금의 명이라며 성문을 열라고 했지만 열지 않고 대치중이었다. 한강 마포나루 근처에 있던 정조는 이런 소식을 듣고 곧바로 선전관을 보내 신표를 보여주고 성문을 열게 했다. 세 명의 선전관이 도착했지만 성문이 열리지 않았다. 정조가 몹시 노해 강화유수를 잡아 군법을 적용하라 명했다. 그러자 성문이 열렸고 군법 시행이 중지됐다.

그러자 이번에 대비 명령을 받은 내시들이 교자를 잡고 "내 머리를 내일은 임금에게 바칠 수 있지만 오늘은 대비의 명을 받을 것이며 죽어도 놓아줄 수 없다"며 막아섰다. 이렇게 교자를 내시들이 막고 강화성문 앞에서 우왕좌왕하고 있을 때, 다른 교자가 재빨리 언 강바닥을 건너고 있었다.

교자 세 개를 가지고 교란 작전을 펴던 은언군 빼돌리기 작전은 그날 하루 종일 이어졌다. 대비의 명을 받고 호위 내시들이 강화도성 주변을 감시하는 사이 은언군을 태운 교자가 날이 저물기를 기다려 한강으로 잠입하는데 성공했다. 정조는 이들 탈출을 돕기 위해 겨울철 야간 군사훈련을 실시한다는 명령을 내렸다. 선전관이 쌍등(雙燈)으로 점멸 신호를 하고, 명령이 끝나자 장막의 안팎 등불과 횃불이 일제히 꺼지고 강변의 마을 집까지 새까맣고 한 점의 불빛도 없었다.

그런데 얼마 뒤 정조를 따르는 군사들이 암호를 소리치자 은언군 이인이 탄 휘장을 드리운 교자가 맞은편 마을에서 명령을 대기하고 있다 썰매를 타고 마치 날아가듯 지나갔다. 강변일대는 어둠과 함께 짙은 안개 때문에 한치 앞도 분간할 수 없었다. 그날 은언군 이인을 놓고 벌인 공방전은 1790년 11월 18일 아침 7시부터 다음 날 새벽 5시까지 이어졌다. 야간훈련을 가장해서 군사들을 얼음 위에 도하작전 등을 펼치게 하였다. 그리고 그 틈에 은언군을 태운 교자가 호위 내시들을 따돌렸다. 정조는 군막에서 강화도를 탈출한 은언군을 맞아 밤새 함께 서로의 회포를 풀었다.

1792년 12월과 1794년 4월 10일에도 정조는 은언군 이인을 정순왕후의 반발에도 불구하고 한양으로 불러들였다.

🏵 해마다 반복해서 길들여라!

1795년 3월 17일, 이때도 정조가 군사훈련을 핑계로 은언군과 만남을 시도하려 한다는 첩보가 정순왕후에게 들어갔다. 신하들이 의심하자 정조는 이렇게 말했다. "단지 군사를 정비시키기 위해서만이 아니다. 수년 전부터 속병 증세가 늘 가슴과 폐 사이에서 일어나곤 하는데, 바람을 쏘이면 약 열흘 정도는 그 효력을 보기 때문에 수군훈련을 참관하려 한다. 내 병을 치료할 겸 이런 거조를 취하게 된 것인데, 경들은 오히려 조섭하는 방도에 어긋나는 점이 있다고 하는가."

좌의정 유언호가 엎드려 안부를 묻자 말을 다 마치기도 전에 정조가 성급하게 말했다. "오늘 이곳에 행차한 것은 참으로 이유가 있다. 경들이 어쩌면 나의 마음을 알아줄 수 있을지도 모르겠다. 이제 일이 원만하게 해결됐으니 환궁하려 한다. 오늘은 큰 경사가 있는 해다. 아버지 사도세자가 태어난 지 60주년이다. 그래서 어머니를 모시고 노인들을 우대하며 백성들을 구휼한 것이다. 초목과 금수들이 모두 잔치에 동참했는데 저 강화도에 있는 유배간 자는 이런 경사스런 날에 한 번도 참석한 적이 없다. 잔을 올리는 의식이 일곱 순배로 이루어졌는데 한 잔씩 올릴 때마다 안주 한 조각 입에 대지 않았었던 것은 내 마음의 울분 때문이다. 어제 저녁에 그를 도성 안으로 들어오게 한 뒤 그의 집에서 밤을 보내고 아침에 한강에 나온 것이다. 이제 비로소 회포를 풀게 되었는데 기쁨과 슬픔이 교차하여 어떻게 마음의 갈피를 잡을 수가 없었다." 정조는 수군훈련을 하는 이유가 은언군 이인을 강화도로 돌려보내기 위함임을 드러냈다.

그러자 유언호가 깜짝 놀란 다음 눈물을 흘리며 말했다. "이것이 어찌된 일입니까? 죄인이 지금 어느 곳에 있습니까?" 정조가 채찍으로 가리키면서 이르기를, "저 배 위의 군막(軍幕)에 있다"고 하였다. 은언군 이인을 빼돌리는 작전은 1796년 4월과 1797년 8월 15일에도 있었다. 정조는 죽기 한 해 전인 1799년 10월 27일에도 은언군을 놓고 벌이는 숨바꼭질을 벌였다. 정조는 강하게 임금을 비판하던 우의정 이시수를 파직시키고 새로 영의정에 임명된 이병모에게 속내를 털어놓았다.

"해마다 이런 일이 있을 때면 번번이 응수하느라 서로 피곤하다. 이제 좀 단련이 되고 서로 무디어질 만도 하지 않은가? 한 번 만나기만 하면 모두 북새통을 떨며 볼품없이 만들고 마는데, 만에 하나 혹시라도 뜻밖의 일이 벌어지면 임금과 신하간의 명분이 뒤죽박죽되고 말 것이다. 해마다 반복되는 일이니 좀 제발 호들갑을 떨지 말라."

은언군에 대해 이렇게 정조가 대궐을 초긴장 상태로 빠트리며 노린 정치적 동기는 분명하지 않다. 다만 10년 동안 한 해도 빠트리지 않고 줄기차게 그 일을 반복한 것은 정조에게 마지막 남은 혈육에 대한 온정이나 연민 그것으로만 설명하지 못하는 울분이나 분노가 쌓여 있었다.

1789년 10월 2일 아버지 사도세자의 묘 이장을 함께하고 싶었던 마음을 몰라주고 정순왕후가 자신을 능멸했다고 판단한 정조. 그는 그 분노를 10년 동안 집요하게 붙들고 있었다. 정조 죽음 이후 정조의 모든 개혁정책들이 다 물거품으로 돌아가고 정조를 도와 개혁정치를 폈던 남인들이 모두 서학의 뿌리라고 살아남은 자들은 효수당하고 죽은 자는 역적으로 관직이 모두 거둬졌다. 그런 가혹한 탄압의 뿌리에는 대비가 정조에게 당한·모욕 때문이다.

사소하고 집요한
여인의 증오심

정조는 왜 10년 동안 그렇게 은언군 문제에 집착했을까? 다분히 나이 어린 할머니를 희롱했다고 생각하는 사람도 있었다. 그러나 은언군을 감싸고 신하들을 정신없게 만든 정조의 행동에는 왕실의 아픈 역사를 관통하는 피맺힌 한이 있었다. 그래서 정순왕후가 가진 분노와 정조의 분노는 그 깊이가 다르다. 정조의 형제는 아버지 사도세자의 배다른 형제 은언군·은신군(恩信君, 1755~1771)·은전군(恩全君, 1759~1778) 이렇게 세 명이다.

그런데 그 가운데 막내 은전군 이찬이 집권 초반 자기 어머니 경빈 박씨(景嬪 朴氏)가 아버지 사도세자의 정신질환으로 죽음을 당하자 그 복수심에 정조를 살해하려던 무리들과 뜻을 같이했다가 발각되었고 정조의 뜻에 따라 자결했다. 은전군은 너무 지식이 없었고 정조 역시 사려 깊게 행동하지 못한 것에 대한 후회가 있었다. 또한 둘째 은신군 이진은 정조가 집권하기 전인 1771년 2월, 정순왕후의 오빠 김귀주가 "세손과 그의 형제들이 종로에서 낮에 술을 먹고 방자하게 놀았다고 합니다"라는 상소를 올리는 바람에 치매기 있던 영조가 대노해서 은신군을 제주도로 유배 보내 버렸다.

　은신군은 그곳에서 두 달 만에 죽었다. 너무 어린 나이 죽는 바람에 그 역시도 후손이 없었다. 그런데 흥선대원군(興宣大院君, 1820~1898)과 고종이 은신군의 후손으로 역사에 등장하는데 그 이유는 남연군(南延君, 1788~1836)이란 인물을 은신군의 양자로 입양했기 때문이다. 원래 남연군은 인조의 셋째 아들 인평대군(麟坪大君, 1622~1658)의 7대 손이었다. 후손들이 귀해지자 조선의 왕실에서는 대를 잇기 위한 편법으로 이렇게 부득이한 조치들을 취하고 있었다. 조선 16대 군주 인조에게는 정실 왕후의 아들 4명이 있었다. 그 가운데 소현세자는 청나라를 다녀온 뒤 아버지 인조에 의해 독살됐다. 소현세자 역시 당쟁의 희생양이었다. 그리고 둘째 봉림대군이 효종으로 등극했으며 문제의 세 번째 아들 인평대군은 네 명의 아들이 있었는데 그들 가운데 복창군(福昌君, ?~1680) · 복평군(福平君, ?~1680) · 복선군(福善君, ?~1680, 이들 3형제를 삼복의 변이라 부른다) 등 세 명이 허적의 아들 허견(許堅, ?~1680)과 역모를 꾀했다는 이유로 모두 처형을 당한 것이다. 서인 정권이 남인 정권을 몰아내기 위한 정치기획인 셈이며 그 희생양으로 왕손들이 모두 죽음을 당한 불행한 사건이었다.

이처럼 당파 갈등이 첨예해지면서 가뜩이나 귀한 조선의 왕손들이 역모의 수괴로 억울하게 목숨을 잃는 일이 잦아진 것이다. 정조는 그 악순환의 고리를 끊으려 했다.

❀ 50년을 내다 본 싸움

정조가 은언군 이인에게 집착한 것은 극진한 형제애라는 감성적인 것 뿐 아니라 왕실 앞날을 생각한 면도 있었다. 조선 왕실이 손이 귀해지기 시작하면서 정조의 아들로는 순조가 유일했고 무슨 일이 있으면 대를 이을 사람이 없었다. 만약 세자(순조)에게 무슨 일이 생긴다면 조선의 운명은 끝이라는 절박감이 있었다. 20년이나 30년 앞까지 내다보고 정치를 하는 정조, 그런 정조의 생각은 그가 죽은 지 50년 만에 적중한다.

순조의 아들 효명세자(孝明世子, 1809~1830)가 대리청정 4년 만에 죽었지만 다행히 아들 헌종이 있었다. 그런데 헌종이 후손 없이 숨을 거두자 왕실의 혈통을 잇기 위해 은언군의 손자 가운데 강화도령 '이원범'을 임금으로 삼은 것이다. 그가 바로 사람들이 말하는 '강화도 농사꾼' 철종이다. 만약 은언군을 정조가 끝내 살리지 못하고 정쟁의 희생양으로 죽게 했다면 조선의 왕실은 대가 끊긴 사태를 맞이할 뻔했던 것이다. 50년 앞을 내다 본 정조의 통찰력이 왕실의 명맥을 잇게 한 것이다.

정조의 분노는 치밀하고 정교하며 차가운 열정, 혹은 냉정한 이성을 동시에 내포하고 있다. 그러나 은둔과 침묵 속에 빠져 오직 눈앞에 분노나 상실감으로 몸서리 친 정순왕후는 정조의 복잡함을 이해하지 못했다. 아니 이해하려 하지 않았다. 1800년 7월 4일 정순왕후는 24년 침묵의 수정궁을 나와 대전에서 수렴청정 반교문을 발표하였다. 침묵하던 여인의 카리스마가 그 빛을 발하는 순간이었다. 여인은 심환지를 영의정에, 이시수를 좌의정에 그리고 서용보(徐龍輔, 1757~1824)를 우의정으로 삼았다. 그렇게 해서 1803년 12월까지 꼭 3년 반 동안 조선은 정조의 개혁이 다 허물어지고 권력을 탐하는 문벌 귀족들만의 세상이 된 것이다.

시계를 거꾸로 돌리는 일은 그리 오래 걸리지 않았다. 정순왕후는 노론 시파를 탄압하고 벽파를 전면에 배치했으며 소론을 억압하고 남인은 씨를 말렸다. 정순왕후의 남인에 대한 분노는 너무 커서 그들을 서학의 뿌리로 규정하고 확실히 제거했다. 1803년 12월 13일 창덕궁에 큰불이 나서 선정전과 인정전이 다 타버리자 정조의 많은 유물들이 불에 탔다. 민심이 흉흉해지기 시작했다. '암탉이 나라를 망치고 있다'는 유언비어가 돌았다. 그해 유난히 큰불이 많았다. 함경도에서는 화재로 수천 가구가 소실되고 수백 명이 죽는 일도 있었다. 정순왕후는 "내년 임금의 나이 열다섯이니 수렴을 거둘 때가 됐다"고 말한 뒤 1803년 12월 28일, 4년 동안의 수렴청정을 마쳤다.

🏵 다시 맡겠다고 나선 대비

그런 그녀가 1804년 6월 23일, 수렴청정을 거둔 지 6개월 만에 다시 대전에 나타났다. 대비는 발을 치고 이렇게 말을 했다. "다시 맡겠다. 그동안 4년 동안 내 노력을 비난하는 것을 더 이상 참고 있을 수 없다." 그러자 좌의정 이시수와 우의정 김관주가 "물러난 대비께서 다시 수렴하는 예는 없습니다"며 강력하게 반대했다. 몇 시간 동안 신하들의 반대에 부딪힌 정순왕후는 물러나면서 "나에 대해 공격이 지나치면 가만있지 않겠다고 경고한 뒤 자기 처소로 돌아갔다. 이틀 뒤 대비는 자기가 하고 싶은 말을 언문교서로 내렸다. 그 교서에는 그동안 유생들의 상소에서 서운했던 것들 모두를 꼼꼼히 기록하고 그 상소가 들어오게 된 근원을 밝혀 죄를 주라고 명했다.

한때 신하들 하나하나에게 충성 서약을 받기까지 했던 그녀였다. 그러나 권력이 손에서 떠나자 배신이 그녀를 분통 터트리게 했을 것이다. 정순왕후는 수렴청정 복귀 실패 후 6개월 만인 1805년 1월 12일 갑자기 죽었다. 그녀는 죽기 이틀 전 아프다는 말이 있고 하루를 꼬박 누워서 신음한 뒤 그 다음 날 정오에 죽었다.

정순왕후를 당시 사람들은 한나라 유방의 아내 여후(呂后)라고 불렀다. 여후라는 여인은 정복욕에 불타던 한고조 유방의 아내로 유방이 죽자 아들을 대신해 수렴청정을 했던 여인이다. 정치적 수완도 뛰어났던 여인은 유방의 평생 라이벌 항우를 제거하는 계략도 그녀의 머리에서 나왔다. 그렇지만 그녀는 여자로서 매력은 별로 없었다. 그래서 남편의 사랑을 다 받지 못했다. 유방이 죽은 뒤 권력을 잡은 여인은 자신의 친정 집안사람들을 고위 고관에 등용시켜 여씨 정권을 수립하였다. 정순왕후가 여후와 비슷한 점은 경주 김씨, 즉 자신의 친정 문벌을 중시한 그 점이다. 그래서 조선 정치를 소위 유명 문벌가문들이 독점하는 세도정치로 몰아간 인물이다.

실록에는 정순왕후를 여후에 빗댄 흥미로운 기록이 나온다. 바로 이조판서 윤행임(尹行恁, 1762~1801)이 한 말이다. "한신과 팽월은 한나라 고조(高祖)의 공신인데, 뒤에 여후의 모략에 의거 반역으로 몰려 삼족이 멸한 화를 당했고 박소는 한 문제(文帝)의 외삼촌으로 온갖 방자한 짓을 했으므로 자결하게 하였으나 자결하지 않자 문제가 그의 집으로 백관을 거느리고 가서 조곡(弔哭)하자 드디어 자결했습니다."

윤행임이 이런 말을 꺼낸 것은 1800년 12월 29일 대전에서다. 정순왕후 앞에서 한 말은 포악하기 이를 데 없는 여후를 정순왕후와 동일 인물로 놓고 홍낙임의 처벌을 주장한 것이다. 윤행임의 상소는 분명 손가락으로 비난한 것은 홍낙임이지만 마음속은 포악한 상징, 여후를 정순왕후와 비교한 것이다. 시대는 분명 정조가 우려한 것처럼 학문적으로 우수한 인재들이 정치를 이끌어가지 못하고 싸움꾼들이 판을 치는 세상이 된 것이다. 그래서 윤행임의 방자한 언동을 문제 삼는 인물이 없었다.

윤행임의 말이 문제가 된 것은 5개월 지난 뒤 우의정 서용보가 정순왕후에게 윤행임을 비난하면서 "얼굴과 마음이 서로 달라 겉으로는 공경하지만 마음으로 비웃고 남을 속여 이익을 꾀하는 자이니 서둘러 처벌해야 옳을 듯합니다"라는 탄핵 상소를 올린 것이다. 결국 서용보의 상소가 받아들여져 윤행임은 전라도 신지도로 유배형에 처해졌다가 노론 시파 정치인들을 사사시킬 때 같은 부류 인물이란 이유로 사약을 내려 죽여버린 것이다.

1801년(신유년)에 벌어진 정순왕후의 정치적 탄압은 천주교 박해라는 명목으로 남인을 완전히 제거하고 소론을 재기 불능상태로 만들었으며 노론 시파 역시 노론의 의리를 지키지 않은 집단이란 이유로 대거 숙청해버렸다. 공교롭게도 정순왕후 역시 수렴을 하는 동안 유난히 '의리'를 강조했다. 그녀의 '의리'는 정조의 대의가 아닌 흔히 말하는 조폭들의 의리일 뿐이다.

개혁을 위한 치밀한 전략

정조의 24년 정치를 설명할 때 은언군과 함께 또 한 인물을 빼놓을 수 없는데 그가 바로 채제공이다. 왕족들을 정쟁에 끌어들이는 못된 당쟁의 습관의 타성을 끊기 위해 은언군 문제에 집착한 정조, 채제공은 개혁이란 화두이자 상징으로 표현된 인물이다. 1790년 11월 27일, 정조는 채제공을 좌의정에 임명했다. 그런 임명이 있기 몇 달 전에는 심환지가 임금에 대해 공개적으로 비판하고 나섰다. 그는 정조의 인사가 공평하지 않다고 주장했다. 이에 정조는 심환지의 상소를 묵살하고 채제공을 좌의정으로 배치한 것이다. 1790년 5월 정조는 수원부사 조심태(趙心泰, 1740~1799)에게 수원을 상공업 중심지로 육성하라는 명을 내린다. 그리고 필요한 돈 6만

냥을 우선 균역청에서 지원하라 지시한다.

　1791년 2월 12일 '신해통공'의 발표는 그야말로 기득권 전체에게는 전쟁 선포나 마찬가지였다. 채제공은 정조에게 이렇게 보고했다. "종로에서 30년 동안 새로운 점포가 생겨난 것은 두 세 곳에 불과합니다. 금난전권의 독점이 심각합니다." 그렇게 해서 금난전권이라는 기득권 상인들의 특권을 모두 철폐했다. 1706년(숙종 36)부터 지속하던 기득권이 무너진 것이다. 신해통공이 발표되던 날 정조는 숭고한 고문의 품격을 떨어트리는 문장들을 구사하는 선비들도 손을 보겠다고 경고했다. 자잘한 소설 형식의 문장들이 문학의 품격을 떨어뜨린다며 일명 '문체반정'의 문화 복고주의를 표방한 날이 신해통공을 발표하던 날 함께 언급한 것은 정조의 정밀하고 치밀한 포석이 담겨 있었다.

　『논어』에는 시경을 잘 배우면 제후(신하)들을 잘 다스릴 수 있다는 말이 있다. 1791년 10월 9일, 채제공은 정조에게 『시경』의 한 구절을 인용해 이렇게 말했다. 그날 천둥이 치고 번개가 치는 날이었다. "전하! '기욱장'에 이런 대목이 있습니다. '슬혜한혜(瑟兮僩兮)', 주자는 '슬(瑟)은 엄밀한 모양이고 한(僩)은 강인한 모양이다'라고 해석했습니다." 정조는 채제공의 말을 듣고 "경의 말은 정문일침(頂門一鍼)이라 할 만하다"라고 말했다.

　채제공이 정조에게 던진 화두는 개혁을 어떻게 해야 하는지를 말해주는 핵심을 찌르는 말이었다. 채제공의 강공 개혁정책이

1791년 11월 서학문제에 부딪쳤다. 11월 7일 전라도 관찰사가 장계를 띄워 서학의 무리들을 고발했다. 그 가운데 고려 말 권근(權近, 1352~1409)의 후손 권일신(權日身, ?~1791)이 남인이며 채제공의 제자인 것이 더욱 문제가 됐다. 그는 1782년 이벽(정약용의 친구)의 권유로 천주교에 입교했다. 일이 터지자 채제공은 "저들 무리(남인)들이 의지할 데 없어 그리된 것입니다. 제 책임이 큽니다"라고 용서를 빌었다. 대개 남인 계열의 소장학자들 이승훈(李承薰, 1756~1801), 이가환(李家煥, 1742~1801) 등도 연루됐기 때문이다. 정조는 채제공에게 서학의 문제를 스스로 처리하라 지시했다.

문제의 근원인 채제공에게 문제를 해결하라고 지시한 것이다. 그러나 결국 채제공은 한 달 만에 좌의정에서 파직된다. 서학과 남인 세력을 한 묶음으로 보고 공격하는 노론의 공격을 넘지 못한 것이다. 하지만 채제공은 파직 얼마 뒤 다시 복직됐다. 정조는 그 이유를 우의정에 제수된 박종악(朴宗岳, 1735~1795)에게 이렇게 설명했다. "좌상이 몇 해 동안 혼자 조정 일을 했다. 서학을 진압하라 명했지만 그 혼자 힘으론 부족하고 진압해서 될 일이 아니라 교화해야 한다. 경은 학문도 깊고 싸움을 좋아하지 않으니 내 특별히 발탁했다."

정조는 그러면서 위기에 빠진 남인 세력이나 채제공을 위해 두 가지 사건을 기획해서 엄호 사격을 해준다. 그 한 가지가 바로 문화군주로 자처하던 정조가 자기 모순적인 모습을 보여준 '문체반정'이었다. 정조가 꺼내 든 이 문화탄압 정책은 그가 진보개혁 군주라는 정체성을 의심하게 할 사안이지만 앞서 말한 것처럼 정치적으로 노론 소장학자들을 겨냥한 '양날의 칼'로 볼 수 있다. 즉 연암 박지원 부류의 이서구나 남공철(南公轍, 1760~1840) 등을 겨냥해서 문풍의 퇴폐함을 지적하면서 그들이 '서학의 뿌리'라고 비난하는 남인의 공격의 칼을 무디게 할 뜻도 포함된 것이다. 그래서 '문체반정'이란 카드는 양날의 칼로 채제공이나 남인 공격이 집요하게 전개되던 1792년 더욱 강도 높게 사용됐다.

정조는 언제나 스스로 개혁군주라는 이미지를 불식시키기 위해 오히려 자신을 보수적 이미지로 자주 덧칠했다.

🌀 위기를 반전시킨 영남 유생들의 상소

정조는 '문체반정'이란 양날의 칼을 들었지만 그것으로 남인이나 채제공을 위기에서 구출할 당장의 묘약은 아니었다. 정조의 고심은 깊어갔다. 그 무렵 과거 영의정까지 지냈던 김상철이 죽었다. 정조는 제주도에 귀양을 가 있던 그의 아들 김우진(金宇鎭, 1754~?)을 풀어주었다. 그러자 그 명령을 받은 의금부도사가 명을 받지 못하겠다고 버텼다. 정조는 그를 파직시켰다. 그러자 이번에는 채제공이 김우진에게 탄핵을 당한 아픈 기억을 이야기하며 선처를 중지하라고 호소한다. 그러자 정조는 채제공을 엄히 나무란

제4장 | 치열하게 길들이기

231

다. 이에 채제공은 한동안 입궐하지 않았다. 일흔셋이란 나이는 작은 것에도 서운할 나이였다.

채제공은 정조에게 송나라 왕안석(王安石, 1021~1086) 같은 인물이었다. 두 사람은 스타일도 비슷했다. 뭔가 해야 할 일이 있으면 치밀하게 준비하고 막상 추진하면 전광석화처럼 끝내는 스타일이다. 그런 채제공이 의욕을 잃고 있었다. 정조는 조정에 뭔가 새로운 바람이 필요했다. 충격적이고 신선한 사건이 필요했던 정조는 영남 유생들 1만 명의 상소 사건을 기획한다.

조선 역사에서 유생들의 집단 상소는 기꺼해야 천 몇 명이 전부였다. 1785년 6월, 함경도 유생 890명이 한양으로 올라와 상소를 올렸다. 조선의 끝에 위치한 함경도, 산도 많고 험해 좀처럼 그곳 유생들이 한양에 올라와서 상소 올리는 일이 드물었다. 그런데 1785년 3월에 일어난 '정감록 사건'에서 함경도 출신 주형채란 자를 사형에 처하지 않았다고 항의하기 위해 유생들이 대거 한양에 상경한 것이다. 정조는 승정원에 명해 그들이 하루 대궐 밖에서 유숙할 수 있도록 필요한 조처를 취하고 아침까지 대접하라 한다.

함경도 그 먼 곳에서 자신들의 뜻을 전하기 위해 올라온 것에 감동한 것이다. 그리고 다음 날 그들을 대궐 안으로 들어오게 한 다음 '충효'라는 주제로 시험을 치게 한 것이다. 그래서 그들 가운데 장원과 차석을 뽑고 그들은 과거시험에 초시를 면제하고 곧바로 회시(복시)에 응시할 기회를 준 것이다.

이때의 기억 때문이었을까? 정조는 '영남 유생 1만 명 상소 작전'을 은밀하게 추진했다. 아니 역사의 기록들은 영남 유생들 자발적인 행동이라고 말하지만 정조의 정치 스타일이 상당히 치밀하고 계획적인 것을 감안한다면 의도한 사건일 가능성이 높다. 여러 정황들을 살펴보면 우선 그해 봄, 정조는 규장각 각신 이만수를 보내 도산서원(퇴계 이황을 모신 사당)에서 제사를 올리는 시점에 맞춰 영남 지방 전체 유생들을 상대로 시험을 보게 한다. 1792년 4월 4일, 이만수가 정조에게 올린 장계를 보면 영남 도내 1만 명의 유생들이 도산서원 앞뜰에서 질서정연하게 시험을 치렀으며 그 가운데 5천 명 정도가 시험 답안지를 내고 끝까지 남았다고 알려왔다.

그리고 영남 유생 1만 명의 상소가 올라온 해가 어떤 해인가? 아버지 사도세자가 억울하게 죽은 지 30년 되는 해이다. 특별한 날, 특별히 기념될 어떤 의미 있는 사건을 연출하기 좋아하는 정조다. 물론 3년 전에 진흙투성이였던 아버지 묘를 수원의 명당자리에 옮긴 것으로 가슴에 꽉 막힌 한이 좀 풀렸지만 여전히 아버지 죽음에 대해서 억울하게 죽었다고 나서서 말하는 자들이 없었다. 임금 스스로 말하기는 너무도 답답한 상황이었다.

1792년 윤4월 27일, 영남 유생 1만 57명이 상소를 올렸다. "저희들은 매번 『시경』 구절을 읽을 때마다 '한없이 멀고 푸른 하늘아 이렇게 만든 사람 누구이던가'라고 한 곳에서 책을 덮고 탄식하지 않은 적이 없습니다. 저희들은 영조대왕 50년이 길러낸 신하이며 장헌세자(사도세자)의 14년 대리청정의 뜻을 받드는 신하들입니다. 영조대왕은 모년 모일(사도세자 죽음)의 일을 곧바로 후회했고 세손의 원수는 김상로라 말씀했습니다." 상소의 내용은 정조가 쓴 글처럼 마음 깊은 곳에 있는 울분을 끄집어내고 있었다.

상소를 올리는 광경도 일대 장관이었다. 1만 명이 넘는 유생들이 대궐 앞에서 사도세자 죽음이 억울하다고 일제히 외쳤다고 상상해보자. 광화문 그 넓은 거리가 경상도에서 천리 길을 달려온 유생들로 꽉 차고 했을 때 사도세자를 죄인으로 몰아세웠던 세력들은 간담이 서늘했을 것이다.

1만 명이 넘는 유생들은 5월 7일 2차 상소를 올렸다. 인원은 1차보다 더 많은 1만 368명이었다. "신들이, 한 도(道)가 같은 소리로 1만 명이 서로 호응하여 천릿길 발을 싸맨 채 생사를 무릅쓰고 앞으로 나온 것은 사도세자의 억울함을 풀기 위함입니다." '천릿길을 1만 명이 서로 호응하며 달려왔다'는 말에 그들의 정치적 행위가 얼마나 절박하고 간절한지 알 수 있다. 오늘날처럼 교통이 발달한 것도 아니고 호남처럼 평야지대도 아닌 영남이란 그 외진 곳에서 특히 안동이나 예천, 봉화 이런 곳은 오늘날도 교통이 발달한 곳은 아니다.

그런 외진 곳에서 한 달 이상 임금에게 상소 한 장을 올리기 위해 1만 명이 조직적으로 올라왔다는 것은 정치사적으로 대단한 일이었다. 2차 상소를 올리고 5월 12일 영남 유생 1만 명은 올라온 것처럼 질서정연하게 고향으로 내려갔다. 하루 전날 그들에게 양식을 주라고 지시했지만 그들은 자신들은 양식을 얻기 위해 올라온 것이 아니라며 사양하고 내려갔다는 보고를 들은 정조는 그들의 기개에 탄복했다. 그러나 『정조실록』은 영남 유생들의 이런 기개에 의도적으로 축소하여 실었다. 정순왕후와 정조의 대결 장면은 시시각각 상세하게 기술한 실록 편찬자는 영남 유생 1만 명의 상소를 그저 다른 상소 사건과 차이 없이 아니 오히려 축소해서 적어놓았다. 영남 유생들의 1만 명 상경과 상소 사건은 정조의 지지부진한 개혁에 큰 힘을 실어 주었다. 이들 집단행동은 정조와 채제공의 남인에게 강력한 지지 세력으로 저 영남 지방이 버티고 있다는 무력시위였다.

금등을 꺼내
반대세력을 설득하다

경제개혁이란 위험하다. 진보와 보수를 막론하고 재산이 준 사람들에게는 평생의 한을 품게 하는 것이 바로 경제개혁이다. 정조는 경제개혁을 하기 위해 집권 초반 여러 일에 매달렸다. 우선 토지제도를 획기적으로 바꾸려 했지만 워낙 개혁을 추진할 동력도 없고 지지하는 정치세력도 없어 지지부진했다. 그래서 실천 가능한 일부터 추진하려 했다. 바로 세금문제였다. 백성들이 늘어나는 세금으로 등골이 휘는 것을 막기 위해 우선 왕실부터 고통을 분담했다. 왕실이 백성들에게 세금을 직접 거두는 일을 일절 금하고 모든 세금은 호조로 단일하게 했다.

세금이나 조세에 정조가 그렇게 심혈을 기울인 것은 『조선왕조실록』에도 자세히 나와 있다. 영조는 집권 기간 세금이나 조세를 언급한 기사는 약 150건이다. 그러나 정조는 200건이 넘는다. 할아버지 영조에 비해 집권 기간이 절반이란 점을 감안하면 당시 18세기 조선 백성을 괴롭혔던 세금문제를 고치려는 개혁군주 정조의 면모를 볼 수 있다.

🌀 육의전 상인들의 원정 시위

1793년 3월 10일 좌의정에서 물러나 수원유수로 있던 채제공은 "종로의 육의전 상인 약 70명이 수원까지 내려와 집단 시위를 벌였습니다"라는 장계를 정조에게 보냈다. 그러자 이에 대해 다음과 같은 답을 보냈다.

"이 일에 대해서는 말들이 하도 많고 비방과 칭찬이 반반이라서 그 이해관계를 분명히 알 수 없다. 그런데 이제 경이 아뢴 말을 듣고 보니 백성들의 풍습이 놀랍다. 대저 공인(貢人)과 시장 상인은 바로 도성의 근본이 되는 것이니, 진실로 다독여 구휼해야 하겠지만, 이런 문제에 있어서는 나는 당연히 기강을 소중하게 여기는 바이다."

정조의 이런 탄식에는 '신해통공'에 대한 반대가 자못 대단한 것을 알 수 있다. 1793년 5월 25일 정조는 영의정에 채제공을 좌의정에 김종수를 임명했다. 정조는 수원유수 채제공에게 영의정으로 뽑은 이유를 자세히 설명해주었다. "정승 추천 인사가 모두 303인이었으며 영의정 물망에 오른 사람은 약 100명이었다. 내가 경에게 뜻을 기울여온 지 여러 해다. 화성의 성역을 잘 마무리했고 지금 개혁을 한시도 늦출 수 없는 시기다. 그래서 늙은 재상을 다시 발탁한 것이다. 경에게 영의정을 제수하고 이에 사관을 보내어 속히 돌아오기를 권면하노니 경은 모름지기 당일로 길을 나서도록 하라." 채제공의 나이 일흔네 살이었다.

그동안 영의정 자리는 오랫동안 공석이었다. 1789년 1월 김치인이 너무 늙어 일을 보지 못하고 병으로 죽었고 이어 김익을 영의정에 발탁했지만 그 역시 몇 개월 만에 죽었다. 또한 이재협을 1789년 11월 영의정에 발탁했지만 그는 몇 개월 만에 정조가 원하는 정치와 뜻이 맞지 않는다며 입궐하지 않았고 1790년 숨을 거두었다. 그 뒤로 약 3년 동안 영의정이 공백상태였다. 채제공을 영의정에 발탁하고 좌의정에 김종수를 임명했지만 문제는 김종수였다. 정조는 김종수에게 마치 삼고초려의 형식을 갖춰 맞이한다.

"경은 바로 나의 옛 신하이다. 내가 경을 알게 된 것도 경 때문이고 경을 취하게 된 것도 경 때문이다. 경은 바로 옛사람이 말한 '우리 편의 선비'라고 하겠다."

이렇게 말한 것을 보면 노론을 자기편이라고 정조는 김종수에게 말하고 있다. 세손 시절부터 온갖 풍상을 겪으면서 마음은 언제나 한결 같았다고 김종수를 치하했다. 그러나 김종수는 이틀 뒤 중책을 받지 못하겠다며 "악역을 맡지 않겠다"고 적었다. "아, 선비란 자신을 알아주는 사람을 위해 죽는 것입니다." 김종수는 죽음이 두려워 그런 것이 아니라 나라에 해가 될까 걱정이란 이야기를 했다. 두 사람은 열흘 넘게 청하고 거절하길 반복했다. 오랫동안 편지를 나누면서 김종수가 좌의정을 맡지 않겠다는 이유를 드러낸다. 바로 채제공 때문이었다. 김종수는 영남 유생 1만 명을 동원한 것도 그의 계략이라고 정조와 채제공을 싸잡아 공격했다. 그러면서 정조에게 의리를 이야기했다. 채제공과 자신을 놓고 충신과 역적을 구분해 달라는 것이다. 도저히 한 하늘 밑에서 있을 수 없다는 말까지 했다.

정조는 두 사람 사이 건널 수 없는 강, 화해할 수 없는 도도한 원한의 강이 있다는 것을 확인하고 마침내 극단적인 처방을 내린다. 그것이 바로 '금등(金縢)'이었다. 쇠줄로 단단히 봉한 비밀문서를 넣어둔 상자. 원래는 주공(周公)이 무왕(武王)의 병을 낫게 하기 위하여 자신의 목숨과 바꾸게 해달라고 하늘에 기원했던 글을 넣어두었던 상자를 말한다. 주공은 주나라를 세운 무왕의 동생으로 어린 조카를 보필해서 훌륭한 정치를 폈다고 한다. 조카 성왕(成王)을 보필하던 무리들이 주공이 군주의 자리를 탐하고 무왕을 독살했다고 자꾸 모함하였는데 이 금등이 발견되면서 성왕이 오해를 풀었다는 고사에서 유래한 말이다.

여기서는 영조가 사도세자를 죽인 뒤 이를 후회하여 기록한 비밀문서를 말한다.

🏵 31년 만에 나온 영조의 금등비사

정조는 임금이면서 신하들과 의를 중요시하고 그것을 실천한 인물이다. "사람 사이 의리가 제일 중하다." 정조가 항상 말한 것이다. 그런데 채제공과 김종수 두 사람을 모두 껴안고자 했지만 한 사람을 껴안으면 한 사람이 튕겨 나갔다. 이때 바로 그 유명한 '금등' 이야기를 꺼낸다. 1793년(정조 17) 8월 8일 정조는 원로들을 포함 현직의 2품 이상 내각과 삼사 신하들을 모두 모이게 했다.

"경들이 말한 것에 내 뜻을 전하려 한다. 요즈음 나타나고 있는 좋지 못한 꼴들은 차마 말하지 못하고 제기하지 않겠다. 그저 단 한마디만 하겠다. '의리를 밝히고 윤리를 바로 세우자'는 말 그것 하나다." 그러면서 금등의 이야기를 꺼냈다. "이 일은 이미 오래전에 말하려 했지만 채제공이 말려 지금까지 덮어둔 일이다." 그러면서 정조는 승지를 시켜 경모궁(사도세자 사당)에 있는 방석을 가져오라 지시했다. 그리고 이어 정조의 말이 이어졌다.

"채제공이 도승지로 있을 때 선왕이 휘령전에 나와 사관을 물리치고 승지만 앞으로 나오게 한 뒤 편지 한 통을 주면서 신위(神位) 아래 있는 방석 속에 잘 간수하도록 하였다. 그것이 바로 금등이었다. 금등 속의 말은 하나는 자식을 사랑하는 마음이요 하나는 지극

한 효성에서 나온 것이니 이 얼마나 아름다운 일인가."

그리고 승지가 가져온 방석 안에 한 장의 쪽지와 피가 묻은 적
삼을 꺼냈다. 모인 신하들은 무슨 영문인지 몰라 어리둥절하고 있
었다. 정조는 그 쪽지와 적삼들을 대신들에게 돌려보게 했다. 그
쪽지에는 이런 글이 적혀 있었다.

"아! 피 묻은 적삼이여, 피 묻은 적삼이여! 동(桐)이여 동이여, 누가
있어 오래도록 이 금등을 간수하겠는가? 어서 나의 품으로 돌아오기를
바라고 바란다.(血衫血衫, 桐兮桐兮, 誰是金藏千秋 子懷歸來望思.)"

동(桐)은 사도세자의 이름이다. 영조는 죽기 직전 입었던 사도
세자의 적삼을 들고 그렇게 울부짖은 것이다. 아들을 죽인 아비의
마음이 어떤 것인지 '어서 나의 품으로 오라!'는 마지막 글이 가슴
에 절절히 맺힌다. 모인 신하들이 대성통곡했다. 31년 동안 경모궁
신전 방석 속에 감춰졌던 '피 묻은 적삼과 쪽지 한 장'을 통해 정
조는 위기에 빠진 채제공을 구한 것이다. 정조의 치밀한 전략들은
대개 이렇게 오랜 시간 적절한 시점을 저울질 하며 반전을 노린 경
우가 많다. 전날 회의에 참석하지 않은 김종수가 다음 날 임금을
찾아왔다. 그는 그 쪽지와 적삼을 직접 보려고 온 것이다.

정조가 먼저 말했다. "어제의 신하들은 의리를 밝히고 윤리를
바로 하는 일에 충성을 다짐하기로 했다. 오랫동안 가슴 깊이 간직

한 말을 할 때 내 마음 어떠했겠는가? 그런데 또 어떻게 차마 말을 시키는지. 그러나 경에게는 다시 자세히 말해야 할 것 같다." 그러면서 '금등'이 나오게 된 당시 상황을 설명했다.

"선왕이 휘령전(당시 사도세자 신위가 있던 곳)에 계실 때 도승지 채제공이 있었다. 선왕은 사관을 문밖으로 나가게 한 다음 한 통의 글을 주면서 신위(神位) 밑에 있는 요의 꿰맨 솔기를 뜯고 그 안에 넣어두게 하였던 바 그것이 바로 금등 문서였던 것이다. 그동안 한 번도 보이지 않은 것은 채제공이 간곡하게 말려 그런 것이다. 그러나 이제 채제공으로 인해 대궐이 자꾸 혼란스러운 것에 내가 참을 수 없어 말하기에 이른 것이다."

김종수 역시 그 피 묻은 적삼과 쪽지를 보았다. "아! 금등의 글이 나오자 두 임금의 덕이 더욱 빛나고 성상의 효성에 유감이 없게 되었습니다. 선왕의 어제(御製)는 하늘에 있는 해와 별과 같아 애당초 우리 전하가 일언반구라도 따로 언급하실 필요가 없었던 것입니다. 이제 누가 그 일을 말할 수 있습니까? 금등의 글을 그만이 알고 있었기 때문에 비록 남들이 감히 말할 수 없는 것을 그 혼자서 말했어도 용서가 가능했던 것입니다."

김종수는 왜 이제 그것을 꺼냈느냐고 정조에게 아쉬움을 드러낸다. 일찍 꺼냈다면 '의리'를 내세우는 임금의 뜻으로 채제공에 더 이상 시비를 걸지 않았을 것이란 뜻이 내포돼 있었다. 김종수의 이런 언급이 있고 더 이상 채제공에 대한 탄핵이 줄을 잇지는 않았다. 그러나 개혁의 칼을 준비할 때 정조는 항상 채제공 카드를 들었고 기득권 세력들은 여전히 그의 근본을 의심하고 있었다. 1793년 채제공을 영의정에 김종수를 좌의정에 배치하고 개혁을 추진하려던 정조는 결국 50일 가량 두 사람을 설득하다 실패하자 두 사람 모두를 내쳐버렸다. 김종수는 정조가 비장의 카드로 만지작거렸던 '금등'을 받고도 채제공과 함께하길 끝내 거부했다.

싫다는 유언호, 억지로 떠밀려 오다

유언호에 대한 지나친 집착과 이상한 애착은 정조의 치밀함이 무산될 때 오는 광기의 일종이다. 유언호의 집안은 유척기라는 영조 시대 명재상이 있었다. 1767년 10월 30일, 유척기가 죽자 영조는 그의 마지막 모습을 꿈에서 보았다며 안타까워했다. 그만큼 영조는 그를 좋아했다. 사도세자의 죽음도 그가 조정을 비운 사이에 일어난 것이다.

그래서 정조는 항상 유언호를 보면서 자네 집과 우리 왕실은 운명을 같이한 집안이라고 강조했다. 집권하고 얼마 뒤 유언호는 밤을 새우며 정조의 명을 받아 『명의록』을 지었다. 1777년 3월 6일, 『명의록』의 찬집당상 유언호에게 공로를 인정해 특별히 털로

짠 말안장을 하사했다.

　1779년 5월 홍국영이 권력을 탐하자 그를 도승지에서 내치고 유언호를 그 자리에 앉혔다. 유언호의 관료 코스는 훗날 정승을 예고한 배치였다. 1781년 2월 강화유수 그리고 얼마 뒤 개성유수를 지냈다. 정조는 이렇게 정승 자리를 주기에 앞서 강화도나 개성, 혹은 수원 유수를 지내게 했다. 그것은 정조의 인재 관리 포석이었다. 또한 유언호는 규장각 각신들을 관리하는 일을 맡아보면서 그 밖의 중요한 직책들을 수행했다. 1786년 한성판윤(서울시장) 자리를 맡고 있던 유언호가 전 영의정 김상철과 인척관계라 김우진의 청탁을 임금에게 넣었다는 소문이 돌았다. 유언호는 그런 소문이 부끄럽다며 정조에게 한성판윤 임명장을 대궐에 바치고 두문불출한 것이다. 정조는 몇 차례 설득하다 결국 그를 파직시켰다. 유언호는 그 뒤로 평안도 병마절도사로 배치됐고 드디어 정조의 복안대로 1787년 2월 25일 우의정에 제수됐다.

　그러나 유언호는 이 무렵 정조의 독단적인 행동들, 특히 죄인들을 석방한다거나 채제공을 정식 절차가 아닌 길거리에서 병마절도사로 발탁하고 그 사실을 나중에 병조판서의 재가를 얻는다거나 하는 것에 반감을 갖고 있었다. 약 6개월 동안 우의정에 제수된 유언호는 입궐하지 않고 있었다. 정조는 계속 그를 종용하고 있었다. 유언호의 고집도 황소고집이었다. 정조가 부르면 유언호는 잘못이 있어 대명(大命, 임금의 처분을 기다림)한다며 대궐 밖에서 머리를 조아렸다. 정조가 대명하지 말라 하면 다시 집으로 들어가고 대궐을 나오지 않았다. 그러면서 중국에 가는 사신 행렬에 유언호가 있었다. 그는 우의정이란 자리를 맡지 않겠다는 것이지 정조를 보지 않겠다는 것은 아니었다. 북경에 갔다 온 것이 1788년 2월, 정조는 유언호의 노고를 치하하며 잠시 쉬다가 부르면 나오라고 말한다.

🏵 죽어가는 사람처럼 끙끙거리고

1788년 여름 전염병이 창궐하고 죽어나가는 사람이 산을 이루고 있었다. 대궐에는 아프다는 핑계로 입궐하지 않는 중신들이 많았다. 한때는 채제공 문제로 입궐하지 않던 그들, 이제는 전염병에 걸릴까 벌벌 떨면서 집에 있으면서 녹봉은 꼬박꼬박 챙기고 있었다. 정조는 그런 모습에 화가 났다. 정조의 격한 감정은 유언호에게 날아갔다.

1788년 12월 3일, 동덕회 모임 자리에서 정조는 한 해 내내 부름에 응하지 않고 있는 유언호를 비난하며 서명선에게 이렇게 말했다. "유언호를 죽이고자 하는데, 경의 생각은 어떠한가? 살려야 한다고 생각되면 살리고, 죽여야 한다고 생각되면 죽이라 하라. 명확하게 말하라." 그러면서 정조는 한 해 동안 유언호와 벌였던 일들을 모두 말했다.

"그가 아프다고 해서 사람을 보냈지만 끝내 들어오지 않았다. 처음에는 무엇이 서운해서 그런지 비변사 낭청을 열 번이나 보내고 사관을 수십 차례 보내도 명을 받지 않고 강력히 항거하다 마지막에 가서 억지로 대궐에 이르렀다. 그래도 여전히 꼼짝하지 않고 연석이 파할 때까지 거짓으로 비틀거리고 걸을 때 끙끙거리는 신음소리를 내니 억지로 끌고 오게 한 임금에 대한 반항이다. 오늘날 만약 임금의 기강과 신하의 분수가 있다면 유언호가 살아 있을 수 있겠는가."

유언호가 입궐하지 않자 정조는 강제로 임금을 호위하는 액례들을 시켜 억지로 가마에 태워 대궐까지 끌고 온 것이다. 그런데 정조 앞에서도 그저 다 죽어가는 사람처럼 끙끙거리며 임금에게 저항하는 유언호의 모습이 실록에 그대로 묘사돼 있다. 정조는 굉장히 화가 나서 드디어 차마 들을 수 없는 전교를 내리었다고 사관은 적고 있다. 사관이 대개 '차마 들을 수 없는 전교'란 말은 욕설이 낭자함을 의미했다.

결국 유언호는 이틀 뒤인 12월 5일, 제주도에 위리안치(圍籬安置, 귀양지 집 둘레에 가시로 울타리를 치고 못 나오게 하는 것) 하라는 명을 받는다. 그리고 4개월 뒤인 1790년 4월 특별 석방으로 풀려난다. 정조는 유언호를 3년 동안 부르지 않았다. 화가 단단히 났으며 그 앙금이 풀리지 않은 것이다. 그리고 1793년 6월, 정조는 유언호를 영돈녕부사로 임명했다. 그러나 유언호는 틀어진 마음 때문에 대궐에 들어오지 않고 있었다. "어째서 이처럼 행동하는 것인가. 더구나 오늘 습의(習儀, 큰 제사를 미리 연습하는 의식)하는 일에도 참석하지 않다니, 이렇게 하고서야 어떻게 의리상으로나 명분상으로 편안할 수 있겠는가. 많은 말을 하지 않을 것이니 즉시 도성 안으로 들어오라."

🌸 '꽁하지 않는 것'이 우리 사이

다시 두 사람의 대립이 시작됐다. 유언호는 자신의 옹졸함을 부끄럽게 생각했다. 정조는 유언호에게 이렇게 말했다. "그동안의 일에 대해서 이미 더욱 후회한다고 말을 하였다. 또 지나쳤던 것을 스스로 안다. '꽁하지 않는다(不藏怒)'는 세 글자야말로 임금과 신하 사이 대등한 관계를 말함이다. 이제 경과 나는 과거 일을 말해 무엇 하는가? 내 마음도 풀어졌으니 경의 마음도 풀어질 수 있을 것이다."

그렇게 해서 좀처럼 길들여지지 않던 유언호는 정조의 품에 들어왔다. 1795년 1월 26일 유언호를 좌의정으로 채제공을 우의정을 제수하였다. 그런데 유언호는 채제공과 도저히 함께 일을 할 수 없다고 또 버텼다. 유언호는 다시 정조의 조치에 항거해 입궐하지 않았다. 정조는 유언호에게 이런 말을 했다. "옛날 중국 사람들은 주나라가 안 될 것 같으면 노나라로 갔고, 노나라가 안 될 것 같으면

제나라 등으로 갔다. 그러나 경은 사정이 틀리다. 조선 천지가 마음에 들지 않는다고 가봐야 압록강이고 대마도다. 그리고 가려면 물을 완전히 건너가라!(압록강을 넘으라는 말이다) 가라고 해도 양식을 준비하지 않은 채 머뭇거리며 떠나지 못하니 가봐야 얼마 뒤 또 돌아올 것이다.”

군신 사이 친구 같은 신의와 우정을 강조했던 정조는 ‘꽁하지 않는 것’이 우리 사이라고 했지만 유언호가 채제공과 등을 지고 대궐에 입궐하지 않자 ‘가려면 압록강을 건너가라!’고 소리치고 있다. 마치 연인에게 배신을 당한 사람 같다. 서운한 마음 가득했지만 정조는 유언호를 파직시키지 않았고 유언호 역시 그해 건강이 좋지 않았지만 이런 저런 문제들을 임금에게 진언했다. 3월에 벌어진 은언군 이인 빼돌리기 위한 수군훈련 참관에 대한 비판 상소, 그리고 6월에는 전염병으로 고생하는 백성들의 구휼과 쌀값 폭등에 대한 대안 방안, 그리고 8월에는 군량미로 너무 많은 양곡이 허비된다며 수어청을 혁파해야 한다는 상소, 그리고 10월에 남인의 영수 허적 복관문제를 취소해 달라는 요구 등 자신의 의견을 끊임없이 개진했다. 그러나 틈틈이 건강을 이유로 사직한다는 상소를 열심히 올렸다.

1795년(정조 19) 12월 16일 실록의 기사를 보면 “좌의정 유언호가 잇따라 장문의 상소를 올렸는데 그것이 벌써 서른 번째 사직상소다”라는 글이 나온다. 집요한 정조는 “경의 건강 상태로 보니 하루 이틀 사이 완치될 것 같지 않으니 걱정이다. 벌써 서른 번이나 사직을 요청했지만 요사이 세도(世道)가 편파적으로 되어 가고 기회만 엿보는 풍조가 만연해서 경을 함부로 체직(버슬 교체)시키지 못했다"고 말한다.

그렇게 아끼던 유언호도 1776년 3월 19일에 죽었다. 그는 죽기 한 달 전에도 정조에게 은언군 이인 문제로 신하와 대치하고 있는 정국 운영에 비판적인 글을 올렸다. 정조는 그가 죽었다는 소식을 듣고 그의 후배들 규장각 각신들을 보내 조문하게 했다.

제5장

미완의 꿈,
사라진 희망

내 인생은 고로여생이다

정조는 자기 인생을 '고로여생(孤勞勵生)'이라 했다. 고단하고 힘든 그러면서 외로운 인생이란 뜻이다. 아버지가 억울하게 죽고 사방에서 감시받는 생활 그리고 기대고 의지할 친구도 없이 살아야 했던 정조. 그래서 그는 사람이 그리웠다. 배다른 형제이지만 마지막 남은 혈육 은언군 이인에 대해서는 지나치게 각별한 애정으로 감싸 그로 인해 많은 정적을 추가로 만들었지만 스스로 다짐하길 "세상 가장 소중한 것을 잃어도 너를 죽게 하진 않겠다"고 말했다.

그런 의지 때문에 왕실의 최고 어른인 정순왕후와 볼썽사나운 대결들을 매년 동안 펼친 것이다. 집권 초반에는 자기 사람들을 만들기 위해 적과 동지들을 한데 묶어 '동덕회'라는 사조직을 만들었다. 임금이 사조직을 만들었다고 욕한다면 그것은 정조 집권 초기 상황을 잘 몰라서 하는 말이다. 적들로 포위된 상황에서 살기 위해 그런 조직을 만들었다. 그리고 그들과의 약속을 금과옥조처럼 지켰다. 매년 12월 3일이면 자기를 죽음 앞에서 구한 그들을 불러 함께 술상도 했고 지난날을 회상하며 서로 마음을 담은 편지도 교환했다.

임금이 너무 가볍지 않은가? 그리 비난하는 것은 그 시대를 모르고 하는 말이다. 중국에서 가장 혼란한 시기였던 춘추전국시대에서도 정조만큼 고통을 참고 견딘 임금은 없었다. 임금을 적으로 간주한 자가 사방을 에워싸고 있었다.

정조는 지도자로서 자질이 뛰어났지만 인복(人福)은 없었다. 가지지 못한 인복을 갖기 위해 때로는 싫다는 사람을 연인 붙들듯이 그렇게 애걸복걸 사정하며 곁에 두었다. 조선의 최고 성군으로 평가받는 세종은 선왕 태종부터 임금을 보필하는 화려한 인물들을 다수 이어 받았다. 하지만 정조는 영조에게 배신을 밥 먹듯이 하는 노회한 정치가들에 둘러싸여 있을 뿐이었다. 즉위식에서 참석한 자들은 "천세, 천세, 천천세!"를 외쳤지만 역대 어느 임금의 즉위식에서도 볼 수 없었던 가장 작은 목소리가 인정전에 울려 퍼졌다.

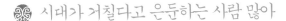

시대가 거칠다고 은둔하는 사람 많아

시대가 거칠어서 은둔하는 사람들이 많았다. 임금이 간곡하게 불러도 대답하지 않았다. 정조는 매년 은둔하고 있는 인물들을 찾으려고 애를 썼다. 그러나 정조가 원하는 정승들은 이미 세상에 존재하지 않았다. 오직 당수들만 존재했다. 할 수 없이 그 가운데 더 좋은 사람을 찾기 위해 신중에 신중을 기했다. 정조는 정승이 나라를 이끈다고 생각했다. 처음 집권하고 10년 동안 영의정을 발탁할 때는 원로들 의견들을 들어 선임했다.

서로 화합하는 정치의 모습을 보기 위함이었다. 정조는 즉위하고 9일 만에 영의정 김양택, 좌의정 김상철, 우의정 정존겸 등을 임명했다. 그러나 그들은 정조의 집권을 방해한 인물들이었다. 영의정 김양택은 의리를 내세워 물러났다. 그가 말한 의리는 노론과의 의리였다. 좌의정을 맡았던 김상철도 마찬가지지만 그는 5년 동안 영의정을 맡으며 자기 욕심을 채웠다. 그는 그나마 정조 앞에 떳떳했던 것은 영조가 승하할 때 세손에게 대보를 넘겨준 공로가 있었다. 그것을 인정받아 5년 동안 영의정 자리에 있었다.

집권 초기 정조는 여주에서 은둔하고 있던 김양행에게 여러 차례 영의정 자리를 제의했지만 번번이 거절당했다. 그는 정조에겐 참 아쉬운 인재였다. 1779년 3년간 선왕의 유훈정치가 끝나자 정조는 그를 찾아가 다시 부탁했지만 그때 이미 김양행은 건강이 극도로 좋지 않았다.

김상철이 물러나자 1781년 1월, 서명선을 영의정으로 발탁했다. 서명선이 또 약 5년 영의정 일을 보았고 1786년 김치인으로 교체했다. 김치인은 노론 인물이었다. 이미 영조 연간 두 번이나 영의정을 지낸 사람이다. 이때 이미 일흔이 넘은 나이라 조정에 다시 나오는 것은 무리였다. 그는 1790년 3월 3일 숨을 거두었는데 영의정 자리는 1789년 1월까지 맡았다. 그러나 3년 동안 영의정으로 있으면서 대궐에 있는 날보다 집에 있는 날이 더 많았으며 30여 차례 사직상소를 올렸고 정조는 그를 세 번 면직시키고 다시 복직시켰다.

1789년(정조 13) 이후 정승 체제는 매우 불안정한 상태가 전개됐다. 이유는 정조가 채제공을 정승 반열로 올리면서 그를 극도로 싫어하는 인물들이 출사하지 않고 그래서 정승 세 명이 한 팀을 꾸린 일이 거의 없는 공석의 시간이 많았다.

정조가 꿈꿨던 세 명의 정승은 채제공·김종수·유언호 이 세 사람이었다. 개혁의 칼은 채제공이, 그것을 감시하는 것은 유언호가, 그리고 김종수가 두 사람을 조정하는 역을 맡았으면 했다. 그러나 그 소원은 끝내 이루어지지 못했다. 1793년 채제공과 김종수가 마찰을 빚는 바람에 두 사람 모두를 물러나게 한 일도 있고 또한 채제공과 유언호 조합도 유언호의 극렬 반대로 무산됐다. 정조는 결국 홍낙성을 영의정에 임명했다. 풍산 홍씨인 홍낙성은 성품이 온화하여 남을 해치지 않았으며, 부유한 명문대가에서 성장하였으나 가난한 선비와 같이 검소하고 수수하게 지낸 사람이다. 혜경궁 홍씨와는 8촌 지간이었다.

외척을 중용하겠다고 마음먹은 것은 아니지만 대안이 없었던 것이다. 홍낙성이 영의정을 맡았을 때(1793년 6월) 이미 그의 나이는 일흔다섯이 넘었고 5년 넘게 영의정을 맡으면서 새로운 기풍이 돌지 않았다. 1797년 새해 첫날 정조는 홍낙성을 보며 "영상(領相)이 금년에 팔순이 꽉 찼는데도 어린아이 같은 얼굴에 노란 머리털이 다시 자라 건강하고 평안하니, 나라의 상서요 조정의 복이다"라는 말을 했다. 그만큼 나이는 많았지만 동안(童顔)이란 말일 것이다.

홍낙성이 죽은 뒤 정조는 한동안 영의정 자리를 공석인 상태에서 좌의정 심환지, 우의정 이병모를 중심으로 이끌어나갔다. 그러나 이미 개혁의 동력을 잃은 정조는 급격히 몸이 약해졌고 의욕도 떨어졌다. 1800년 1월 우의정 이병모를 영의정으로 앉혔지만 정조는 심환지와 비밀 편지에서도 드러낸 것처럼 이병모와 이시수를 끊임없이 의심했다. 그리고 열 살의 순조가 정조를 뒤 이어 등극하자 이병모는 심환지와 함께 대비 정순왕후의 뜻을 받아 정조의 개혁정책을 모조리 부정하는데 앞장을 선다. 소론의 몫을 줄곧 자기 혼자 독식하던 이시수도 저들과 별반 다를 것 없었다.

 정조, 인사 원칙을 말하다

"나는 사실이 덕이 없는 사람으로 등극한 이후 30년 가까운 세월 동안 나라를 다스리는 법이나 정책적인 면에서는 볼 만한 것이 한 가지도 없다. 죽은 채제공과 김종수 모두 8년을 사이에 두고 등용하고 내치기를 반복했다. 윤시동도 역시 처음에는 함께하지 않다가 8년을 등용하고 또 내쳤다. 이렇게 8년이란 주기를 기한으로 한 것은 의도적이지는 않은 것이다. 그러나 자못 돌이켜 보니 뜻이 깊었다."

이 말은 1800년 5월 30일 정조가 죽기 직전 말했던 오회연교(五晦筵敎)의 일부이다. 이 글에서 정조는 정승을 발탁할 때 일정한 원칙을 말한 것이다. 정조의 인사 원칙 중에 가장 으뜸인 것은 심하게 굽은 사람 아니면 다 자기 천성에 맞게 쓴다는 것이다. 그러나 크게 신임한 사람은 임금의 뜻에 따르지 않지만 강직한 인물을 우선으로 꼽았다. 임금과 뜻이 맞지 않으면 치열하게 논쟁해서 어떤 생각을 지향하는 것을 원했다. 그 다음 인사는 그저 임금의 뜻에 따르는 순종하는 인물이었다. 그러나 이런 인물들에게는 그리 큰 임무를 맡기지는 않았다.

묘한 것은 8년의 주기다. 정조는 앞서 자신 스스로 언급한 것처럼 의도하지는 않았지만 중책을 맡았던 인물이 탄핵을 당하거나 해서 물러나면 8년을 중앙에 두지 않고 외직으로 돌렸다. 채제공은 이 원칙에서 약간 벗어났지만 유언호와 윤시동이 그랬고 이가환과 정약용이 미래를 위해 8년 자숙의 시간을 갖고 있었다.

긴장된 생활에도 유머를 잃지 않다

정조는 다양한 얼굴을 하고 살았다. 정조의 얼굴에는 무궁한 표정들이 있다. 그러나 대개의 표정은 상대를 제압하는 강렬함이다. 그러나 항상 그렇게 신하들을 긴장케 하진 않았다. 1787년 9월 6일, 승지 남학문(南鶴聞)에게 벌음시(罰飮詩)를 지어 바치게 했다. 벌로 음주와 시를 동시에 하게한 것이다. 조선왕조실록 어디에도 그런 벌칙은 나오지 않는다. 정조가 만든 것이다.

실록의 기록을 보면 전날 퇴근한 뒤 좌직승지 남학문이 밤새 술을 마셨나보다. 그리고 아침 출근해서 임금에게 문서를 올리는 일을 맡은 것이다. 그런데 그가 나타나자 궐내에 술 냄새가 진동한 것이다. 정조는 승지 홍인호(洪仁浩, 1753~1799)에게 다음과 같이 지시했다. "남학문이 일전에 벌음시를 지은 것은 문단에 두고 회자가 되는 고사(故事)였다. 이제 또 그때와 같은 일이 있으니 그에게 오늘 묘시부터 내일 인시까지 한 시간마다 시를 짓고 그때마다 술을 마시는데, 술은 너무 큰 잔으로 하면 술 마시는 버릇을 조장할 염려가 있으니 작은 잔으로 마시게 하라."

정조는 자신에겐 스스로를 엄격하게 통제했지만 신하들에겐 마음 한 구석에 이렇게 여유와 풍자를 내보이고 있었다. 정조는 남학문의 학문을 높이 평가했다. 영조가 『소학』을 품고 살았다면 정조는 『논어』를 끼고 산 군주다. 여러 모습들로 보면 『장자』나 『맹자』와 같은 책이 어울릴 것 같은데 천성 끓어 넘치는 열정을 자제

할 필요가 있어 그렇게 『논어』를 집어 들고 마음을 수양했다. 그런데 남학문은 당대 『논어』 최고 전문가였다. 그래서 경연 자리에 그를 초청해서 종종 즐거운 대담을 가진 바 있었고 그가 술을 좋아하는 사람이란 것을 알고 벌칙으로 그런 벌음시를 지어 바치게 한 것이다.

정조는 사람을 볼 때 항상 『논어』의 글 가운데 "그 사람 허물을 보면 그 사람이 어떤 사람인지 알게 된다"는 말을 상기했다.

또한 정조의 유머는 대개 밝고 건강한 언어보다는 어둡고 시니컬한 것이 특징이다. 1799년 4월 17일 심환지에게 보낸 편지글에 이런 내용이 있다. "이노춘의 아들 이교신을 보니 '개 같은 아버지에 호랑이 같은 자식'이 있으니 너무 다행이다." 이노춘은 정조의 탕평책에 반발해서 두 번이나 귀양을 갔던 인물이고 13년 동안 정치활동을 하지 못한 인물이었다. 그런 강직함을 인정한 정조는 집권 후반 이조참의로 기용하면서 노론 벽파의 중심인물이라고 치켜세운다. 그런데 그를 개로 보고 그의 아들 이교신을 호랑으로 본 것은 아비보다 더 까칠한 아들이 있음을 표현한 글이다.

한편 대궐 생활이란 긴장의 연속이었다. 그러나 이런 긴장 상태를 정조는 다른 군주에게서는 볼 수 없는 광경을 연출했다.

1793년 2월 11일, 이서구(李書九, 1754~1825)를 사헌부 대사헌으로 발탁하였다. 그날 유생들에게 강의를 할 때 승지 이서구의 망단자(望單子)가 바람에 날려 하늘 높은 곳까지 가자 정조가 웃으며 이는 명나라 위령백 왕월 고사를 연상케 한다며 "이서구를 대사헌에 발탁하라!"고 한 일이 있었다.

명나라 시절 왕월이 과거시험을 보던 날 회오리바람이 일어나 그의 시험 답안지가 하늘 높이 날아가 버리자 황제가 명을 내려 그에게 다시 시험지를 줘서 과거시험에 무난히 합격했다. 그뒤 왕월이 명나라의 유명한 장수가 되어 나라를 다시 튼튼한 강국으로 만든 인물로 성장했을 때 사람들이 왕월의 시험지가 바람에 날아갔지만 황제의 인물을 아끼는 마음 때문에 나라가 다시 반석 위에 설 수 있다고 평가한 것이다. 정조는 승지 이서구의 모자가 바람에 날아간 것은 '왕월의 고사'가 연상된다며 대사헌의 자리를 줘도 괜찮을 일이라고 했다.

한 시대는 가고
사람도 가고

1799년이 밝자 노론의 영수 김종수와 남인의 지도자 채제공이 잇따라 죽었다. 한 시대의 종말을 고한 것이다. 두 사람의 죽음은 정조 시대의 고별을 의미했다. 그러나 노론을 지배했던 김종수가 죽었지만 그 장례에 노론 인사들 태반이 전염병을 핑계로 얼굴을 내비치지 않았다.

정조는 심환지에게 보낸 편지에서 의리를 평소 목숨처럼 말하던 노론 정치인들을 싸잡아 비겁한 자들이라 실컷 욕을 퍼부었다. 그 편지들에는 정조의 예민하고 치밀한 성격이 잘 나타나 있다. 정조는 심환지를 야당 당수로 보고 그의 주변 인물들의 성격과 속마음까지 분석하고 그들의 인간관계까지 간섭했다.

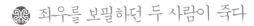 좌우를 보필하던 두 사람이 죽다

1799년 1월 13일 실록에 의하면 12만 8000명의 많은 백성들이 전염병으로 죽었다고 한다. 이 전염병은 세계 곳곳에서 유행했던 황열(黃熱)의 일종이었다. 조선에서 맹위를 떨친 전염병은 유럽과 미국에서도 수 백만의 목숨을 앗아갔다. 미국의 초대 대통령 조지 워싱턴(George Washington, 1732~1799)도 이때 이 무서운 전염병으로 죽었다.

1799년 1월 7일 김종수가 죽었다. 언제나 정조와 긴장된 의리 관계를 유지했던 김종수다. 정조는 그의 죽음에 다음과 같은 말을 남겼다. "30년을 변함없이 나의 곁을 지키던 사람이다. 녹봉을 그가 죽은 뒤에도 3년 동안 지급하라!" 30년을 함께한 정치적 지인에 대한 감정 치고는 너무 담담하다. 김종수는 정조가 집권하고 노론의 벽파 수장으로 초반 홍국영과 함께 노론 중심의 정치구도를 확립하지만 정조 집권 중반에는 견제와 대립의 정치세력으로 긴장감을 유지했다. 1790년 3월 정조는 김종수를 우의정으로 제수했지만 그는 5개월이 넘도록 조정에 나오지 않았다. 1793년(정조 17) 6월 4일 채제공을 영의정으로 그를 좌의정으로 삼자 무려 열흘 동안 치열하게 채제공을 비난하며 함께 정치할 수 없다고 시위를 벌였고 결국 발탁한 지 열흘 만에 철회했다. 그런 감정 때문에 1794년 3월 14일 김종수는 남해로 귀양을 가기도 했다. 그 뒤로 그는 가끔 조정에 노론의 이해관계 걸린 사안이 있으면 상소를 올리는 것 이외에는 일체 입궐하지 않았다. 1797년 12월 3일, 정조는 20년 전 동덕회가 처음 열렸던 그날을 생각하며 김종수에게 사관을 보내 안부를 묻기도 했다. 그러나 두 사람은 이미 정치적으로 신뢰가 무너진 뒤였다. 그래서 김종수가 죽었다는 말에 정조의 감상은 짧고 담담했다.

김종수가 죽은 뒤 그의 정치적 맞수 채제공이 1799년 1월 18일, 세상을 떠났다. 그도 역시 전염병 때문이었다. "사람들이 말하길 남인은 아무 일도 하지 않는 놀고먹는 자들이라 비웃는다고 하는데 채제공은 남인이 아닌가? 왜 사람들 인심이 그리 야박한지." 이 내용은 정조가 심환지에 보낸 비밀 편지 일부다. 남인에 대해 세상 인심이 좋지 않음에 대한 섭섭함을 드러낸 글이다.

한편 채제공이 죽었을 때 정조가 평가한 실록의 기록을 보자. "그는 불세출의 인물이다. 인격이 우뚝하고 기력이 있어 무슨 일을 만나도 주저하지 않았다. 그 기상을 시로 표현할 경우 시가 비장하고 강개하다. 그는 내가 즉위한 뒤 참소가 빗발쳤으나 의지는 조금도 꺾이지 않았다. 재상으로 발탁하고 이제 그의 나이 여든이 가까워 지팡이를 하사하려 했다. 50년 기상이 한결같은데 아! 이제는 다 그만이구나." 또한 경기도 용인의 채제공의 무덤에는 정조가 직접 쓴 500자의 비문이 있다. 그 글은 대략 이렇다.

"경은 높이 솟은 큰 소나무처럼 혹은 우뚝 솟은 산처럼 그 모습 전

허 변함이 없었다. 평소 강개하고 청명한 것은 사마천의 골수 같고 반고의 힘줄 같다. 그동안 경이 없었다면 국가가 어찌 지금 모습으로 서 있을 것인가."

두 사람의 긴장 상태는 정조 집권 내내 계속됐지만 충돌은 그들이 죽기 6년 전이다. 1793년 채제공을 영의정에 발탁하고 김종수를 좌의정에 임명하자 조정이 발칵 뒤집혔다. 남인이 영의정을 차지한 것에 노론의 자존심이 감당하지 못하고 있었다. 노론 당 대표를 좌의정에 배치한 것도 그렇고 김종수는 죽어도 함께할 수 없다고 버텼다. 그러자 정조는 '금등'이란 카드를 들고 두 사람을 화해시키려 했다. 영조는 금등 말미에 "세손은 채제공이 죽기로 나서 아버지를 살려 달라 울부짖었던 그 의리를 잊지 말라!"는 글을 적어 놓았다. 32년 만에 공개된 쪽지 한 장을 갖고 정조는 두 사람을 극적으로 한데 묶으려 했다. 그러나 김종수는 그 비장의 카드를 의심했다.

금등의 글이 공개되자 모든 신료들이 정조에게 잘못을 빌었다. 그러나 김종수는 끝내 채제공과 함께하길 거부했다. 그런 것에 대한 서운함 때문일까? 정조는 김종수에게 조정에 나와 '악역'이라도 맡아달라고 협박했다. 그러자 김종수는 토라진 투로 "전하가 말씀하시는 악역이 무엇을 의미합니까?"하고 대들었다. 그러면서 "한때는 '우리 사람'이라고 말씀하시고 또 언제는 악역이라 말씀하시니 어디가 진심인지 알 수 없습니다"라고 임금에게 속내를 드러내라 다그쳤다. 정조는 결국 두 사람이 함께 화합하며 정국을 꾸려가는 모습을 보려던 당초 의지를 포기하고 만다.

🌀 김종수를 대신해서 심환지를 키우다

김종수를 대신할 인물로 정조는 심환지를 꼽았다. 그건 이미 심환지가 노론 사이에서는 영수 지위에 있었기 때문이다. 그런 것을 알고 있던 정조는 1793년 1월과 2월 사이 심환지에게 여덟 차례나 인사발령을 낸다. 왜 두 달 사이 정조는 그토록 심환지를 이리저리 돌렸을까? 길들이기 위한 전략인가? 아니면 기만적인 전술인가? '1월 7일 이조참판, 1월 10일 사헌부 대사헌, 1월 15일 이조참판, 1월 22일 성균관 대사성, 2월 3일 이조참판, 2월 8일 성균관 대사성, 2월 13일 비변사 제조, 2월 24일 다시 이조참판.'

정조의 인사 스타일을 보면 독특한 면이 많다. 실록을 처음 접하는 사람들은 이런 면을 놓고 정조의 인사가 너무 경망스럽다고 비난했다. 그것은 당시 사람들도 그렇고 정조를 연구하는 오늘날의 학자들도 마찬가지다.

그러나 정조의 인사 스타일을 면밀히 분석하면 그는 항상 적(敵)과 아(我)를 구분하고 있다는 것을 발견할 수 있다. 정조에게 두 구분은 자신의 개혁정책을 밀고나갈 아(我)와 그 정책을 견제할 적

(敵)의 구분이다.

김종수를 대신하여 노론의 권력 지분을 양도받은 심환지는 1793년 이렇게 이상한 인사명령에 당혹했을 것이다. 정조는 심환지를 강한 적으로 키우고 싶었다. 앞서 말한 것처럼 정조의 통치스타일은 이런 것이다. 강한 사람을 키우기 위해서는 강한 상대를 만들어야 한다. 이런 관점에서 보면 심환지는 김종수를 잇는 노론 벽파의 우두머리로 손색이 없는 인물이다.

비밀 어찰과 막후정치에 발목 잡히다

최근 정조가 심환지에게 보낸 297통의 비밀 편지를 본 사람들은 개혁군주가 모략 혹은 막후정치를 폈다는 점을 들어 비판했다. 정조의 이미지와 전혀 안 맞는다는 말이다. 그건 정조를 잘 몰라서 하는 말이다. 정조는 끊임없이 정치권의 동향에 촉각을 곤두세웠다. 정조의 막후 서신을 통한 정치가 필요했던 것은 끊임없이 분화하던 정치 환경도 한몫했다. 노론은 시파와 벽파에서 다시 완론과 준론으로 또 갈라지기 시작했다. 하늘 높이 떠 있는 꽉 찬 만월(滿月)이라 스스로 지칭했던 정조는 세상 어두운 곳 없이 모두 밝게 비추는 인과 덕이 지배하는 세상을 펼치려 했기 때문에 그 의도로 막후정치를 편 것으로 해석할 수 있다. 거짓이 팽배한 세상에 이 얼마나 답답한 고답준론인가? 정치란 한 사람의 맑은 생각이 온 천하를 밝게 비춘다고 하지만 세력을 얻지 못하는 이상 정치는 한낱 일장춘몽이란 것을 정조는 잘 알고 있었다. 그래서 끊임없이 부패한 기득권 세력에 새로운 바람을 불어 넣기 위해 때로는 적들을 이간질 시키고 아(우리)를 긴장시켰다.

정조의 통치 기간 전체를 유심히 들여다보면 동양의 마키아벨리라 불리는 한비자에 영향을 받았을 것으로 오해받기도 한다. 물론 공자의 제자들은 그 책을 '악서(惡書)'라 규정해서 읽지 못하게 했지만 정조는 자신이 비판했던 문체반정의 뿌리인 연암 박지원의 『열하일기』도 꼼꼼히 읽었다고 하니 금서로 지정된 『한비자』를 읽지 않았을 리 없다. 한비자는 말더듬이라 말을 잘하지 못했지만 글은 굉장히 설득적이다. 사마천은 한비자를 "세상만사 인간의 감정을 아주 날카롭게 지적해 시시비비를 적나라하게 밝혔지만 잔혹한 것이 흠이다"라고 평했다. 진시황의 포악함이 한비자에게 영향을 받아 그렇다는 말도 있었다.

한비자의 글에는 권력의 속성이나 임금과 신하의 권력관계를 아주 솔직하게 다루고 있다. 특히 진시황은 한비자의 절대군주론을 적극 받아들인다. 한비자는 군주란 무릇 인사권을 갖고 신하들을 확실히 움켜잡아야 한다고 했지만 진시황은 인사권뿐만 아니라 법과 상관없이 오로지 황제에게 굴복을 강요한 것이다. 정조가 한비자에게 영향 받은 면은 곳곳에서 보인다. 특히 인사권에 있어서 정조도 군주가 취할 수 있는 유일한 권력으로 생각했다. 정조의 어법들을 보면 한비자 스타일이 많이 엿보인다. 그러나 정조는 한비자의 단점도 잘 알고 있었다. 단지 정치적 기교에서 현란함이 한비자 혹은 마키아벨리 스타일이라 오해받고 있는 것이다.

임금과 신하 사이 사적인 비밀 편지는 그것이 무엇이든 임금에겐 손해가 된다. 정조는 공식적인 자리였던 조회나 연석에서 신하들이 하문한 것에 대한 답을 상당히 감성적으로 이야기한 것을 종종 발견할 수 있다. 그래서 그 편지에 갖가지 욕설들이 난무한 것을 놓고 정조를 비난하는 사람들을 보면 정조의 내면세계의 복잡함을 이해하지 못한 것이다.

🌀 심환지와 주고받은 심리전

비밀 편지를 두 번 정밀하게 읽은 필자는 정조가 심환지와 복잡한 심리게임을 펼치고 있었다고 생각한다. 정조의 측근은 채제공과 이가환 그리고 정약용이다. 모두 남인 출신들이다. 특별히 소론은 정조의 집권 기간 동안 약세를 면치 못했다. 정조는 편지를 쓴 뒤 그 심부름을 종종 서용보에게 시켰다. 서용보가 누구인가? 규장각 초계문신 출신이지만 노론 벽파이고 심환지의 심복이다. 서용보는 경기도 관찰사 시절, 암행어사로 나온 정약용의 탄핵을 받아 한때 퇴출되었던 인물이다.

그래서 평생 정약용을 원수처럼 여긴 인물이다. 신하들 개개인의 감정과 당색 그리고 그 집안 내력까지 속속들이 파악했던 정조가 비밀스런 편지를 서용보에게 심부름을 시킨 것은 나름의 복안이었다. 1797년 4월 10일 비밀 편지의 내용에 이런 글이 있다. "경과 내가 이문원에서 한 말들이 서용보에게 했다는데, 앞으로 경하고는 입을 닫고 살아야 하나? 경은 머리가 세어 백발인데 아직도 입조심 하라는 타박을 들어야 하니 '생각 없는 늙은이'라 불러야겠다." 1979년부터 심환지와 비밀 편지를 나누면서 정조는 노론의 시파와 벽파들을 모두 교란하기 시작했다. 정조는 "벽파(辟派)와 벽패(辟牌)는 다르다. 벽은 인정하지만 패거리들은 인정하지 않겠다"는 뜻을 여러 차례 밝힌다. 그러면서 심환지에게 시파 역시 시패(時牌)로 변화되는 것을 뒷담화하기 시작한다. 시(時)와 벽(辟)은 인정하겠다. 하지만 패(牌)는 인정하지 않겠다고 줄곧 강조한다. 정치적 이념은 존중하지만 그것을 갖고 사사로운 이익을 추구하는 자들을 용서하지 않겠다는 뜻이었다.

　　김종수와 심환지가 줄곧 공적인 상소나 비밀 편지에서 "도대체 전하의 정체가 무엇인지 궁금합니다"라고 한 것은 그만큼 정조의 내면세계가 복잡했음을 의미한다. 그러나 정조의 복잡한 내면세계를 비난하기에 앞서 시대 또한 얼마나 거칠고 타락했는지를 돌아볼 필요가 있다. 깨끗한 도덕군자로 만인의 표상인 세종의 리더십과는 비교가 안 된다. 그 시대는 그 시대 맞는 리더십이 있다.

세종 시대는 임금과 국가가 하나이며 임금은 충성의 대상이었다. 15세기 선비들 시를 읽으면 그들이 말하는 '님'이란 오직 임금을 말한다. 사뭇 연인에게 쓰듯 애틋한 감정이 다 들어 있다. 하지만 18세기 신하들은 아니다. 그들은 닳고 닳았다. 임금이 저들 생각과 맞지 않으면 타도의 대상이었다. 그런 면에서 자꾸 세종과 정조를 비교하는 것은 기준 잣대가 다르고 저울의 눈금도 다르다는 것을 염두에 둬야 한다.

심환지가 정조의 눈에 처음 들어온 것은 1780년(정조 4) 3월이다. "교리 심환지를 파직하라! 그의 근본은 싸움을 좋아하는 인물이다." 그렇게 두 사람은 싸움부터 시작했다. 그리고 정조는 4년 동안 심환지를 쓰지 않았다. 그러다 1784년 11월 심환지를 시강원 겸문학으로 불렀다. 그러자 그는 또 입궐하자마자 임금에게 4년 전 일을 끄집어냈다. 뒤끝이 많은 인물이다. 심환지는 "신이 과거 서명응을 비판한 것은 대간의 일입니다. 대간은 정승의 잘잘못을 비판하는 일이 소임입니다. 임금께서는 어느 당 어느 편도 들지 말아야 합니다. 선왕의 탕평정치로 돌아가야 한다고 감히 말씀드립니다"라고 정조에게 싫은 소리를 날렸다.

쫓겨난 인물이 다시 부르자 들어와 임금에게 거북한 소리부터 한 것이다. 이 정도면 정조가 그리워한 강한 적인 셈이다. 정조는 처음에 안색을 붉히며 물었다. "경이 지금 한 말은 나에게 충고를 한 것인가? 그렇다면 내 『명의록』이란 책을 한 부 주겠다. 잘 읽어

보고 다시 이야기하자." 『명의록』은 정조가 집권한 뒤 유언호에게 짓게 한 책이다. 이 책은 임금과 신하의 의리를 적어 놓은 글이다.

🌸 적이 강해야 내가 강하다

강한 적으로 소양을 두루 갖춘 심환지를 정조는 주로 감사(대사헌)와 언로(대사간), 교육의 수장(대사성)으로 썼다. 그리고 또한 홍문관과 예문관 쪽으로도 배치했다. 기개 넘친 그의 건강미를 다른 곳에 전파하기 위해 그렇게 1784년 11월부터 1792년 3월까지 8년을 중용했다. 여기서 또 정조가 사람을 배치하는 기간 8년이 등장했다.

1792년 3월 15일, 심환지는 8년의 벽을 넘지 못하고 귀양을 갔다. 그동안 참았던 정조의 분노가 터진 것이다. 1792년 연초부터 남인들이 서학에 관련돼 일제히 탄핵을 당했고 일부는 물러갔고 일부는 귀양을 갔다. 그러나 노론의 나쁜 습관이 또 도진 것이다. 남인 전체를 물러나게 해야 한다는 것이다. 마치 숙종의 환국정치를 펴달라는 요구인데 정조는 당연히 받아들이지 않았다. 그래서 노론 벽파(강경파) 대표 인물들인 심환지와 김문순, 이면응(李冕膺, 1746~1812)을 전라도 진도로 위리안치 하라는 명을 내린다.

그리고 다시 한 달 만에 그들 모두를 방면하게 한 것이다. 노론의 못된 습관만 잡으면 되지 기질을 길들이다 사람까지 잡고 싶지 않은 정조의 마음이었다. 그런데 심환지는 올라오자 곧바로 남인의 젊은 관리 윤영희를 부정시험에 연루됐다고 탄핵했다. 정조는 심환지의 상소를 돌려주었다.

그리고 1793년 새해부터 심환지를 이조참판·대사헌·사간원·대사성 등 일주일 간격으로 여러 요직에 돌리고 돌렸다. 너무 심한 것 아닌가 생각도 든다. 그러나 필자 생각에 이것은 정조의 고도 정치기술이라 생각한다. 버리지 않고 조각해서 쓰겠다는 정조의 인재관리 스타일, 그리 돌린 것은 깎고 다듬는 일이었을까? 앞서 한비자를 언급했지만 정조의 정치는 그렇게 상대에게 복종과 굴복을 원하지는 않았다. 그는 언제나 상대를 놓고 정치하길 좋아했다. 맹렬하게 상대를 몰아붙일 때는 맹자처럼 용맹하지만 돌아서서 다독일 때는 노자와 같은 유순함이 있는 것이 정조의 스타일이다.

정조는 "정치뿐 아니라 세상일이란 다 그런 것 아닌가? 친구가 있고 적이 있는 법이다." 그렇게 말했다. 적을 모두 섬멸하겠다거나 난 그들과 상대하지 않겠다는 것은 하수들의 생각이다. 고수나 혹은 프로 정치인들의 생각은 그것이 아니다. 정치가 종합예술인 것은 이처럼 달관의 품격이 있고 싸움에도 정도가 있기 때문이다.

1793년 한 해 동안 정조는 심환지를 이조참판에 주로 배치했다. 1794년 1월 9일 심환지는 정조에게 홍낙신·홍낙임·홍낙원 등의 벼슬을 거둬줄 것을 요구했다. 모두 정조의 어머니 혜경궁 홍씨의 동생들이다. 외척의 발호를 미리 걱정한 것이다. 심환지 역시 노회한 정치인이다. 젊은 시절 문장으로 당대를 주름잡은 그였지만 나이를 먹으면서 느끼는 것은 고도의 정치기술 뿐이었다. 심환지가 외척 세력을 견제한 것은 일견 의미가 있는 행위였다.

정조는 1789년 아버지 묘를 수원으로 이장한 뒤 묘가 자리를 잡은 1792년부터 매년 1월 13일 어머니 생일에 맞춰 한양에서 수원까지 대대적인 능행을 하곤 했다. 정조는 어머니에 대한 효도이자 일반 백성들의 어려움을 직접 듣는 자리였다. 그리고 억울하게 죽은 아버지 사도세자에 대한 공경한 마음으로 죄인이란 이미지를 덜어내기 위한 다목적 포석을 갖고 능행을 했다.

그러나 심환지는 그것이 외척의 준동과 발호로 연결될까 걱정한 측면이 있었고, 또한 해마다 반복되는 능행이 군주의 권위를 한껏 드높여 자칫 제왕적 정치로 나타날까 걱정해서 견제구를 날린 것이다. 정조는 뜻을 받지만 상소는 돌려준다는 답을 주었다.

정조는 1794년에 심환지에게 예문관 제학, 능주목사 등을 제수했다. 1795년에는 이조판서와 대사헌, 대사간 등에 기용했다. 그해 3월 심환지는 정조에게 은언군 이인의 일로 수군훈련까지 한강에서 행한 것을 비난하는 상소를 올렸다. 그는 "도대체 전하의 속마음을 모르겠습니다. 역적 은언군을 성토하는 신하들을 속물이라 하는 기준이 뭡니까?" 이렇게 대들었다. 정조는 그러나 "경이 나를 어이 알까? 글에는 격앙된 감정도 있고 감동도 있다. 감동만 받겠다"고 답한다.

정조와 심환지 두 사람의 공격과 수비는 일정한 룰에 따라 움직이는 것 같다. 공격하는 신하는 임금의 역린(약점)을 건드리지 않는 선에서 하고 방어하는 임금은 충고는 받고 격한 감정은 받지 않는 형식을 취하고 있었다.

❀ 더 강한 적으로 남을 것을 주문하다

1796년 11월 26일, 심환지의 상소에 정조는 이렇게 말을 했다. "지금 내각이 내각 구실을 못해온 지 이미 오래되었다. 외척들이 위세를 부리면 그들을 겁내어 머뭇거린다." 이건 무슨 말인가? 2년 전만 해도 외척을 등용하지 말라고 강하게 소리치던 심환지가 벌써 느슨하다고 비판하고 있는 정조다. 정조는 '강한 적인줄 알았는데 벌써 공격의 강도가 약하다는 말을 하고 있다. 이미 그 기개가 다 식었느냐고 묻고 있다. 정조는 상대에 대해 항상 강해지길 원했다. 그래야 스스로가 약해지지 않는다는 것을 알기 때문이다. 우리가 정조에게 배울 좋은 교훈이다. 강한 상대가 있어야 강한 내가 있다는 것을 정조는 집권 내내 머리에 담아두었다. 정조는 심환지에게 이런 글을 주었다.

"『시경』을 읽으면 이런 구절이 있다. '처음은 누구나 다 잘하지만 유종의 미를 거두는 자는 드물다.' 이 말을 경은 유념하라. 경의 손을 통해서 임명된 내각들이 아닌가? 내가 과거를 말하기만 하면 죄를 짓는 무리들이다. 과연 올바른 등용인가?"

정조는 심환지가 몇 년 동안 이조에 있으면서 발탁한 인사들이 너무 치우친 인사였다는 비판을 쏟아낸 것이다. 임금의 '죄를 짓는 무리들'이란 말에 심환지가 또 마음 뒤틀렸을 것이다. "내가 보기에 경들은 작년 봄이나 올해나 하나도 변한 것이 없다. 어떻게 처벌해야 할 것인가." 심환지 나이 역시 예순여덟이다. 그만하면 노련한 정치인의 연륜이 묻어 있을 나이다.

심환지는 1797년 1월 5일 이조판서 자리에서 물러나겠다는 상소를 올렸다. 그러자 정조는 기다렸다는 듯이 사임을 수리했다. 그러나 정조는 심환지를 외면하지 않았다. 사표를 수리한 지 3개월 만에 심환지를 지경연사로 발탁하고 원자의 공부도 맡긴다. 그러면서 규장각 일까지 부탁한다. 그리고 1798년 10월 심환지를 우의정으로 발탁한다. 당시 좌의정에는 채제공이 있었다.

1797년부터 정조는 심환지와 사적인 편지를 주고받았다. 최근 발표된 정조와 심환지 사이 오간 비밀 편지는 그 진위를 떠나 한 사람에게는 면죄부(심환지)를 주고 한 사람은 깨끗한 이미지에 흙탕물을 튀긴 결과를 가져왔다. 하지만 심환지가 보낸 편지는 없고 정조의 말만 기록돼 있으니 문화재적 가치의 소중함에도 불구하고 어딘지 심환지의 정략적인 냄새가 풍기기도 한다. 정조의 어찰에서 끊임없이 도통 변하지 않는 조선의 정치인들에 대해 변화를 요구한 고단한 개혁군주의 외로운 투쟁을 새삼 느낄 수 있다. 또한 정도가 아닌 기교, 현란한 정치기술로 인한 피로감과 스스로 예상하고 그려둔 그림들이 엉망으로 변해버린 것에 대한 참담함이 편지 곳곳에 나타나 있다.

고독한 군주 정조는 고립을 피하기 위해 다양한 연막전술을 폈다. 하지만 연막과 위장이란 어두운 기교들이 대개 스스로 자기 올가미로 변하는 것을 우린 종종 경험하게 된다.

이가환,
채제공을 이을 인물

노론 세력이 개혁에 발목을 잡은 것만이 전부는 아니다. 노론 중에 문곡 김수항(金壽恒, 1629~1689)과 몽와 김창집, 미호 김원행으로 이어지는 노론 계열 학자들은 이미 죽은 명나라 의리만 부르짖지 않고 실체인 청나라의 앞선 문물을 받아 그들보다 더 강한 나라, 정조의 부국강병과 맞닿은 이념들을 갖고 있었다. 정조는 집권 초반 김원행은 이미 죽은 뒤라 그의 사촌형 김양행에게 손을 뻗은 것은 그의 학문적 바탕이 이론과 실천을 겸비한 것이기에 간절히 필요해서 직접 찾아간 것이다.

김원행이나 김양행이 경기도 이천 여주에서 담헌 홍대용 같은 인물들을 배출했고 홍대용의 친구가 바로 연암 박지원이었으며 연암의 제자들이 또한 대부분 규장각에서 열심히 정조가 지시하는 책을 만드는 일을 하고 있었으니 노론이라고 해서 모두 개혁의 발목을 잡는 세력이라 보는 것은 옳지 않다. 그러나 정조의 개혁을 상징하는 인물은 당연히 남인의 채제공이다.

채제공은 1720년에 태어났다. 그는 1743년(영조 19)에 문과 급제해서 조정에 나왔다. 김종수보다 여덟 살이나 많아 정조는 일찍부터 채제공에 이을 인물을 물색하고 있었다. 그때 갑자기 나타난 인물이 바로 이가환이다. 정조는 이가환을 본 순간 채제공의 후계자라고 확신했다.

이가환의 아버지인 이용휴(李用休, 1708~1782)는 남인의 재야 인물로 우뚝 선 인물이며 노론의 연암 박지원과 쌍벽을 이룬 인물이며 실학자 성호 이익(李瀷, 1681~1763)의 조카이기도 하다. 정조는 이가환을 아버지의 학풍을 이어 채제공을 이을 인재로 일찍부터 점찍어두었다. 정약용도 이가환을 흠모하고 존경했는데 그의 인물평이 이렇다.

"13경(經) 24사(史)에서부터 제자백가, 온갖 문집 패관잡서 및 과학기술 의학서까지 포함하여 문자로 된 것은 한 번 물으면 모조리 술술 쏟아져 나와 막힘이 없었으며 모두 깊이 있게 파악하고 각 부분의 전공자 같아 질문한 사람을 놀라게 했으며 그를 귀신이라고 할 정도였다."

하루 종일 이어진 대담

1778년 2월 14일 정조는 승문원 정자 이가환을 불러 대담을 가졌다. 서른일곱의 이가환을 대하는 정조는 마치 스승을 대하듯이 이것저것 물었다. "지난번 만남에서 해박함을 내가 알았고 일전의 시험에도 그런 답안지를 처음 접했다. 오늘은 경의 공부를 내가 확인하고자 하니 모든 공부를 다 털어놓아라!"

정조는 먼저 중국 고대사를 담은 294권의 역사서 『자치통감(資治通鑑)』의 몇 구절을 물었다. 이 책은 사마천의 『사기』처럼 재미있는 책이 아니라 딱딱하게 '의리'를 중히 여기는 주희의 생각이 다분히 들어있다. 그러나 이곳저곳 서로 배치되는 내용도 있어 그것에 대해 정조는 이가환을 놓고 면밀하게 묻기 시작했다. 자연 이야기는 중국의 여러 나라 정치와 경제, 국방에 초점이 맞춰졌다.

정조가 말했다. "한나라 · 당나라 · 송나라 · 명나라의 영토는 어느 시대가 가장 넓은가?" 그러자 이가환이 대답했다. "한나라 때에는 북쪽으로 삭방(朔方)에 이르렀고 남쪽으로 교지(交趾)에 닿았으며, 서쪽으로 돈황(燉煌)까지, 동쪽으로는 사군(四郡)을 두었습니다. 당나라 때에는 북쪽은 한나라 때와 같았고 동남쪽은 축소되었으나 서쪽은 황하(黃河)와 황수(湟水)에까지 이르러서 한나라 때와 비교해도 상당히 넓어진 것입니다. 명나라 때에는 하투(河套)와 안남(安南)을 잃어버려 한나라와 당나라에 비하면 좁아졌습니다."

두 사람의 이야기는 고금의 역사에서 다시 천문과 과학기술 방면까지 넓어졌다. 몇 시간 동안 그렇게 이가환과 대화를 나누던 정조는 그 자리에 참석한 경연관에게도 질문하게 했다. 그러자 몇 사람이 지적인 것을 넘어 정치적 성향을 묻자 정조는 "경외심을 갖고 질문하라!"고 따끔하게 혼을 내기도 했다.

이가환은 외교문서 등을 관리하는 승문원의 정9품 정자에서 정7품 박사까지 고속 승진을 한다. 그리고 1781년 비인현감(종6품)에 제수하고 이어 다시 그해 예조정랑으로 제수된 뒤 사헌부 지평(정5품)으로 또 승진한다. 그런데 1782년 1월 아버지 이용휴가 죽자 그는 벼슬에서 물어나 경기도 광주의 고향집에서 은거하고 있었다. 그 무렵 이가환은 이벽 등에 의해 천주교를 잠시 믿었던 것으로 보인다.

정조는 이가환이 아버지 3년 상이 끝날 때까지 기다렸다가 1785년 병조참지(정3품)로 특채 발탁했다. 1777년 문과에 급제해 조정에 나온 뒤 3년 동안 고향에 은거한 시간을 빼면 불과 5년 만에 9품 벼슬에서 3품까지 초고속 승진 발탁한 것이다. 이후 이가환은 정조의 배려로 지방의 관리로 정승 반열에 오를 예비수업들을 한다. 1787년 이가환은 정주목사로 있다가 암행어사 이곤수(李崑秀, 1762~1788)의 탄핵을 받아 또 잠시 주춤하게 된다. 이곤수 역시 규장각에서 길러진 인재로 정조의 총애를 받던 인물인데 그가 탄핵을 하자 정조는 이가환을 파직시켰다.

1791년 정조는 이가환을 광주부윤에 임명했다. 그런데 그해 11

월 그의 조카 이승훈이 평택현감으로 있으면서 천주교를 믿었다는 이유로 관리에서 쫓겨난 일이 터진다. 이 일로 이가환조차 의심을 받자 정조는 그에게 천주교를 배척하는 「경세가(警世歌)」라는 노래를 지어 바치게 했다. 정조는 서민들의 애환이 담긴 애절한 이 노래를 적어 이가환에게 들려준 뒤 새로운 가사를 붙이게 한 것이다.

1792년 9월 12일, 정조는 깜짝 인사를 단행한다. 이날 정조는 할아버지 탄신일을 앞두고 경기도 양주 일대를 돌고 있었다. 정조는 이 행차에서 백성들의 고단함을 위로하고 있었고 노론 관리들은 임금이 남인을 편애한다고 반발하여 어가의 순행에 대거 불참한 일이 있었다. 정조는 광주까지 순행한 뒤 돌아오면서 대사간에 이가환을 발탁한다고 발표했다. 수행한 인사들뿐 아니라 한양의 노론들 전체가 발칵 뒤집혔다.

곧바로 지평 김희순(金羲淳, 1757~1821)이 반발하는 상소를 올렸고 그러자 정조는 이가환을 성균관 대사성으로 발탁한다고 발표했다. 그리고 교리 송익효와 부수찬 윤치성, 그리고 지평 김희순을 파직시켰다. 정언 이명연(李明淵, 1758~?)이 "임금이 대간들의 입을 막고 있어 언로가 답답하다"고 하소연을 했다. 그러자 정조는 "말은 귀에 거슬리지 않는데 글은 어찌 눈에 거슬린다"는 말로 답한다. 정조는 이처럼 자기 뜻에 따르지 않는 신하들과 대립하면서도 종종 분위기를 한결 누그러뜨리는 유머를 구사했다. 그러나 마음 가득 도사린 분노의 감정 때문에 정조의 유머는 밝고 건강한 것보다는 조롱과 비웃음 등이 많이 묻어 있다.

 그대와 나는 호사스런 운명이 아니다

정조는 정승으로 발탁할 인물에 대해서는 일찍부터 여러 관직을 밟게 했다. 1792년 9월 18일, 정조는 이가환을 개성유수로 임명했다. 그 자리는 바로 얼마 뒤엔 정승 자리를 제수하겠다는 신호이며 포석이었다. 채제공이 개성유수와 수원유수를 지낸 뒤 정승 반열에 올랐고 유언호도 같은 길을 걸었다. 그러자 이틀 뒤 심환지가 정조에게 "이가환이 물건이기는 하지만 서학의 뿌리인 이승훈의 외숙부이며 뿌리가 의심스런 자입니다"라고 말하고 그러면서 이상황(李相璜, 1763~1841)이란 인물을 중용해 달라는 건의를 한다. 이가환만큼이나 학문적 깊이가 있다는 주장이다. 그러나 그가 1782년 김조순과 예문관 숙직실에서 청나라에서 유행하던 통속소설 『평산냉연(平山冷燕)』 등의 서적들을 가져다 보면서 한가히 시간을 보내고 있다가 정조에게 걸려 혼쭐이 난 적 있었다. 이상황은 나중에 순조 시절 김조순을 따르며 좌의정까지 오른 인물이며 당시로는 심환지가 총애하는 제자였다. 1792년 11월 부교리 이동직(李東稷, 1749~?)이 이가환의 글이란 것이 패관소품이라 하나도 쓸 것이 없다고 탄핵했다. 그러자 정조는 이상황과 김조순, 그리고 남공철 등을 거론하며 이런 말을 했다.

"그들은 화려한 가문이지만 이가환으로 말하면 좋은 가문 사람도 아니다. 그 집안은 지난 백 년 동안 벼슬길에서 밀려나 수레바퀴나 깎고 염주 알이나 꿰면서 떠돌이 생활로 시골에 묻혀 지내는 백성이다. 그러니 나오는 소리가 비분강개할 수밖에 없다. 주위가 외로우면 외로울수록 글은 더욱 그러할 것이다. 이가환의 비분강개한 소리와 유행에 겉멋 부리는 사람의 글과 비교하지 말라!"

마지막으로 정조는 이가환에 대해 이렇게 감싼 말을 덧붙였다. "이가환은 지금 골짜기에서 교목으로 날아오른다. 썩은 두엄을 새롭게 변화시킬 것이다. 그가 자기 시대 훌륭한 소리를 내지 못하고 성장하지 못한다 하더라도 그의 아들이나 손자가 더 큰소리를 낼 것이다." 정조는 너무 솔직한 화법을 구사한 것일까? 정조가 드러내고 이가환을 다음 시대를 이끌 핵심인물이라고 지적하자 심환지가 중심이 돼 그의 탄핵이 집요하게 전개됐다. 노론 벽파는 어떤 정파보다 고집스러움을 자랑으로 한다. 이가환을 향한 노론의 집요한 공격에도 불구하고 정조는 1797년 4월 25일, 이가환을 도총부 도총관으로 임명한다. 임금의 신변을 보호하는 직책을 맡긴 것이다. 문관이면서 무관을 겸해보라는 뜻이며 정승의 자리에 앉히기 위한 작업의 8~9부 능선을 넘은 것이다. 1786년(정조 10) 채제공이 노론의 공격에 진퇴양난하고 있을 때 효창공원에서 평안도 병마절도사를 변칙으로 임명한 정조 아닌가? 그리고 2년 뒤 채제공은 우의정에 임명했던 사례를 보면 이가환을 어디에 쓸지 예상할 수 있다.

정조의 인사 배치는 이렇게 치밀한 전략들이 깔려 있다. 그런데 이가환이 임명장 받기를 거부하고 있다는 소식을 듣고 정조는 그를 불러오게 했다. 이가환은 하소연하기 시작했다. "신은 이미 각오가 돼 있습니다. 누구를 원망하겠습니까? 오직 영광스러운 길을 영원히 사절하여 남은 생애를 마치려 합니다. 섶을 물리쳐 버리면 불은 저절로 꺼지는 법입니다."

그 말을 들은 정조는 추상같이 소리를 치며 나무랐다. "난 여태껏 30년 동안 나를 비방하고 나를 욕하는 자들 속에 묻혀 살았다. 나는 아직도 무릎을 꿇고 잠든 날이 많고 옷을 벗지 못하고 지쳐 쓰러진 날이 많았다. 함부로 불이 꺼진다느니 생애를 마치려 한다느니 그런 나약한 소릴 하지 마라. 그대와 나는 그런 호사스러움도 없는 운명이다." 그러자 이가환이 눈물로 임명장을 받았다는 기록이 실록에 실려 있다.

1797년 12월 이가환은 한성판윤에 임명됐다. 이제 그는 한 고비만 지나면 좌의정 채제공을 이을 인물로 나가게 될 것이다. 1799년 4월, 정조는 이가환의 증조부 이잠(李潛, ?~1593)과 그의 아버지 이용휴를 증직(죽은 뒤 국가에 공로가 있는 사람에게 관직을 수여하는 일)하려 하자 우의정 이병모 등이 강력하게 반대했다. 대간들 역시 마찬가지였다. 그러나 정조는 그들 반대를 뿌리치고 이를 단행한다. 정승을 제수하기 위한 마지막 고비를 그렇게 넘겼다. 그런 상황에서 정조는 갑작스럽게 죽었고 1801년 2월 이가환은 서학을 단죄한다는 이유로 붙들려 와서 한 달 동안 모진 고문을 당한 끝에 죽었다. 그가 그토록 오랫동안 고문을 당한 것은 끝내 자신은 천주교를 믿지 않았다고 심문 내용을 부인했기 때문이다.

1801년 3월, 정순왕후는 정치 도의상 앞선 임금에게 충성했던 인물들에 대한 처벌이나 정책을 3년의 장례 기간 중에 하지 않는 관례를 깨고 그 달에 정조의 유일한 혈육 은언군 이인과 그의 처, 그리고 그의 며느리까지 죽이는 잔인함을 과시했다. 또한 서학을 흉도라고 규정짓고 이승훈과 정약용의 형 정약종(丁若鍾, 1760~1801), 김백순(金伯淳, ?~1801)과 이존창(李存昌, 1752~1801), 그리고 홍교만(洪敎萬, ?~1801)과 김종교(金宗敎, 1753~1801) · 이희영(李喜英, ?~1801) · 홍필주(洪弼周, ?~1801) 등을 모두 효수시켜 버렸다. 정순왕후는 1801년 (신유박해) 그 한 해에 정조가 그토록 아끼고 다듬고 보듬었던 아까운 인재들 수백 명을 한꺼번에 살육한 것이다.

사도세자처럼
의대증이 일어나

필자는 정조 죽음의 열쇠를 찾기 위해 실록을 다시 자세히 보았다. 1799년 12월, 정조는 종종 늦은 밤까지 『시경』을 읽다가 감정이 복받쳐 혼자 울곤 하던 일이 잦았다. 그만큼 정조는 1799년 그해 연말을 안타깝게 보내고 있었다. 1799년 12월 13일, 이날도 이병모와 심환지를 불러 이러저러한 이야기들을 했다. 주로 하소연이었다. "그저께 밤의 날씨는 참으로 이상하다. 곰곰이 생각하니 내가 즉위한 지 23년이 지났지만 그 동안 한 가지 일도 제대로 해 놓은 것이 없다."

공자의 정치사상은 근본적으로 덕치(德治)이다. 이것은 마치 북극성이 자기는 움직이지 않고 많은 별들이 북극성을 중심으로 도는 것에 비유할 수 있다. 정조는 1800년이 주희가 죽은 지 600년, 열 번의 갑자가 흐른 뜻 깊은 해 덕으로 정치를 펴겠다는 포부를 밝혀왔다. 1800년 6월 28일, 정조가 갑자기 숨을 거둔 것은 그가 이루고자 한 정치가 한낱 일장춘몽이었다는 것에서 오는 허탈감과 상실감 때문이다.

1799년 조선의 이름 없는 백성들 수십 만 명이 콜레라로 사망했다. 꿈이 크면 좌절도 큰 법이다. 그해 겨울 날씨는 또 유난히 따뜻했다. 그것이 또 걱정이었다. 그러면서 문득 조정의 기강에 대해 말하기 시작했다. "근래에는 조정에 침묵만을 지키는 풍조가 이루어져 이런 이야기를 들을 수가 없으니 참으로 탄식할 일이다." 걱정이 없고 위기의식을 느끼지 못하는 조정의 관료들의 느슨함에 대해 비판하고 있었다. 이때 우의정 이병모가 "거백옥(蘧伯玉)이란 사람은 나이 쉰이 되어 마흔아홉 때까지 잘못을 알았다고 하는데, 한낱 대부 자리일 뿐입니다. 그러나 전하는 한 나라의 군왕이니 우리들의 복입니다"라고 말한다. 정조는 "가만 생각하면 거백옥은 잘못한 일들이 모두 생각나지만 나는 과거 일들이 까마득하다"라고 대답한다.

다시 터진 분노의 기운들

그러면서 정조는 이런 말을 했다. "'부재기위 불모기정(不在其位

不謀其政)' 즉, 그 자리에 있지 아니하면 그 정치를 논하지 않는다."

정조는 이 말이 나오게 된 배경을 설명해주었다. 위나라 대부를 지냈던 거백옥이란 인물이 공자를 찾아와 현재 돌아가고 있는 정치 상황이 어떤지를 묻자 공자가 대답한 말이다. 당시 공자는 노나라에서 정치를 하다가 퇴직한 상태였다. "나는 이미 퇴직하였으므로 현재 노나라 정치에 대해 왈가왈부하지 않겠다"는 뜻이다.

송환기를 비롯해 현실정치에 참여하지 않은 자들이 임금의 부름에는 나오지 않고 뒤에서 이러쿵저러쿵 말들이 많은 것에 대한 우회적인 비판이다. 1800년 1월 1일, 정조는 그동안 공석이었던 영의정에 이병모를 제수하고 힘차게 다시 출발할 것을 다짐했다. 그리고 세자 책봉의식을 갖고 그것을 기념해서 1800년 2월 3일 대대적인 사면령을 내렸다. 그러나 1월 22일 사도세자의 생일에는 경모궁을 참배하고 분노를 드러내기도 했다. 정조는 아버지 사도세자의 일에는 그 분노의 감정을 감추지 못했다. 그래서 누구는 정조가 분노의 정치를 즐겨 했다고 말하기도 한다.

1주일 전인 1800년 1월 15일에는 갑자기 야간에 수원의 현릉원을 참배하겠다고 고집을 피기도 했다. 가까스로 만류했지만 결국 1월 17일 수원을 간 것이다. 정조는 현릉원에 가서 두루 돌아보고는 그 자리에 엎드려 땅을 치면서 목메어 울먹였다. "금년의 경례가 나에게 있어 그 얼마나 큰일인가. 경사를 당하여 선대를 추모하는 중에 크나큰 아픔이 북받쳐 올라서 그러는데, 어찌 차마 나더러

진정을 하란 말인가" 하고 또 차마 들을 수 없는 전교를 하였다.

대개 실록에서 말하는 '차마 들을 수 없는 전교'라는 말은 사관이 적지 못할 정도로 임금이 험한 욕을 할 때 쓰는 말이다. 심환지와 이시수가 좌우로 나누어 서서 겨드랑이를 부축하여 일어나기를 번갈아 계속 청하니, 정조가 이르기를, "조금 쉬었다가 곧 내려가겠다"고 하였다. 조금 뒤에 목메어 흐느끼며 이르기를, "내가 아무리 완악하고 잔인한들 오늘도 어찌 차마 내려가겠는가."

이날 정조는 여러 차례 아버지 무덤에서 복수를 다짐하는 말들을 내뱉었다. 사관이 적지 못한 차마 들을 수 없는 말이란 것이 대개 패거리 정치를 펴고 있는 못된 정치인들에 대한 원망과 비난임을 쉽게 알 수 있다. 심환지 등이 또 울면서 부액하기를 청하니, 정조는 "내가 혼자 일어서겠다" 하고, 일어나 겨우 한두 발자국을 가서는 또 울며 엎드려 흐느꼈는데, 그 후로도 이러기를 또 수차 되풀이하였다.

정조의 능행이 긴장감을 고조시켰다면 1800년 2월 3일 있었던 대사면은 전운이 감돈 조치였다. 그날 승지들은 연명으로 사면령 철회를 요구했다. 다음 날 사면령을 시행하지 않는 승지들을 모두 파직시켰다. 일당독재에 대한 미련을 갖고 있던 노론은 삼사, 승정원, 의정부에 모두 들고 일어나 임금의 명령을 따르지 않겠다고 반발하고 있는 상황이었다. 정조 집권 24년 최대 위기에 봉착한 것이다. 정조는 그동안의 노고가 다 물거품이 됐다고 생각했을 것이다.

조심스럽게 가꾸고 다듬었던 자기 정치 이상이 하루아침에 무너짐을 깨달았을 것이다.

1800년 2월 9일 양사 합동으로 사면 철회를 청하는 상소 올렸고 정조는 허락하지 않았다. 그 다음 날도 마찬가지였다. 2월 9일, 정조와 심환지의 비밀 편지 내용을 잠시 살펴보자. "서용보 말로 심 대간이 상소를 올린다고 들었다. 상소를 잘해야 좋은 비답을 얻을 수 있다. 두 사람(조영순과 이재간) 이름을 쓰지 말라!"

정조는 심환지와 정치적 절충을 모색하려 했다. 조영순과 이재간 등 죽은 사람은 사면 명단에서 제외하고 이승훈(이가환의 아들)처럼 젊은 인재들은 방면하자고 타협안을 제시했지만 이도 결국은 물거품이 된 것이다. 2월 10일 정조는 사면 철회 상소가 다시 올라오자 기운이 하나 없는 말로 너희들 뜻대로 하라고 말한다. 심환지는 임금과의 약속을 지키지 않은 것이고 그것에 실망한 정조는 절망에 빠져 들었다.

❀ 25일 동안 옷을 입고 잠들어

1800년 2월 29일 우의정 이시수와 정조의 대화에서 이상한 기록을 찾아냈다. 이시수는 "요즘 신하들이 부들부들 떨며 할 말을 하지 못하고 있습니다"며 임금을 보면 두려움을 느낀다고 하소연하고 있다. 그러자 격하게 반응했다. 정조는 지나치게 흥분하고 예민하고 초조해 했다. 단지 심한 스트레스 때문일까? 무슨 약물로 인한 정신질환을 일으키게 한 어떤 음모가 있었던 것은 아닐까? 이시수의 말에 정조는 이렇게 답했다. "그대의 글 가운데 31자는 삭제하도록 하라." 상소 내용 가운데 마음에 들지 않는 구절을 지우라는 명이다. 그리고 "나는 국사에 매달려 밤을 낮 같이 보냈다. '옷을 입은 채 밤을 지새우길 벌써 25일째다.' 지난해 체력이 급격히 떨어져 이제 안경이 없으면 글씨를 읽을 수 없다. 복잡한 일을 만나면 어김없이 이상이 생겨 등골과 옆구리에 불덩이가 올라오는 것을 느낀다."

이 글에서 우린 사도세자의 정신질환 가운데 '의대증(衣帶症)'을 기억하고 있다. 그럼 어느 날 문득 정조도 아버지처럼 이런 정신질환을 앓게 되었단 말인가? '옷을 입은 채 밤을 지새우길 벌써 25일째다.' 그저 불안과 초조가 이유는 아닌 듯하다. 25일 동안 잠을 자지 못한 정조. 극심한 불면증이다. 혜경궁 홍씨는 그런 병 때문에 남편(사도세자)은 궁녀들을 칼로 베어죽이기까지 했다고 자기 책에 쓰고 있다. 그 광증의 유전기질이 갑자기 정조에게 나타난 것일까? 아니면 환관이나 궁녀들 가운데 누군가의 사주를 받고 임금이나 세자를 정신병자로 만들 은밀한 약이라도 음식에 넣은 것일까?

이상한 죽음,
갑작스런 발작?

사도세자의 죽음을 언급하면서 '기우제'를 잠시 이야기했다. 정조가 죽기 두 달 전에도 윤4월 3일 비가 하루 내린 뒤, 한 달 동안 전혀 비가 오지 않고 있었다. 겨울은 따뜻했고 봄부터 초여름까지 강수량이 너무 적었다. 가장 비가 필요할 때 비가 너무 적게 내리자 정조는 답답한 기운이 더 심해졌다. 1800년 5월 초에는 여러 날 기우제를 올렸다. 그 무렵 정조는 머리와 얼굴이 부어오르는 일이 많았고 귀가 아프고 이도 아픈 고통을 겪고 있었다. 고통이 심한 날에는 밤이나 낮이나 대청마루에서 누워 있어야 했다. 뜻한 바는 꽉 막혔고 사면령을 둘러싸고 다시 조정은 사분오열 이전투구가 심해졌다. 1800년 주희가 죽은 600년을 기념해 대동화합하려는 정치 이벤트는 물 건너 간 것이다.

> "걸(桀)임금의 개가 요(堯)임금을 보고 짖는 모양(桀犬吠堯), 김달순의 글에는 온통 돈 냄새가 풍기고 서매수의 글은 오장에 숨이 반도 차지 않았다. 지금 시파들은 자기 당의 이익이 아니면 절대 움직이지 않는 막막조(莫莫調)들이다."

심환지가 간직했던 정조의 비밀 편지에는 이런 내용들이 주로 적혀 있었다. 1800년 5월 30일 정조는 "이제 더러운 습속(당쟁)을 가진 자들은 역적의 율에 다스리겠다"며 분노를 표출했다. 이날 정조가 내린 글을 역사학자들은 '오회연교(五晦筵敎)'라고 불렀다. 1800년 5월 말일에 노론 벽파에 대한 선전포고를 한 것이란 뜻이다. 그러나 이것에 대해서도 정조가 죽은 뒤 시파들은 벽파에 대한 임금의 분노였다는 주장하고 반면 벽파는 오히려 시파들을 향한 분노라고 아전인수로 해석하고 있는 것이다.

정조가 죽고 정순왕후와 심환지는 오회연교를 시파들이 임금의 탕평의 뜻을 어기고 당쟁을 부추긴 것에 대한 분노라고 해석해서 시파들을 대거 숙청했다. 심환지의 비밀 편지에도 1800년 5월 30일자를 보면 "시패 사람들은 빽빽하게 서 있는 막막조들이고 벽패에는 늙고 힘없는 서매수와 김희순이 있고 약하고 물러터진 이노춘 등이 있을 뿐이다"는 글을 볼 수 있다. 이를 놓고 심환지는 노론 시파를 정치적으로 탄핵하는데 이용했다.

5월 30일 터진 그 분노가 있은 뒤 열흘 만에 정조는 등에 종기 하나가 났다. 이 종기는 발전해서 머리에도 나기 시작한다. 1800년 6월 15일 병세는 심각하지 않았다. "머리 부분은 대단치 않으나 등은 지금 고름이 잡히려 하고 게다가 열기가 올라와 후끈후끈하다." 그해 여름은 무척이나 더웠다. 정조는 항상 더운 여름을 참기 힘들어 했다. "내 오십 평생 이렇게 더운 여름은 처음이다."

1800년 겨울도 이상하게 따뜻했고, 그해 여름은 정말 더운 날이 계속됐다. 이상기후는 조선뿐 아니었다. 유럽과 아프리카도 최악의 가뭄으로 굶어죽는 사람들이 속출했다고 한다. 청나라의 쇠락의 기운이 시작된 백련교도의 난(홍건적의 난) 역시 이런 기상 악화로 계속된 가뭄, 흉년이 원인이었다. 최악의 더위와 극도의 스트레스와 바로 사투를 벌이며 정조는 그해 6월을 보내고 있었다. 조선의 임금 가운데 종기로 죽은 임금은 의외로 많다. 종기는 쌓인 스트레스를 바로 풀지 못해 생긴다. 오늘날에는 심각하지 않은 병이지만 유교의 관념이 뿌리 깊은 당시에는 칼이나 다른 도구를 사용해서 제거하지 않고 옥체 보존하기 위해 이런 저런 약제로만 치료하는데 그것이 잘못된 약제나 실수로 해서 종기에 있던 독이 온몸에 퍼져 죽는 경우가 다반사였다.

1800년 6월 21일, 정조가 혼자 종기를 치료하면서 약을 복용하고 있다는 소식이 외부에 알려지기 시작했다. 우의정 이시수가 좀 어떠시냐고 묻자, "많이 부어올라 당기고 아프다. 또한 정신이 흐려져 꿈을 꾸고 있는지 깨어 있는지 분간을 못하겠다." 그러자 이시수는 종기의 상태가 어떤지 답답해서 신하들 모두 불안하고 초조하다고 말한다. 임금은 좀 지난 뒤 진찰을 받아보자고 그에게 말한다.

6월 22일, 어의들이 들어오자 정조가 "찹쌀밥을 붙인 뒤에 고름이 많이 나왔는데 지금은 어느 정도나 곪았냐?" 이렇게 묻자, 한 사람은 푹 곪았다고 답하고 다른 한 사람은 아직 푹 곪지 않았다고 답을 한다. 등이니 직접 볼 수도 없는 노릇인데 그들은 그렇게 저마다 딴소리를 했다. 치료하는 방식도 서로 상반된 의견을 제시한다. 정조가 어의를 믿지 못하는 이유가 바로 이것이다.

6월 23일, 우의정 이시수가 말했다. "전하의 병환이 지금까지 끌어오고 있는 것은 신들의 죄입니다. 지방의 의관을 널리 구해보았으나 진짜로 의술에 밝은 자를 얻지 못해 이러쿵저러쿵 여러 가지 말들이 많아 한심할 뿐입니다. 다시 구해본다 하더라도 이들보다 나을 것이라고는 보장하기 어렵습니다." 정조는 "병이 든 지 오래되어 원기가 차츰 약해지고 있으니 지방의 잡다한 무리는 더 이상 많이 모아 들여보내지 말라. 나는 이상한 꿈을 꾸니, 불안하다"고 답을 한다.

6월 24일, 정조는 종기 전문의원 소식이 없냐고 묻고 이시수는 며칠 사이 들어올 것 같다고 말을 한다. 6월 25일, 그토록 찾았던 종기전문가 심인이란 자가 등장하는데 정조는 그에게 "피고름이 저절로 흘러 속적삼에 스며들고 이불까지 번졌는데 잠깐 동안에 흘러나온 것이 거의 몇 되가 넘었다. 종기 자리가 어떠한지 궁금하므로 경들을 부른 것이다"라고 말하자 그는 이렇게 답을 한다. "피고름이 이처럼 많이 나왔으니 종기의 뿌리가 이미 다 녹은 것을 알 수 있습니다. 신들의 반갑고 다행스러운 마음은 무엇이라 형용할 수 없습니다." 이것이 죽기 불과 3일 전 이야기다. 이 말이 심인의 입에서 나온 것 때문에 사람들은 그가 돌팔이 어의였고 그 어의를 추천한 심환지를 의심한 것이다.

❀ 끊임없이 불안해하는 임금

1800년 6월 26일, 좌의정 심환지의 주장으로 연훈방 치료가 시작됐다. 실록은 이때 임금의 병이 나아가는 듯한 말들이 기록됐다. 이시수는 "이제는 종기가 거의 나아 별다른 걱정거리가 없습니다. 원기만 회복되면 나을 것입니다"라고 했다. 심환지는 이제 과거와 다른 약을 써야 한다고 주장한다. 정조는 그럼 너희들이 주장하는 약을 먹어보겠다고 답을 한다. 그 전까지는 정조가 스스로 약을 처방하고 먹었다. 그러나 심환지 주장으로 죽기 이틀 전부터 연훈방 치료에 약까지 그들 주장대로 조제해서 먹었다. 그날 정조는 심환지 등이 처방한 약에 "이런 흐린 날에 그런 약을 먹으면 그 해로움이 틀림없이 일어난다. 오늘은 그런 약을 결코 복용할 수 없다"라고 그들이 처방한 약을 불신한다. 『동의보감』을 세 번이나 읽은 의학지식이 해박한 정조였다.

결국 죽기 하루 전인 6월 27일 이시수가 약을 들여왔다. 맛이 어떠냐고 묻자 임금은 맛이 좋다고 답했다. 이런 글을 보면 갑자기 병이 호전된 것으로 볼 수 있다. 그러자 이시수가 약의 양을 늘리겠다고 하자 갑자기 양을 늘리면 되느냐고 의심스러워한다. 그날 정조는 약을 너무 자주 들인다고 했다.

정조가 죽은 1800년 6월 28일, 이시수와 심환지가 밤에 좀 잤냐고 물었다. 그러자 정조가 새벽에 잠깐 잤다고 답했다. 이시수가 인삼차를 대령했다고 하자 대답이 없었다. 다시 인삼차 끓여온 지 상당히 지났다고 하자 정조가 마셨다. 정조는 열이 많은 사람이라 인삼차가 과연 옳은 처방인지 뒷날 말이 많았다. 가감내탁산(加減內托散)을 마셨고, 정조는 청심원(淸心元) 두 알과 소합원(蘇合元) 다섯 알을 먹겠다고 했다. 삶에 대한 강한 의지는 죽는 날 그 시간까지 계속됐다. 또 얼마 있다가 정조는 직접 가감내탁산 한 첩을 달여 들여올 것을 명했다. 그리고 약이 들어오자 "누가 지은 약인가?" 하고 물었다. 이시수가 "강최현(姜最顯)이 지은 약입니다"라고 답했다.

정조의 최후 모습은 실록에 아주 자세하게 기록됐다. 사관은 그 부분에 있어 여러 논란이 있음을 의식해서인지 자신의 생각은 반영하지 않고 한 사람의 말, 한 사람의 행동까지 샅샅이 적어 놓았다. 정조가 이르기를, "5돈쯤인가?" 하니, 이시수가 "인삼 3돈(약제 1돈은 3.75그램)을 넣었습니다"라고 대답했다. 인삼과는 상극인 사람에게 그렇게 많은 양을 넣은 것이 정조에게는 효과적인 처방이 아니었다고 말한다. 또한 전문가들은 아마 연훈방과 정조가 마지막에 먹은 그 약이 허약한 몸에 치명타를 날렸을 것이라고 추측한다.

🌀 상세하게 전하던 기록이 어딘지 잘려나간 느낌

상세히 기술하던 실록의 기록은 갑자기 "상이 영춘헌에서 거둥했다"는 말로 모든 것이 끝났음을 이야기하고 있다. 어느 부분은 통째로 삭제된 것 같다. 사관은 "어의 강최현 등이 앞으로 나가 엎드렸다. 상이 무슨 분부가 있는 것 같아 자세히 들어보니 '수정전(壽靜殿)' 세 자였는데 수정전은 왕대비(王大妃)가 거처하는 곳이다"라는 글로 맺는다. 죽으면서 '수정전'이란 말을 한 이유는 무엇일까? 그래서 급하게 정순왕후는 정조가 누워있는 영춘헌으로 들어갔다. 임금이 죽기 전에는 여자 출입이 엄히 금지된 관례가 깨졌다.

정순왕후는 정조의 상태를 보며 이는 1766년(병신년) 그때와 비슷하다고 말하고 "주상의 병세는 풍기 같은데 대신이나 각신이 병세에 적절한 약을 의논하지 못하고 어찌할 줄 모르는 기색만 있으니 무슨 일이오"라고 힐책을 한다. 너무 오랫동안 수정궁에 갇혀 있던 대비는 정조의 병이 풍기로 진단하고 있다. 그리고 곧바로 손을 정조의 콧구멍 근처를 가져가 본다. 여인은 이미 바람이 전혀 나오지 않음을 알고 서둘러 그 방을 나온다.

우린 정조의 죽음에 심환지와 이시수의 잘못을 지적하는 소리를 충분히 공감할 수 있다. 그들은 정조의 병에 대해 걱정만 했지 별다른 노력을 보이지 않은 것이 역력하다. 정조를 간절하게 살리려고 하는 신하들은 주위에 한 명도 없었다. 정조의 죽음은 200년이 지난 오늘에도 분명 논란거리다. 정조는 자신의 병을 스스로 치료했다. 누구에게도 보이지 않고 몰래 약 바구니를 옆에 두고 달여 먹었다.

중국이 낳은 세계적인 영화감독 장이모우의 2007년 화제작 〈황후화〉라는 영화를 보면 배다른 아들과 바람을 피우는 황후를 제거하기 위해 황제는 몰래 황후가 마시는 약에 정신이 이상해지는 약제를 넣게 한다. 수개월 동안 약을 복용하던 황후는 점점 신경이 예민해지고 불안해하며 손도 떨고 몸은 굳어간다. 장이모우 감독은 이 영화 마지막을 원색의 대비로 수놓았다. 중양절(9월 9일, 중국 최대 국화축제) 노란 국화가 황궁 가득 깔려 있고 그곳에서 황제와 황후 그리고 서로 배다른 아들들은 붉은 피를 뿌리며 서로 죽이고 죽는 칼부림을 연출한다.

이 영화처럼 정조의 죽음에 어떤 음모나 혹은 죽음까지 이르게 한 어떤 약이 사용됐는지 그건 아무도 알 수 없다. 노론에 적대적인 군주 혹은 다음 보위를 이을 세자들이 의문의 죽음을 당한 것은 조선 역사에서 흔하다. 수은중독으로 죽은 소현세자가 그렇고, 노론이 임금으로 인정하지 않은 경종도 궁녀들의 독살설이 있었다. 사도세자 역시 갑작스런 정신질환이 아닌 서서히 미쳐가다 결국 아버지에 의해 뒤주에 갇혀 죽었다.

1804년
수원의 프로젝트

정조의 죽음을 당쟁의 희생으로 몰아가는 것은 근시안적인 시
각일지 모른다. 정조를 둘러싼 당시 정치 환경은 노론의 시파 혹은
벽파로 구분해서 보는 것보다 기득권과의 갈등으로 보는 것이 맞
다. 정조가 집권했던 그 시대는 유럽에서는 프랑스혁명이 한창이
던 시기다. 종교개혁과 과학혁명 그리고 산업혁명으로 유럽의 많
은 중산층 지식인들이 군주와 귀족들의 독점적 정치경제 질서에
저항하며 민중들과 연합으로 혁명을 일으켜 새로운 정치질서를 수
립했다.

그러나 조선은 어떠한가? 정조 집권 기간 '정감록 사건'이 일
어났지만 그것을 18세기 민중혁명으로 보기에는 부족하다. 18세

제5장 | 이완의 꿈, 사라진 희망

기 조선도 역시 왕실과 부패한 문벌귀족들이 독점적 경제체제가 공고화되었고 이런 기득권 질서를 깨기 위해 고군분투한 인물이 개혁군주 정조라는 것에 대부분의 학자들이 공감하고 있다.

유럽은 18세기 아래로부터 시작된 민중혁명으로 깨어나고 있었지만 조선은 개혁군주 정조와 몇몇 실학사상을 가진 지식인들이 주축이 돼서 개혁을 추진하던 무렵이었다. 그러나 여전히 정치권은 유교의 고루한 가치관에서 한 치도 벗어나려 하지 않았다. 정조는 그런 고루한 유교의 틀에서 벗어나지 않는 지식인들을 주자가 진정으로 추구한 주자학의 이상을 설득시키고 또한 당쟁이 아닌 화합의 정치를 위해 때로는 정치적 기교로 때로는 온화한 마음으로 조선을 새롭게 변화시키고자 했다. 그러나 정조는 결국 그 시대를 변화시키지 못하고 결국 갇힌 채 죽은 것이다. 정조는 답답하게 갇혀 있는 자신의 모습을 확인하고 숨 막혀 했다. 1792년에는 종기가, 1794년에는 부스럼이 일어나서 고생했다. 그런 종기들은 풀지 못한 스트레스와 화, 분노들이 한데 어우러진 악의 열기들이었다.

🏵 경제문제에서 발목 잡히다

정조가 추진하려 했던 개혁들을 보면 하나 같이 기득권에게 불안한 것들이다. 우선 한양의 상권을 장악한 금난전권 철폐, 그리고 수원에 새로운 상업도시로 만들려는 계획은 경제문제 근간을 뒤흔

든 일이었다. 조선이 1392년 개국하고 한양에 수도를 정한 뒤 정치와 경제는 400년 동안 소위 문벌가문 지식인들이 독점하고 있었다. 1791년 신해통공은 한양 종로 상가를 독점하던 육의전 상인들의 독점적 지위를 빼앗은 정책이었다. 정조는 줄곧 경복궁 주변을 둘러싼 권문세가의 중심지 북촌에 대해 비판적인 시각을 견지하고 있었다. 북촌은 조선의 정치를 독점하고 있었고, 종로는 이들 북촌의 세력을 등에 업은 거상들이 꽉 쥐고 있었다.

1791년 신해통공은 조선 개국 이후 기득권의 이익을 과감하게 무너뜨린 400년 만의 경제혁명이었다. 뭐든지 기념비적인 일을 좋아했던 정조, 조선 역사에서 400년 만에 소유 구조를 바꾸는 혁명적 조치를 취한 군주였다. 당연히 반발이 강했다. 경제의 새로운 질서를 마련하기 위해 정조는 채제공을 좌의정에 임명했지만 지독한 반대에 부딪혀 뜻을 이루지 못하고 수원유수로 가게 했다. 1793년 3월 10일, 채제공은 정조에게 육의전 상인 대표 70명이 수원까지 내려와 '금난전권' 철폐에 항의하는 시위를 벌였다고 보고했다. 그러자 정조는 그 즉시 "수원부 각 도시에 승보시(陞補試)를 보게 하라!"는 지시를 내린 것이다. 갑자기 무슨 시험일까? 성균관 입학생을 뽑는 시험인데 정조는 경제문제와 교육문제를 함께 바라본 것이다. 교육 독점이 결국 경제를 독점하고 있다고 본 것이다. 전혀 다른 시각이지만 예리한 통찰이었다.

정조는 상권 문제 하나가 아니고 정치, 경제 그리고 교육까지 독점하고 있던 기득권의 벽을 허물려고 했던 것이다. 그리고 두 달 뒤인 1793년 5월 채제공을 영의정으로 발탁하였지만 곧바로 김종수를 비롯해 노론의 격렬한 반대로 뜻을 이루지 못했다. 1793년 개혁의 좌절은 정조에게 치명적인 슬픔을 가져다주었다. 1794년 7월 13일 실록에는 "임금의 머리에 부스럼이 났는데 이미 한 달이 넘었다. 내의원에서 치료를 요구했지만 거절했다"고 기록돼 있다. 한 달 동안 정조는 자기 자신의 병을 숨겼다. 내의원을 믿지 못하던 정조. 대궐에서 무슨 일이 벌어질지 특히 자신의 몸에 어떤 해를 입힐지 몰라 철저하게 비밀로 했던 것이다.

1793년 9월 5일 비변사 당상 7명이 별 이유도 없이 나오지 않으니 백성들의 절박한 심정을 그들이 알기나 한 것이냐는 정조의 탄식이 있었다. 1792년 1월 13일 어머니 혜경궁 홍씨를 모시고 수원 능행이 시작된 이래 정조는 1794년 3년 내리 계속했다. 백성들은 정조의 능행에 맞춰 연도에 나와 환호를 했다. 오늘날 어느 대중정치가보다 더 열렬한 환호를 받았다. 또한 가는 곳마다 그 지역의 민심을 듣고 그들의 억울한 것을 상소로 받았다. 임금이 지나가는 길에 꽹가리를 들고 두드리면 임금의 지시를 받은 관리가 그의 상소를 들고 직접 임금에게 올렸다. 이렇게 매년 능행 자리에서 수백 건의 상소를 직접 처리했다. 1795년 1월 13일은 혜경궁 홍씨의 회갑연을 맞아 한양에서 성문을 3일 동안 개방하고 도성 안팎 사람들이 어울려 축제를 열게 했다.

또 윤2월 9일부터 13일까지 수원에 내려가 성대한 회갑잔치를 벌였다. 한양과 수원을 반복해서 회갑연을 가진 것은 여러 가지 의도가 있었다. 한양이 정치 경제 중심에서 앞으로 10년 뒤에는 수원이 그 역할을 수행할 것이란 의중이 깔려 있었다. 1795년 정조는 "올해는 천년에 한 번 오는 중요한 해다"라고 말했다. 정조는 1804년 세자의 나이 열다섯이 되는 해 왕위를 물려주고 어머니 혜경궁 홍씨와 수원에서 살 생각을 했다. 그건 무엇을 의미하냐면 두 개의 정부를 구상한 것으로 볼 수 있다.

🌀 상업 중심도시 수원의 꿈

1804년 조선이란 나라는 만약 정조가 살아 있었다면 웅대한 국가 건설의 원년이었을 것이다. 그해 정조는 수원에 혜경궁 홍씨와 자리를 하고 한양을 둘러싼 메트로폴리탄 도시의 중심을 수원에 새겨 놓을 생각이었다. 그래서 한양 중심으로 오는 여러 가지 경제 집중의 폐단을 극복하고 사대부는 정치의 중심, 일반 백성들은 상업과 농업에 치중하면서 부국강병을 꾀하려 했던 것이다. 1780년(정조 4) 11월 27일, 정조는 청나라를 다녀온 정민시와 대면을 했다. 그 자리에서 정조는 청나라 시장제도를 물었고 정민시는 그 자리에서 북경 유리창(琉璃廠)의 모습을 자세히 설명했다.

"수만 채의 전각들이 대오를 이루고 있고 몇 층이나 되는 집들이 위로 치솟기도 하였으며 각각의 상점에는 간판들이 널려 있었습니다. 수만 개의 수레들이 앞을 다투어 다니니 정말 천하의 큰 도회지였습니다."

정조는 이때부터 수원화성을 북경의 유리창과 같은 상업의 중심도시로 육성하려는 포부를 갖고 있었다. 그래서 수원에 소상인들을 국가가 자금을 지원해서 상업도시로 성장을 부추겼다. 1793년 육의전 상인들이 수원에서 시위를 벌인 것은 그런 정조의 뜻을 간파하고 벌인 집단 항의였다. 육의전의 경제 패권은 한양을 중심으로 한 귀족들의 기득권과 연결돼 있었다. 경복궁 주위 북촌은 그 사치스러움이 자못 대단했다. 조선의 군주들 가운데 사치에 대한 폐단을 가장 많이 역설한 임금은 영조와 정조였다. 영조 역시 근검한 생활 습관이 몸이 밴 임금이었지만 영조의 개혁은 상하좌우의 평등이 아닌 사대부 전체의 평등에 한정돼 있었다. 그러나 정조의 개혁이 상하 신분의 벽이 없는 골고루 평등한 세상을 꿈꾼 것이다.

정조는 매년 종로에서 상인들을 만나 대화하고 토론했다. 이런 점은 일부 기득권 상인들에게는 치명적인 위협이었다. 상상해 보라. 오늘날 이순신 동상이 서 있는 광화문광장에서 임금과 한양의 상인들이 대화를 하는 광경, 당시 세계 어느 나라에서도 볼 수 없는 감동적인 광경인 셈이다. 1789년 프랑스혁명이 유럽을 휩쓸었지만 유럽은 강고한 봉건국가의 사회였다. 그러나 당시 정조가 다스리던 조선이란 나라는 적어도 정조를 중심으로 위로부터 조용한 혁명이 진행되던 동방의 작은 나라였다.

처음 정조는 토지문제를 개혁하려고 했다. 그러나 그것은 너무나 위험한 조치였고 기득권 전체의 반발을 한꺼번에 불러일으키는 일이라 시행하지 못했다. 정약용도 토지제도 개혁에 자신의 저서에 자주 언급했지만 아마도 정조의 지시를 받아 다양한 연구를 진행했을 것이다. 정조는 왕위를 물려주고 수원에 내려와 중국 주나라 시대 모범적인 토지제도를 시험 운영하려 했다. 정조가 죽기 불과 27일 전, 1800년 6월 1일에 수원유수 서유린을 만나 자신의 꿈을 말한다.

🌀 서유린과 대화가 죽음을 재촉했을까?

서유린이 어떤 사람인가? 그는 영조가 숨을 거둘 때 종이를 가져와 '대보를 세손에게 넘긴다'는 글을 쓴 당시 도승지가 아닌가? 만약 그때 사세가 험악해 영의정 김상철이 무슨 다른 마음만 먹었다면 서유린은 죽었을지 모른다. 그는 정조가 집권한 뒤 주로 호조판서를 역임하고 국경무역을 담당하거나 공시당상 등 상업경제 전문가로 활동한 사람이다. 그런 사람을 수원유수로 발탁했으니 정조의 수원에서 꿈은 그 의도가 드러난 것이다. 정조는 그날 자신의 미래 비전을 서유린에게 구술하였다. 집권하던 처음 시작의 순간도 서유린이고 삶의 마지막에서 미완의 꿈을 이야기한 것도 서유린이다. 참 운명적인 순간이다.

> "지금 내가 수원화성을 보는 것은 중국 주나라 수도를 보는 것과 같다. 지금은 모래먼지만 부옇게 날리고 있지만 앞으로 10년 동안 세금을 면제해줄 터이니 아침에 밭을 갈고 저녁이면 추수하는 그 모습이 얼마나 아름다운 광경인가?"

수원을 중심으로 한 그 주변 도시들 모두 10년 동안 세금을 면제해준다는 발표는 그야말로 폭탄선언이었다. 정조는 계속 폭탄발언을 한다. "옛말에 '백 가구의 마을과 열 집의 저자라도 반드시 산을 등지고 시냇물을 둘러야 한다'는 것이 곧 그것이다. 우선 금년부터 나무를 심되 버드나무와 뽕나무·개암나무·밤나무 등 아무것이나 가리지 말고 많이 심어 숲을 만들어서 경관이 크게 달라지도록 하라." 정조는 서유린에게 세금을 면제해주는 대신 10년 동안 쉬지 않고 땅을 개간하고 토지를 비옥하게 해서 새로운 도시를 건설하라고 비전을 제시했다.

정조가 죽은 이유가 서유린과 이런 대화 때문은 아닐까? 한양에 오랫동안 경제적 기반을 두고 있던 문벌가문들이 그들 기득권을 어느 날 하루아침에 잃지 않을까 갑자기 걱정을 했고, 그런 두려움 때문에 정조를 제거하기로 마음먹은 것은 아닐까? 서유린은 어떻게 되었을까?

1800년 11월 26일, 산릉도감(능 건설을 맡은 관리) 서유린을 파직시 켰다. 이유는 능을 완공한 지 한 달도 안 돼 파인 흔적이 있어 그런 것이다. 이유는 석연치 않은 것이고 대비 정순왕후는 그를 파직하 고 갑자기 한 달 뒤, 그러니까 1800년 12월 25일 서유린을 극변(함 경북도 경흥), 조선의 맨 북쪽으로 귀양을 보내버렸다. 그녀가 그를 얼마나 미워했는지 여실히 보여준 조치였다. 서유린은 뭐 특별한 잘못도 없는데 노론 벽파세력들과 정순왕후에 의해 국정파탄의 원 흉으로 지목됐다.

그건 경제 중심을 수원으로 옮기려 한 정조의 꿈을 그가 실천 하려 했다는 이유 때문이다. 한편 정조의 또 하나 비장의 무기는 연암 박지원이다. 정조가 그토록 좋아했던 유언호의 천거로 관리 의 길에 들어선 연암이다. 연암 박지원과 유언호는 어린 시절부터 친한 사이다. 1786년(정조 10) 연암 박지원은 선공감감역(오늘날로 말 하면 9급 행정공무원으로 도로관리 등을 맡은 잡직이다)부터 시작했다. 한 시 대 최고의 사상가이지만 정조는 그를 말단 일부터 맡겼다. 그런 정 조도 보통 아니고 또 자신을 그렇게 대우하는 임금에게 흔쾌히 싫 은 내색 없이 9급 공무원 벼슬을 수행한 박지원도 대단한 인물인 것이다.

연암 박지원에게 맡긴 숙제

1789년(정조 13) 연암의 나이 쉰셋, 그는 평시서 주부(종6품)로 승진한다. 평시서는 시장을 관할하고 물가를 통제하는 곳이다. 한편 그해 연암의 아들 박종채(朴宗采, 1780~1835)가 『과정록(過庭錄)』이란 아버지 회고록에서 언급한 내용을 보면 "임금이 문효세자 묘를 들른 뒤 효창공원에서 청파 부근으로 가다가 어가를 막고 상소를 올리는 자를 관리하지 못한 관리를 잡아들이라고 하였다가 그가 연암 박지원이란 말을 듣고 그냥 내버려둬라!"라는 말을 했단다.

아마 그땐 연암 박지원이 여전히 9급 공무원 도로관리를 하고 있을 때였나 보다. 이런 기록으로 보면 연암을 아끼고 생각하는 정조의 마음이 읽혀진다. 그러나 전혀 내색하지 않고 정조는 연암을 아주 정밀하게 관찰하고 느린 걸음으로 그에게 다가간다. 정조의 치밀함이 대개 이렇다. 정조는 사람을 쓸 때 돌다리 두드리듯 이것저것 점검하는 치밀한 스타일이며 그것은 연암의 인생 후반부에 잘 드러나 있다.

1791년 정조는 연암을 한성부판관(정5품)으로 전보 발령한다. 그리고 그해 12월 안의현감으로 임명했다. 연암은 경상도 안의라는 아주 작은 고을에서 5년을 전혀 군주의 관심 밖의 사람처럼 묻혀 지냈다. 그리고 1797년 연암은 안의현감 생활 5년을 마친 뒤 잠시 대기한 뒤 면천군수로 발령이 난다. 그리고 1798년 연암은 한양에 올라와 정조를 배알하고 『과농소초(課農小抄)』라는 장문의 농업

정책에 대한 생각을 담은 글을 올린다. 그러자 정조는 그의 글을 받고 이어 또 숙제를 내준다. 제주도 사람 이방익이 1796년 9월 21일 제주에서 한양으로 올라오다 배가 풍랑을 만나 표류하다 대만까지 갔고, 이어 중국의 여러 곳을 거쳐 1797년 윤 6월 돌아온 일을 그저 날짜별 일기로 기록해 감동을 주지 못하는데 이 일기를 재미있는 글로 만들어 보란 명령을 내린 것이다.

소설가 연암의 재주를 익히 알고 있는 정조. 한때 정조는 "나라의 문체가 이리 엉망인 것은 '박 아무개'가 지은 『열하일기』 때문이다. 나도 읽어보았지만 글이 순정치 못하다"라고 비판한 적 있었다. 그런 정조가 연암에게 이방익의 표류기를 소설로 만들어 올리라고 한 것은 무슨 이유일까? 연암을 문체반정의 주범이라고 비판했던 과거의 악평을 거둬들인 것이고 연암이란 거목을 자기 주변의 인물로 포용하겠다는 뜻이 담긴 것이다.

정조는 연암 박지원이나 다산 정약용을 비장의 카드로 두고 토지문제와 농업문제 두 개의 화두를 갖고 끊임없이 연구하게 했다. 그리고 수원화성의 웅대한 꿈을 실현될 1804년 그 이후의 시대를 준비했던 것이다. '정전법'을 일단 수원에서 시행해서 경기도 일대로 확대하고 점차 조선 전체로 확대하려는 것이 정조의 계획이었다. 1804년 정조가 꿈꾼 조선이란 나라는 수원을 북경의 유리창처럼 상업의 중심도시로 만들고 그 주변 도시까지 '정전법'을 기반으로 한 토지제도를 실시해 점차 조선 전체로 확대해 기아로 죽는 빈민을 없애고, 노비들을 전면 해방시켜 이들을 상업이나 농업에 종사시키고 한양은 사대부들이 나름의 정치철학을 갖고 더 나은 정책을 제안하는 정치의 중심기능만 강화하는 것으로 복안을 갖고 있었던 듯하다. 그래서 한양은 순조가 중심이 되고 수원은 상왕으로 물러난 정조가 경제개혁을 전념하는 공간으로 삼을 생각이었다.

분노의 리더십과
아쉬운 역사

정조가 왕의 자리에 올라 처음 한 말이 "나는 사도세자의 아들이다"라고 한다면 그가 죽으면서 마지막으로 한 말은 "수·정·궁"이란 3음절뿐이다. 두 개의 문장과 음절은 묘한 함수관계를 갖는다. 정조는 평생 아버지 사도세자의 억울한 죽음에 대해 분노했고 그에 대해 분명 복수심을 갖고 있었다. 죄인의 아들이 임금이 됐으니 그의 짙은 콤플렉스는 정국의 뇌관과도 같은 사안이었다.

그러나 정조는 놀라운 인내심으로 그 분노를 차가운 열정으로 승화시켰다. 24년을 그렇게 차분하고 냉정하게 자신의 분노를 잘 다스렸다. 때로는 격하게 반응하기도 했지만 그것조차 치밀한 계산이었다. 그러나 분노는 굉장히 위험한 에너지다. 그래서 분노보다 더 강한 인내심이 그것을 잘 다스리고 적절한 기술로 그것을 표출하면서 자기 내면의 응축된 힘을 밖으로 과시해야 한다. 분노의 리더십은 그래서 사람을 골병들게 한다. 정조의 죽음은 바로 '분노'라는 그 화근 때문이었다. 아버지 사도세자의 죽음이 할아버지 콤플렉스 때문이라면 정조의 죽음은 아버지를 향한 끊임없는 사랑과 연민, 그것 때문에 수시로 터져 나오는 분노 덩어리를 다스리지 못한 결과로 맞게 된 비극인 것이다.

정치적 기교의 완벽함에도 불구하고 정조에게 아쉬움이 남는 것은 너무도 자신의 능력을 과신한 나머지 다른 대안의 정치세력을 집요하게 키우지 못한 것이 흠이다. 대개 천재적인 지도자들이 이런 단점을 안고 있다. 자신의 능력을 지나치게 맹신한 나머지 다른 세력을 통하지 않고 마치 하늘에 떠 있는 달처럼 세상에 존엄한 군주로 자리하려 했다는 점이 아쉬운 대목이다. 정조 자신은 세종을 본받아 영춘헌이란 약 십여 평 남짓한 작은 전각에서 생활하며 몸소 검소함을 보이려 했지만 노론을 위시한 사대부들은 그런 정조의 생각과는 아랑곳없이 북촌 지역에서 높은 전각을 자랑하며 가문의 위세를 상징하고 있었다.

정조는 지도자의 생각이 세상을 변화시킨다는 말을 자주했다. 그러나 한 사람이 세상을 바꿀 수 있는 것도 시대가 그 사람을 버리지 않을 때 가능하다. 하늘의 뜻을 사람의 노력으로 바꿀 수 있다는 긍정의 신념들이 닫힌 사회에서 달콤한 유혹으로 포장되지만

CEO, 정조에게 경영을 묻다

세상이 어디 그런가? 사람이 뜻한 것이 있어도 하늘이 그 사람 생각을 받아주지 않으면 온갖 불행을 한꺼번에 내리는 법이거늘. 그래서 세상일이란 운명이 좌우하는 법인가 보다.

한 나라를 부강하게 하려면 뛰어난 인물도 필요하지만 그 나라를 지탱하는 지식인들이나 민중들이 어느 정도 깨어 있어야 한다. 하지만 조선은 그렇지 못했다. 정조가 죽고 오랫동안 조선은 잠자는 나라로 머물렀다. 아니 오히려 정조의 꿈이 사라진 조선은 부패한 관리와 탐욕으로 뭉친 권문세가의 나라일 뿐이었다. 그런 것을 알기에 정조는 그 시대를 바꾸려고 몸부림쳤다. 그의 분노는 시대에 대한 서운함과 울분이기도 했다. 꿈을 접고 편안한 삶을 살기로 한다면 그리 불편했던 날들도 아니지만 이루고자했던 것이 형편없이 이지러지고 있을 때 그의 마음의 불덩이는 결국 몸의 흉물스런 종기로 삐죽 나온 것이다. 정조는 그래서 결국 분노, 그 참을 수 없는 분노 때문에 죽은 것이다.

정조가 죽은 뒤 1801년 신유박해로 수많은 천주교 신자들과 그의 가족들이 이단이란 이유로 목숨을 잃었다. 1839년 기해박해까지 천주교를 믿는다는 이유로 죽은 사람 숫자가 수만 명에 달했다. 정조는 유교를 올바로 발전시키면 이단의 종교 서학을 이길 수 있다고 본 것이며 박해가 아닌 이념 간의 경쟁을 유도하려 했다. 정조는 '적'이란 섬멸이나 타도의 대상이 아닌 경쟁의 대상으로 본 지도자다. 그가 유교를 떠받들던 조선의 사대부들과 추진하려던

'북벌'이란 것도 청나라보다 더 강한 국가 건설이 목표였다. 그러나 그의 생각은 당시 사대부들 사이 철저하게 외면당하고 억압당했다.

사회가 건전한가? 사회가 발전하고 있는가? 이런 물음에 대한 대답은 그 사회의 구조가 경쟁적이냐 아니면 독점적이냐를 놓고 판단할 수 있다. 경쟁이 사라진 사회, 독점이 팽배한 사회는 결국 모두의 공멸을 낳는다는 것이다.

조선의 사대부들은 맹자가 말한 "어진 정치는 반드시 경계를 두고 평등을 실천하는 것이다. 올바른 정치의 시작은 고르게 화합하는 것이며 그 요체는 바로 정전(井田)이다"라고 한 경제평등, 혹은 경제정의를 외면하고 자신들의 권력과 탐욕에 집착했다. 그런 결과로 한양 사대부들의 독점적 구조에 반기를 든 민중 봉기가 먼저 시작됐다. 정조가 우려했던 지역차별에 대한 화근은 1811년 홍경래 난으로 나타났다. 3개월 이상 서북 10여개 지방을 점령했던 반란자들은 약 2000명 이상이 죽으면서 평안도 정주성이 함락하고 끝을 맺었다. 개혁하지 않은 독점 수구세력 유교에 대한 반발은 1860년 동학운동이 일어나면서 민중들 사이 들불처럼 번져갔다. 조선이란 나라는 그야말로 혼돈과 암흑의 역사로 접어든 것이다. 만약 정조가 죽지 않고 그가 하려던 개혁들이 꾸준히 실천됐다면 어떤 역사가 펼쳐졌을까? 그의 꿈이 1804년 수원에서 펼쳐지기 시작했다면 조선이란 나라는 완전 다른 모습으로 변화됐을 것이다.

1800년 6월 28일 정조가 죽은 뒤 조선은 1910년 일본의 식민지로 전락하고, 1948년 분단된 두 개의 나라, 그리고 1950년 한국전쟁으로 이어지면서 약 150년 동안 고난과 억압의 역사가 계속됐다. 정조의 개혁이 실패한 후유증은 210년이 지난 오늘날도 계속 이어지고 있다.

CEO, 정조에게 길을 묻다

: 분노와 콤플렉스를 리더십으로 승화시킨 정조

ⓒ 2010, 김용관

1판 1쇄 | 2010년 3월 10일 펴냄

지은이 | 김용관

기획편집 | 김윤곤
디자인 | 조세준
마케팅 | 정복순
관리 | 안상희

펴낸이 | 박영철
펴낸곳 | 오늘의책
출판등록 | 제10-1293호(1996년 5월 25일)
주소 | 121-839 서울시 마포구 서교동 377-26번지 1층
전화 | 02-322-4595~6
팩스 | 02-322-4597
이메일 | tobooks@naver.com

ISBN 978-89-7718-313-1 03320